犯罪学基础教程

（第2版）

主　编　杨学锋
副主编　姜兰昱　王　薇

中国人民公安大学出版社
·北京·

图书在版编目（CIP）数据

犯罪学基础教程/杨学锋主编. --2 版. --北京：中国人民公安
大学出版社，2024.1
ISBN 978-7-5653-4769-6

Ⅰ.①犯…　Ⅱ.①杨…　Ⅲ.①犯罪学-教材　Ⅳ.①D917

中国国家版本馆 CIP 数据核字（2023）第 253745 号

犯罪学基础教程（第 2 版）
主编　杨学锋

出版发行：中国人民公安大学出版社
地　　址：北京市西城区木樨地南里
邮政编码：100038
经　　销：新华书店
印　　刷：北京市科星印刷有限责任公司

版　　次：2018 年 1 月第 1 版
　　　　　2024 年 1 月第 2 版
印　　次：2024 年 1 月第 8 次
印　　张：9.625
开　　本：880 毫米×1230 毫米　1/32
字　　数：260 千字

书　　号：ISBN 978-7-5653-4769-6
定　　价：40.00 元

网　　址：www.cppsup.com.cn　www.porclub.com.cn
电子邮箱：zbs@cppsup.com　zbs@cppsu.edu.cn

营销中心电话：010-83903991
读者服务部电话（门市）：010-83903257
警官读者俱乐部电话（网购、邮购）：010-83901775
法律图书分社电话：010-83905745

第 2 版前言

犯罪学是一门全景式研究犯罪问题的综合性学科，是公安高校的公安专业以及综合大学的法学专业的基础课程之一。本书定位于服务本科层面的入门级犯罪学课程教学，一方面密切追踪国际范围内主流的犯罪学发展状况，另一方面则紧密联系现实犯罪态势，希冀为犯罪学的"西学东渐"和本土化学科建设奠定更加坚实的基础。

本书的第 1 版自 2018 年 1 月出版以来，获得了许多教师和学生的认可和正面反馈，对此编者深感荣幸和欣慰。我们在本书的基础上已经完成了慕课《犯罪问题与预防》的制作与上线工作（"中国大学 MOCC"），并先后获评辽宁省线上一流、线上线下混合一流课程。如今，在中国人民公安大学出版社的鼓励与支持之下，我们在第 2 版中对原有内容进行了必要的修订，以期进一步吸收最新的科研成果和教学经验。

2022 年 6 月，中国刑事警察学院启动了首批"公安学科基础理论研究创新计划"项目，本书亦是该项目的课题"犯罪学基础理论与学科体系研究"（编号：2022XKGA0104）的系列成果之一。

本书共分为十一章，其中涵盖了犯罪学绪论（第一、二章）、犯罪现象论（第三、四章）、犯罪原因论（第五、六章）、被害人学初步（第七章）、犯罪对策论初步（第八章）、犯罪类型论（第九、十、十一章）。

本书是中国刑事警察学院犯罪学教研室三位资深教师通力合作

的成果。具体分工如下：杨学锋编写了第一、二、三、六、八章；姜兰昱编写了第四、五、七章；王薇编写了第九、十、十一章。最后，由杨学锋进行了统一审订。

任何一本著作都难以涵盖犯罪学的全部内容。作为本科层面入门级的犯罪学著作，本书并不追求标新立异，而是力求介绍基础知识和基本通说。尽管如此，书中难免有疏漏或争议之处，敬请各位读者不吝指正。

杨学锋

2023 年 8 月

目 录

第一章 犯罪、犯罪性与犯罪学

第一节 犯罪与犯罪性

犯罪学首先需要界定其核心术语——犯罪。什么是犯罪？谁是犯罪人？这些似乎显而易见的问题实际上远非那么简单。例如，在罪刑法定原则的深刻影响下，人们可能已经习惯于将刑法规定的各种行为视为当然的犯罪。然而，即便在刑法或刑法学领域内，犯罪的内涵及外延也不可避免地随着时空因素和社会文化的变迁而有所出入，甚至有时会大相径庭。随着社会制度、经济、文化、道德、法律等的发展变化，昔日的罪犯也可能被视为当今社会的英雄；而另一种极端的情况则是昔日受到推崇的行为却成为如今被鄙视的犯罪行为。更具学科建设意义的是，由于不同学科存在着不同的学科视角、承担着不同的学科任务，因而它们对于犯罪概念一般有着不尽相同的界定。简言之，并不存在着各个学科通用的犯罪概念①。

本土犯罪学长期受刑法学的强大影响，因此，特别地将犯罪学

---

① 有刑法学家认为，在刑事一体化的视野中，不存在什么刑法意义上的犯罪，也不存在什么犯罪学意义上的犯罪，或者什么犯罪生物学、犯罪心理学、犯罪生态学意义上的犯罪。科学面前，只有一个犯罪。不同的只是看待犯罪的角度。参阅白建军著：《关系犯罪学》（第 3 版），中国人民大学出版社 2014 年版。作为一部入门级的犯罪学著作，本书主要介绍犯罪学界的通说，而对于一些不同观点的呈现与讨论则更多地需要读者自行扩展阅读。

意义上与刑法或刑法学意义上的犯罪概念加以辨析和区分是一项基础性的重要工作。

一、刑法（学）意义上的犯罪概念

从刑法或刑法学角度界定犯罪的概念，通常存在着三种不尽相同的方式——形式说、实质说、混合说。

（一）形式说

形式说认为，判断一种行为是不是犯罪，唯一的标准就是现行刑法有没有明文规定。对刑事法律的触犯是构成犯罪的决定性因素，反过来说，刑事法律中没有明文规定的行为就不应视为犯罪。就此而言，犯罪是基于刑事法律而加以标定的结果。形式说观点主要体现为刑法中的"罪刑法定原则"，即"法无明文规定不为罪，法无明文规定不处罚"。

形式说反对类推原则，坚持认为刑事法律的明文规定是判断某种行为是不是犯罪行为的唯一标准。例如，我国在1997年修订刑法时废除了1979年刑法规定的类推原则，转而在很大程度上吸收了形式说的观点。现行的《中华人民共和国刑法》第3条规定："法律明文规定为犯罪行为的，依照法律定罪处刑；法律没有明文规定为犯罪行为的，不得定罪处刑。"

（二）实质说

形式说尽管简便易用，但是没有表达出划定犯罪圈的实质根据，即没有能够说清楚刑法基于何种实质的理由将某些行为规定为犯罪，而不将另外的行为规定为犯罪。对照之下，实质说明确地指出，某种行为之所以会被刑法规定为犯罪行为，其根本理由在于，这种行为具有社会危害性。例如，古罗马的十二铜表法第一次在成文法中明确定义了犯罪的概念——犯罪乃是危害社会利益的行为。意大利古典犯罪学派的代表人物之一贝卡里亚也在其名著《论犯罪与刑罚》中写道："什么是衡量犯罪的真正标尺，即犯罪对社会的危害。"① 亦如我国古代思想家李悝所说："王者之政，莫急于盗贼。"

（三）混合说

混合说就是将前述的犯罪形式特征与实质特征加以统一的观点，这也是本土刑法和刑法学对于犯罪定义的通说。在这一通说之下，犯罪是指严重危害社会的、违反刑事法律的、应受刑罚处罚的行为。具体而言，犯罪行为须同时具有以下三个特征：

1. 社会危害性

根据前文的"实质说"，犯罪是一种危害社会的行为，其中包括：危害国家主权、领土完整和安全，分裂国家、颠覆政权、危害社会制度，破坏社会秩序和经济秩序，侵犯公私财产，侵犯人身权利、民主权利或其他权利，等等。

2. 刑事违法性

刑事违法性是建立在"形式说"之上的。在罪刑法定原则之下，具有社会危害性的行为并不一定就是犯罪行为，只有触犯了刑事法律明文规定的行为才是犯罪行为。更加具体地说，犯罪行为必须违反了法律规定，而且后者必须是刑事法律的规定，而不是民事法律或行政法律的规定，更不能是部门规章、不成文的社会规范或规矩。

3. 应受刑罚性

按照罪刑法定原则，犯罪不仅是触犯了刑事法律的规定，而且是一种应当受到刑罚处罚的行为。如果某行为虽已触犯刑事法律的规定，但是按照法律规定可以不受刑罚处罚，那么，这种行为在刑法或刑法学中通常也不被认为是犯罪。

如前所述，"混合说"是我国现行刑法以及刑法学教材的通说。《中华人民共和国刑法》第 13 条明确规定："一切危害国家主

---

① ［意］贝卡里亚著：《论犯罪与刑罚》，黄风译，中国方正出版社 2004 年版，第 21 页。

权、领土完整和安全，分裂国家、颠覆人民民主专政的政权和推翻社会主义制度，破坏社会秩序和经济秩序，侵犯国有财产或者劳动群众集体所有的财产，侵犯公民私人所有的财产，侵犯公民的人身权利、民主权利和其他权利，以及其他危害社会的行为，依照法律应当受刑罚处罚的，都是犯罪，但是情节显著轻微危害不大的，不认为是犯罪。"

二、犯罪学意义上的犯罪概念

本土犯罪学界就如何界定犯罪的概念存在着多种不同的观点，其中的争议焦点是犯罪学中的犯罪概念与刑法（学）中的犯罪概念之间的关系。有学者对此进行了必要的辨析[①]：

其一为"等同说"，即认为犯罪学所研究的犯罪现象只应局限于刑法规定的范围，而对犯罪原因和犯罪预防的研究，也不应该背离刑法所规定的犯罪概念。这种观点和我国将犯罪学当作刑法学的分支学科这一总体状况是密切相关的。尽管自 2011 年 3 月以来，随着公安学一级学科的获批，犯罪学亦被某些公安院校设置为其下的二级学科之一，但是，在许多拥有更大的学科建设话语权的综合性高校里，犯罪学课程（如果有的话）通常被设置在法学院的刑法学学科之下。

其二为"交叉说"，它认为，犯罪学中的犯罪与刑法学中的犯罪各自服务于不同的研究目的，二者在内涵和外延上既无法等同，也无法达到某一方向的包含，而是存在某种程度的交叉和重叠。简言之，在交叉说看来，犯罪学中的犯罪并没有涵盖所有的刑事犯罪，而只是涵盖了其中的某些部分，反之亦然。

其三为"包含说"，即认为犯罪学所研究的犯罪现象包含但不限于刑法规定的各种犯罪行为。犯罪学不能将自己的研究对象局限

---

① 张远煌：《论犯罪学犯罪概念与刑法犯罪概念的区别》，载《河南公安高等专科学校学报》2008 年第 6 期。

于刑法中规定的犯罪行为，还应当扩展性地研究背离重要社会规范的越轨或罪错行为。

本书采用"包含说"，这也是国际犯罪学界的通说。在此视角下，本书将犯罪学意义下的犯罪概念定义为"危害社会的、应受社会处治的行为"。

这一定义与刑法学基于"混合说"的通行定义相对照，呈现出以下联系和区别：

第一，两种犯罪概念均认为犯罪行为的最本质特征是其具有"社会危害性"，即犯罪不是单纯地侵犯了被害人或其所属小群体的利益，而是侵害了整个社会赖以存在和发展的基本条件，因此需要以国家或社会的名义进行某种制裁或处治。但是，尽管表面上来说，无论是犯罪学意义上的犯罪，还是刑法学意义上的犯罪，在社会危害性这一特征上似乎是一致的，然而，需要注意的是，犯罪学与刑法学对于社会危害性的理解并不完全等同。刑法或刑法学中所称的社会危害性是行为本身具有的客观危害以及与代表统治阶级利益的立法者的主观认定相统一的结果，它更加强调犯罪行为本身客观存在的社会危害性与统治阶级意志的不相容性，更多地表现为一种"规范事实"。对比之下，犯罪学更加偏重于社会危害性的自然属性和客观事实。尽管犯罪学对于社会危害性的认定在实际上不是也不可能是完全自然的、客观的，但是，至少从理论上来说，犯罪学语境中的社会危害性通常不因统治者及其代表的意志和注意力转移而发生方向性的改变，也不因法律条文的存废或修正而轻易地变化。这是自许具有科学属性的犯罪学学科对于价值无涉原则的基本遵循之一。刑法学与犯罪学对于社会危害性的不同理解可以从白领犯罪的研究历史中略见一斑。美国现代著名的犯罪学家萨瑟兰（Sutherland，1883—1950）在1940年代研究白领犯罪时深切地感到，美国刑法对于犯罪圈的划定以及实际执行的刑罚措施存在着严重的不公正。① 例如，向同伴分发大麻香烟将被判处监禁刑，而对引起空气严重污染的大公司则至多只是采取罚款等行政处罚。对于这些公司而言，罚款金额只是其不当利润的九牛一毛。然而，这种严重污染环境的行为对社会的危害却远大于许多被刑法界定为"犯罪"的行为。根据萨瑟兰的观点，白领犯罪是富有权势或财富的人利用其职权或地位而进行的谋取私利的不当行为，但这些行为往往至多由民事或行政法律加以规制，而很少成为刑法意义上的犯罪。萨瑟兰指出，白领犯罪给社会造成的危害实际上是非常巨大的；仅就金钱损失而言，白领犯罪通常比传统上被界定为刑事犯罪的那些行为所造成的危害要严重数倍，甚至更多。

第二，犯罪学意义上的犯罪可以不受刑事违法性的限制。也就是说，犯罪学意义上的犯罪并不一定违反了现行的刑事法律，甚至可能没有触犯任何成文的法律。准确地说，犯罪学意义上的犯罪是违反了某种重要的社会规范的行为，但这种社会规范未必经由刑法或其他法律加以明确界定。通常来说，法律是道德的底线，而刑法是法律的底线。衡量一种行为是否构成犯罪学意义上的犯罪，并不能仅基于法律规范，遑论刑法规范。

第三，犯罪学意义上的犯罪可以不受应受刑罚性的限制。尽管犯罪学意义上的犯罪应当受到某种社会处治，但是这种处治并不限于刑罚，也不限于治安处罚，而是可以扩展至更为轻缓的非正式社会惩罚和处治，因而亦可以不受制于行为人的刑事责任年龄或刑事责任能力等刑法条款。

---

① Sutherland E. , White-Collar Criminality［J］, American Sociological Review, 1940, 5（1）: 1-12. 值得注意的是，萨瑟兰对于白领犯罪的研究专著当时迫于一些至今驰名的财团或企业的巨大压力在 1949 年只出版了删节版，直到 1983 年才由耶鲁大学出版社出版了无删节版，而这距离萨瑟兰去世已经过去了 33 年。参见：Sutherland E. , White Collar Crime［M］, NH: Yale University Press, 1983。

概括而言，在"包含说"的观点之下，犯罪学意义上的犯罪包括了以下四类行为：一是刑法明文规定的犯罪行为；二是虽然触犯了刑法，但是由于情节显著轻微危害不大而被刑法不认为是犯罪，或者依照刑法的有关规定可以不受刑事处罚的行为；三是按照社会治安管理方面的法规，应当加以治安处罚的行为；四是虽无法律上的明文规定，但是由于违反了某些重要的社会规范，因而需要加以社会控制或预防的越轨行为。

三、犯罪性的概念

对于本土犯罪学界而言，犯罪性是一个相对较新的术语。实际上，犯罪性是与犯罪密切相关但又有着重要差异的一个概念，因而，恰当地区分两者是非常必要的。如前所述，无论是刑法、刑法学还是犯罪学，均将犯罪视为某种外显的行为。然而，传统犯罪学中绝大多数理论的解释焦点并不直接在于具体的犯罪行为，而是在于一般情况下的犯罪性。

直到 20 世纪 80 年代，某些犯罪学家才逐渐清晰地论述了犯罪性与犯罪之间的重要差异。具体而言，在两位美国犯罪社会学家赫希（Hirschi）和戈特弗里德森（Gottfredson）看来，犯罪是指行为人为了追求私利而实施的暴力、诈欺或窃取行为，是断续发生的、需要一系列特定必要条件的、有清晰界限的行为；相比之下，犯罪性则是指个体在从事犯罪行为或类似行为方面具有的内在的、稳定的倾向性[①]。更晚一些，戈特弗雷德森和赫希在《犯罪的一般理

---

① Hirschi T., Gottfredson M., The Distinction Between Crime and Criminality [A] // Hartnagel T., Silverman R., Critique and Explanation: Essays in Honor of Gwynne Nettler [M], NB: Transaction Books, 1986: 55–69. 在 1989 年的另一篇文献中，这两位犯罪学家将犯罪性视为一种较为稳定的犯罪倾向，将犯罪视为一个相对分离的事件，进而论述了犯罪倾向与事件理论。参见：Gottfredson M., Hirschi T., A Propensity-Event Theory of Crime [A] // Laufer W., Adler F., Advances in Criminological Theory (Vol. 1) [M], NJ: Transaction Publishers, 1989: 57–67。

论》中认为，犯罪性的实质是低自我控制。①

有本土学者进一步从心理学的视角将犯罪性定义为"个人从事犯罪行为的心理倾向"。② 在此观点看来，犯罪性的成分中除了低自我控制之外，还包括犯罪动机、偏颇的价值观、消极的人生观、倾斜的自我评价等。

四、犯罪性与犯罪的关系：兼论犯罪行为的基本发生机制

尽管犯罪学界对于犯罪性这一概念还没有形成一致的定义，但是在犯罪学研究中，我们应当准确地理解犯罪性与犯罪之间的关系：

第一，犯罪性并不等同于犯罪行为。如前所述，犯罪性是一种内在于行为人的某种程度的倾向性；而犯罪则是一种外显的、可以观察到的行为，这种行为通常以作为、不作为和持有等形式表现出来。

第二，犯罪性的外显形式并不一定是犯罪行为。换句话说，犯罪性与犯罪之间并不存在着一一对应的关系，犯罪只是犯罪性的诸多外显形式之一：犯罪性既可能外显为犯罪行为，也可能外显为类犯罪行为，甚至可能外显为合法行为。例如，有些犯罪学家认为，冲动性、冒险性是低自我控制这一犯罪性指标的重要成分，但是，冲动性、冒险性不仅可能以犯罪行为的形式外显出来，也可能以飙车、蹦极等边缘的或合法的行为表现出来。

第三，犯罪性是犯罪行为的必要条件之一。没有犯罪性，就不

---

① Gottfredson M., Hirschi T., A General Theory of Crime [M], CA: Stanford University Press, 1990：89-90. 该书在2009年出版了中译本。参见：[美] 戈特弗里德森、赫希著：《犯罪的一般理论》，吴宗宪、苏明月译，中国人民公安大学出版社2009年版。

② 吴宗宪：《论犯罪性》，载《福建公安高等专科学校学报（社会公共安全研究）》2000年第1期。

可能出现相应类型的犯罪行为。通常而言，犯罪性较高的行为人出现犯罪行为的可能性更大。仅以盗窃为例，如果没有盗窃的倾向性或曰动机，自然不会出现盗窃行为。

第四，犯罪性并不是犯罪行为的充分条件。也就是说，犯罪性并不必然地引起犯罪行为，它还需要犯罪机会或曰犯罪条件的配合。仍以盗窃为例，即使行为人具有盗窃的倾向性或曰动机，行为人只有在遇到合适的盗窃对象和目标时才可能将犯罪性外显为盗窃行为。

尽管传统犯罪学长期认为自身的研究对象是犯罪人及其行为，但是，其实际的关注点通常聚焦在犯罪性上。例如，犯罪生物学、犯罪心理学、犯罪社会学等分支学科分别发现具有某些生物特征的人更易于冲动，具有某种犯罪心理的人更倾向于表现出某种犯罪惯技，具有不幸的童年经历或自我控制水平较低的人更有可能走向违法犯罪的道路。如前所述，自 20 世纪年代以来，一些犯罪学家深刻地认识到，犯罪性只是一种倾向性、可能性；犯罪性外显为实际的犯罪行为还需要另外一种必要条件——犯罪机会。据此，犯罪学理论被粗略地区分为"动机理论"与"机会理论"。前者重点关注犯罪性，并认为犯罪性只是或然地引起犯罪行为，并可以对应多种不同类型的犯罪或非犯罪行为；后者则更加强调引发具体犯罪行为的各种情境性机会和条件，并努力研究如何通过减少犯罪机会、降低犯罪吸引力、增加被发现风险等策略而达到预防和控制犯罪的目标。如今，机会理论的支持者们通常将自己从事的专业称作"犯罪科学"[①]，以示区别于传统的犯罪学。

---

① 参见：Clarke R., Technology, Criminology and Crime Science [J], European Journal on Criminal Policy and Research, 2004, 10（1）：55-63。本土学者对于犯罪科学及其与传统犯罪学的关系的引介文献可参见王瑞山：《犯罪科学的界定及其犯罪学的关系——以伦敦学院大学的犯罪科学学科建设为例》，载《中国人民公安大学学报（社会科学版）》2019 年第 2 期。

然而，应当注意的是，犯罪性与犯罪机会并不是完全独立的原因因素，而是可能存在着相互影响、相互作用的交互机制，因而在解释犯罪行为的基本发生机制或构建预防体系时将犯罪性与犯罪机会割裂开来是很不明智的。具体而言，犯罪性较高的行为人更有可能去发现、寻找、利用，甚至创造犯罪机会，进而更有可能将自身的犯罪性外显为犯罪行为。俗话说，机会总是留给有准备的人，这句话同样适用于犯罪行为的发生机制。另外，正如"常在河边走，哪能不湿鞋"这句俗语所示，如果行为人面临着太多的犯罪机会，他出现犯罪行为的可能性通常也会更大。更为复杂的是，如果更多的、更大的犯罪机会不断地激惹或诱惑着行为人，行为人的犯罪性就可能被激发出来或者发展成为更高水平的犯罪性，最终更易于产生犯罪行为。著名的英国政治理论家阿克顿（Acton，1834—1902）说过这样一句箴言："权力导致腐败，绝对的权力导致绝对的腐败。"① 基于上述逻辑，这句话是在告诫我们，拥有权力者一般会遇到相对更多的腐败机会，进而易于产生腐败行为；如果不能有效地约束权力并控制腐败机会，而单纯地将希望寄托在当权者的良心或自我约束方面，通常只会得到令人失望的结果。

简言之，可以将犯罪行为的基本发生机制粗略地概括为：

$$犯罪性 \overset{+}{\leftrightarrow} 犯罪机会 \Longrightarrow 犯罪行为$$

最后，需要指出的是，上述概括只是个体层次上的犯罪行为的发生机制。然而，作为犯罪行为的两个必要条件，无论是犯罪性，

---

① ［英］阿克顿著：《自由与权力》，侯健、范亚峰译，商务印书馆2001 年版，第 342 页。原始英文表述为：Power tends to corrupt and absolute power corrupts absolutely. 直译为"权力易于腐败，绝对权力必定腐败"。当然，拥有权力、特别是拥有绝对权力的阶层通常会将自身的腐败行为加以合理化、合法化，因而基于形式说的犯罪定义，这些腐败行为往往不会被定义为"犯罪"。

还是犯罪机会，它们的生成机制是更为复杂的议题，其中，生物因素、心理因素、社会因素等都在不同侧面、不同水平上综合性地发挥着作用。自犯罪学诞生以来，犯罪学家在不同学科视域下对此类议题进行了孜孜不倦的探索，但是，迄今为止，人类社会对于犯罪问题的认识和防治尚难言成功。就此而言，犯罪学的发展依然任重道远。

第二节　犯罪学概述

从词源学分析来看，"犯罪学"对应的英文单词 Criminology 是由拉丁文 Crimen（犯罪）和古希腊文 Logios（知识）组成的，字面的意思就是"关于犯罪的知识"。

一、犯罪学发展简史

据考证，"犯罪学"一词最早以法文 Criminologie 的形式出现，由法国人类学家保罗·托皮纳德（Paul Topinard，1830—1911，又译为"托皮纳尔"）于 1879 年首次提出。

虽然人们对犯罪问题的讨论由来已久，但是从学科建设的角度来看，现代犯罪学的诞生是以"犯罪学之父"、意大利犯罪学派的创立者龙勃罗梭（Lombroso，1836—1909）于 1876 年出版的《犯罪人论》为标志[1]，距今已有 150 多年的发展历史。此外，第一部以《犯罪学》（意大利语为 Criminologia）为书名的著作出版于 1885 年，著者是意大利犯罪学派的另一位代表人物加罗法洛（Garofalo，1851—1934）。

尽管犯罪学诞生于 19 世纪后期的欧洲社会，然而，其最为显

---

[1]　犯罪学界对于犯罪学诞生的年代和标志有着不尽相同的观点。对该问题的综述和其他见解可参阅吴宗宪：《论犯罪学的诞生及其标志》，载《江西警察学院学报》2011 年第 1 期。

著的发展是自 20 世纪初犯罪学研究中心转移到美国之后逐渐兴盛起来的。如今，美国的犯罪学俨然已经成为一门独立的学科。据统计，截至 2008 年，美国共有 23 所大学开设了犯罪学或法务学的博士项目，几百所大学开设了硕士项目，上千所大学开设了学士项目。由于在美国没有同时承担警察职业培训和学历教育的警察学校，因而美国警察通常以获得更加学术化的犯罪学或法务学学位为荣①。鉴于犯罪学学士项目的高度普及水平，近些年来，越来越多的美国大学开设了犯罪学硕士或博士项目。据美国犯罪学与刑事司法博士项目协会的统计，截至 2022 年，登记在册的有权授予博士学位的美国大学数量为 46 所。②

  在我国，辛亥革命之后，本土学者开始了对西方犯罪学文献、资料的研究，最初主要是介绍和翻译西方犯罪学的理论和研究状况。在这个时期，日本、意大利、德国和美国的一些犯罪学著作被翻译成中文出版，中国人自己写的一些犯罪学著作也在这一时期应运而生。例如，刘麟生于 1922 年在商务印书馆出版了龙勃罗梭在学术生涯后期的代表性著作《犯罪原因及其防治》的中译本，并将译著书名改为《朗伯罗梭氏犯罪学》。这些西方犯罪学思想的引入，对我国犯罪学的产生和早期发展起了很大的促进作用。20 世纪 20 年代末至 30 年代初，致力于犯罪学研究的本土学者们在接受西方和日本犯罪学研究成果的基础上，开始了对中国犯罪问题的研究。例如，本土犯罪学家李剑华于 1931 年出版的第一本中国学者所撰写的犯罪学著作《犯罪学》，通常被视为中国犯罪学诞生的标

---

① 参见曹立群、任昕主编：《犯罪学》，中国人民大学出版社 2008 年版，第 7-10 页。

② 参见贺丹、刘建宏：《美国犯罪学概述：研究与教育》，载《犯罪研究》2023 年第 5 期。

志性事件①。在第一代中国犯罪学家之中，尤其值得一提的是，严景耀先生为了研究中国的犯罪问题，1927 年暑期，他去监狱亲自做实地调查，志愿做一名"囚犯"，和其他真正的囚犯同吃同住，从而收集了大量翔实而重要的调查资料。他把犯罪问题与社会实际联系起来，留下了许多宝贵的犯罪学研究文献。1934 年，他在美国芝加哥大学完成的博士论文《中国的犯罪问题与社会变迁的关系》②，无论是其中的理论观点还是实证性的研究设计对于如今的本土犯罪学仍有重要的借鉴价值。

1949 年以后，我国台湾地区继承了旧中国犯罪学研究的传统。1966 年，犯罪学在台湾警察大学成为一个单独的学术单位。尽管我国台湾地区的法学家们一向偏重于研究法律的可操作性，对其他与法律相关的领域研究甚少，但是也有人非常重视犯罪学的研究。我国台湾地区 1994 年成立了犯罪学学会，并于次年开始出版学会刊物《犯罪学杂志》。

相比之下，我国大陆的犯罪学学科建设尚需更多更大的努力。自 1957 年起，犯罪学的课程在我国大陆所有的大学中被取消。自1979 年改革开放以来，犯罪学作为刑法学的分支开始复苏。20 世纪 80 年代初，青少年犯罪在所有犯罪人口中所占的比例高达70%~80%，③ 这种状况引起了社会各界的广泛关注，也受到了党和政府的高度重视。在这一背景下，本土学者对犯罪问题重新产生了学术兴趣，1982 年，为深入研究青少年犯罪问题，成立了"中国青少年犯罪研究会"。就此而言，新中国犯罪学的复兴起始于对

---

① 参见姚建龙：《龙勃罗梭在中国——一个犯罪学史的考察》，载《法律科学》2021 年第 1 期。

② 该著作的中文译本参见严景耀著：《中国的犯罪问题与社会变迁的关系》，吴桢译，北京大学出版社 1986 年版。

③ 参见康树华、刘金霞：《回顾与展望：我国青少年犯罪研究》，载《中国人民公安大学学报（社会科学版）》2013 年第 5 期。

青少年犯罪的研究。1992年，"中国犯罪学研究会"成立大会暨第一次学术研讨会在人民大会堂举行，创任会长为北京大学法学教授康树华（1926—2014）。自此开始，中国犯罪学研究会逐渐成为中国犯罪学研究人员进行学术交流的重要平台。为了与国际犯罪学研究机构进一步对接，中国犯罪学研究会于2007年改名为"中国犯罪学学会"。

二、狭义犯罪学与广义犯罪学

由于犯罪学在建立初期主要从人类学、生物学及心理学等视角研究犯罪人的行为及原因，因此犯罪学最早也被称为"犯罪病源学"或"犯罪原因学"，即所谓的"狭义犯罪学"。然而，在犯罪学的发展过程中，广义犯罪学逐渐取代了狭义犯罪学并最终成为主流。相比之下，广义犯罪学除了研究包括在狭义犯罪学之内的犯罪现象和犯罪原因外，还要研究控制、减少犯罪的各种对策。也就是说，狭义犯罪学与广义犯罪学的区别在于它们的研究内容是否包括了犯罪对策。

如今，在犯罪学研究比较发达的美国等国家和地区，犯罪学家们多采用广义的犯罪学概念。例如，"美国犯罪学之父"萨瑟兰在其著作《犯罪学原理》①中提出：犯罪学是一种将犯罪当作社会现象加以研究的知识体系。它包括对立法、违法以及对违法的反应等三个过程的研究。也就是说，在萨瑟兰看来，犯罪学包括了三个主要部分：（1）法律社会学；（2）犯罪原因论；（3）犯罪对策论。

---

① 该书于1924年出版的第1版名称为《犯罪学》，迄今为止已经再版了十多次。其中，萨瑟兰于1950年去世之后，该书的修订、再版工作由其学生克雷西（Cressey）负责。在不同的版本中，该书或以《犯罪学》命名，或以《犯罪学原理》命名。基于该书1992年出版的第11版，吴宗宪教授主持了中译本的翻译工作。参见［美］萨瑟兰、克雷西、卢肯比尔著：《犯罪学原理》（第11版），吴宗宪等译，中国人民公安大学出版社2009年版。

我国犯罪学界对于犯罪学学科体系基本上取得了共识性的观点。概括而言，犯罪学的本体部分包括"犯罪现象论""犯罪原因论"和"犯罪对策论"三个组成部分，分别研究犯罪是什么、犯罪为什么产生、如何预防犯罪等问题，这也符合人们认识事物的"是什么""为什么"和"怎么办"三个基本方面。① 也就是说，我国的犯罪学教材通常采取广义犯罪学的体系，本书亦不例外。如无特别注明，本书在所有章节均使用广义犯罪学概念。

三、犯罪学的基本研究内容和学科性质

如上所述，广义犯罪学已经成为现代犯罪学学科建设的主流方向。它的基本研究内容包括了犯罪现象、犯罪原因和犯罪对策。这三部分内容具有各自不同的独特地位，与此同时，它们之间也存在着密切关联。

从事实层面上来说，犯罪原因决定着犯罪现象的存在与发展变化，并且，犯罪原因也决定着什么样的犯罪对策才是真正有效的治本性措施。因此可以说，无论是对于狭义犯罪学还是广义犯罪学来说，犯罪原因都是犯罪学的核心内容。然而，从认识层面上来说，对于犯罪原因这一核心内容的探索并不是简单而直接的，必须首先从犯罪现象入手。具体而言，我们首先观察到某种犯罪现象，并且大量的、累积性的观察使得人们发现该类犯罪现象的发生、发展及变化呈现出高度的规律性，这进一步促使人们发掘隐藏在犯罪现象规律背后的犯罪原因，进而基于人们所认识到的"原因"出台相应的犯罪对策以预防或控制该类犯罪现象的进一步发生。然而，由于我们的犯罪对策只是针对我们所认识到的、未必全面的"原因"，而且更为严重的是，它可能并不是真正的犯罪原因，因此，犯罪对策的效果往往难以尽如人意，甚至会事与愿违。这样，人们

---

① 康树华著：《犯罪学——历史·现状·未来》，群众出版社 1998 年版，第 13 页。

就需要不断地、往复地观察犯罪现象、探究犯罪原因、调整犯罪对策。简而言之，犯罪现象是犯罪学研究的入手点，犯罪原因是犯罪学的核心内容，而犯罪对策则是犯罪学的归宿或曰落脚点。

总之，本书将犯罪学定义为研究犯罪现象、犯罪原因及犯罪对策的一门独立的综合性学科。① 为了更好地理解这一概念，我们需从以下三个方面加以把握：

就研究内容而言，犯罪学主要包括犯罪现象论、犯罪原因论、犯罪对策论三个部分。

就学科性质而言，犯罪学属于一门综合性学科，但在总体上更偏向于社会科学。犯罪学之所以被认为是一门综合性学科，是由于在犯罪学研究中通常需要综合运用多种学科的理论与研究方法，而且，犯罪学的发展历史一再表明，单一学科的观点和边缘学科的观点均无法完成犯罪学所肩负的认识犯罪的学术任务以及防治犯罪的实践任务，也不能反映犯罪学研究的客观现实。此外，尽管生物学、生理学、生物化学等自然科学对犯罪学的发展有所贡献，但是，就其当前的主导方向而言，犯罪学的主流分支为犯罪社会学、犯罪心理学、犯罪经济学等社会科学；特别是从西方犯罪学的发展现状来说，犯罪社会学长期地占据着主导地位。因而，犯罪学从总体上来说更加偏向于社会科学。

就学科地位而言，尽管犯罪学研究需要借助诸多学科的方法和理论，但是，它并不从属于其中任何一门学科，它具有独立于这些学科的功能和价值，因而应当是一门独立的学科。然而，毋庸讳言，本土犯罪学远未如美国、英国、德国等西方犯罪学那样获得其应有的独立地位。一位资深的本土犯罪学家就此感叹道：试论今日犯罪学的定位：看美利坚，犯罪学藉社会学之强势，上至总统委员会，下至刑事司法执法部门，无不器重。看德国马普研究所，犯罪

---

① 类似的表述参见吴宗宪著：《西方犯罪学》（第2版），法律出版社2006年版，第1页。

学与刑法学不分伯仲，各占半壁江山。在那里犯罪学作为刑事科学的基础已成定论……至少我们可以向我们的弟子和学生申明这一学科的应有地位。[①]

作为独立的综合性学科，犯罪学包括了众多子学科。有学者认为，犯罪学内部学科结构由犯罪现象研究、犯罪原因研究、犯罪危害研究、犯罪对策研究、犯罪学研究工具、反思犯罪学六类学科组成。[②] 犯罪现象学研究犯罪现象，包含犯罪行为学、犯罪比较学、犯罪史学等学科。犯罪原因学研究犯罪原因，分为犯罪人类学、犯罪生物学、犯罪生理学、犯罪心理学、犯罪环境学、犯罪社会学等学科。研究犯罪危害的学科应称犯罪危害学，含有犯罪被害人学等学科。犯罪对策学研究犯罪对策。区别于刑事诉讼法学等的犯罪对策研究，犯罪学的犯罪对策学科有犯罪预防学和犯罪矫正学。犯罪分类学和犯罪统计学是犯罪学的工具性学科，而比较犯罪学、犯罪学史则是犯罪学的反思性学科。

需要注意的是，在众多子学科中，犯罪生物学、犯罪心理学、犯罪社会学是其中最为显要的三个方向，而且，自 20 世纪初期以来，犯罪社会学渐次地超越了犯罪生物学和犯罪心理学，长期占据着现代西方犯罪学的主导地位。就此而言，研究犯罪现象时，犯罪学家更多地使用着社会统计学的方法和技巧；研究犯罪原因时，犯罪学家更多地需要借助社会学的视角和理论；研究犯罪对策时，犯罪学家更多地倚重社会性的政策和措施。当然，尽管犯罪社会学是犯罪学当前的主流方向，但是，它不应也不能排斥或取代其他子学科对于犯罪学的独特贡献。就此而言，未来的犯罪学发展水平更多地取决于各个子学科的整合性努力。

---

① 皮艺军：《犯罪学 Vs 刑法学——刑法学话语霸权之终结》，载《山东公安专科学校学报》2004 年第 3 期，第 82 页。

② 卜安淳：《论犯罪学的内部学科结构》，载《江苏警官学院学报》2003 年第 4 期。

四、犯罪学的价值

犯罪学既是一门系统地研究作为社会现象的犯罪现象和作为个体现象的犯罪行为的原因体系及生成过程的理论性学科，又是一门不断探求预防、控制和治理犯罪的应用性学科。简而言之，犯罪学的学术价值在于"认识犯罪"，而实践价值则在于"防治犯罪"。

相比于其他刑事法学学科或社会科学，犯罪学是唯一的全景式研究犯罪问题的专门学科。其他的刑事法学学科，如刑事侦查学、刑法学、刑事诉讼法学、刑罚学等，均是研究作为个体行为的犯罪发生之后应当如何以法律手段加以处理的"微观"理论；相比之下，犯罪学还关注作为群体社会现象的犯罪的存在和发生机制问题，以及对包括但不局限于法律措施的各种综合措施加以预防和控制犯罪等实践问题。正如有的学者指出的："从理论的直接目标上看，除犯罪学之外，现有关于犯罪方面的理论，只是'惩罚理论'，而没有'预防理论'或者说是用'惩罚理论'代替了'预防理论'。可以说，以往的刑事法学主要是对犯罪发生以后如何处理的微观研究，而对犯罪发生前社会如何预防的宏观研究则很不够，这无论从人类认识客观世界的角度上看，还是从解决实际问题的角度上看，都不能不说是种极大的缺憾。"①

具体来说，犯罪学在学术上的价值就是帮助我们理性地认识犯罪问题，其中包括了解犯罪状况和趋势、把握犯罪特点及规律、深刻理解犯罪原因等。这里的认识不同于我们从影视作品和新闻报道中得出的对犯罪现象和犯罪原因的碎片性观点。一般民众对犯罪现象和原因的认识往往是粗浅的、片面的、偏颇的甚至是谬误的，而犯罪学可以帮助我们从更加广泛的范围内、从更加全面的视角、使用更加科学的方法来认识犯罪。

---

① 王牧：《学科建设与犯罪学的完善》，载《法学研究》1998 年第 5 期。

在犯罪学领域，认识犯罪问题的视角可以高度概括地分为两类：个体责任视角和社会问题视角。前者认为是行为人自己在各种合法行为与犯罪行为之间进行了自由选择，因而行为人应当为自己的各种选择承担相应的责任；后者则认为犯罪本身是一种社会问题，与此同时，也是其他社会问题的原因或结果。在这一视角下，个体犯罪行为的发生根源在于那些普遍存在的并且有促进犯罪作用的各种社会问题，而这些社会问题是行为人个体无法解决或摆脱的。总体而言，作为犯罪学的最主要方向，犯罪社会学通常秉持社会问题视角。对照之下，刑法学、侦查学等学科则偏向于个体责任视角。

在实践工作中，犯罪学的价值就是指导犯罪的预防和控制工作。也就是说，根据犯罪学的理论研究和政策制定者对犯罪的认识水平，制定出犯罪对策，对犯罪现象进行预防或控制。此时犯罪学不仅要从理论的高度指导预防控制犯罪的实践，还要对犯罪对策的效果、效益进行评估研究，从而进一步认识犯罪以及指导实践工作。可以说，犯罪学的学术价值和实践价值也是相互促进、密不可分的。

然而，如前所述，犯罪学的价值远未获得普遍认可，因而迟迟无法获得应有的独立学科地位。其中的原因是多方面的，"这实际上是一个系统性的问题，是学术研究、学科建设和犯罪学市场三个方面问题相互作用的结果"。[①] 本书在此借用"魏文王问扁鹊"的故事以类比地表达犯罪学相比于其他所谓的"实用学科"而言的现实窘境和潜在前景——魏文王问扁鹊："子昆弟三人其孰最善为医？"扁鹊曰："长兄最善，中兄次之，扁鹊最为下。"魏文王曰："可得闻邪？"扁鹊曰："长兄于病视神，未有形而除之，故名不出于家。中兄治病，其在毫毛，故名不出于闾。若扁鹊者，镵血脉，

---

① 刘建宏：《学术、学科与市场：国际视野下中国犯罪学的发展进路》，载《犯罪研究》2021 年第 3 期。

投毒药，副肌肤，闲而名出闻于诸侯。"

五、犯罪学研究方法概述

如上所述，就学科性质而言，犯罪学在总体上更加偏向于社会科学。因此从研究方法而言，犯罪学家们通常遵循着社会科学研究的一般模式。

总体而言，犯罪学的基本研究方法可以分为思辨和实证①两类。简单地说，思辨的方法就是抽象推理的方法，其中最为重要的思辨方法就是演绎推理，即从概念到概念、从判断到判断地进行逻辑演绎；相比之下，实证方法的根本原则是"实际的证据"，即研究程序、方法和结论必须以客观观测到的资料为基础。

思辨方法与实证方法的主要差异包括：第一，从逻辑过程来看，思辨方法更加注重演绎推理，而实证方法则更加注重归纳推理；第二，从分析方法来说，思辨方法主要借助于文字论述，实证研究则更加倚重于统计分析；第三，从研究特征来说，实证方法更加强调客观性，更加强调价值无涉原则，相比之下，思辨方法则更加具有主观色彩。

尽管实证研究方法有其自身无法克服的某些局限，而且国内的一些学者对实证方法的过分使用亦有所顾虑，但是，"实证研究是犯罪学研究的起家方法"②，也是现代西方犯罪学获得并保持领先地位的重要原因之一。相比于美国、欧洲等犯罪学研究较为发达的国家和地区，我国大陆犯罪学的实证研究还存在着相当大的差距。

---

① "实证研究"是犯罪学等社会科学发展历史上被扬弃的一个概念，现代西方犯罪学语境下的替代性术语是"经验研究"，但是本土犯罪学界依然通常使用"实证研究"这一术语。参见刘建宏：《"经验"方法与法学研究》，载《西南政法大学学报》2007年第3期。

② 王牧：《学科建设与犯罪学的完善》，载《法学研究》1998年第5期。

正如"巧妇难为无米之炊"这句谚语所警示的，本土犯罪学的实证研究面临着"米"和"巧"两个方面的困境——满足质量要求的统计数据源的问题、符合科学严谨性的研究设计和统计方法的问题。

然而，必须强调的是，尽管实证方法或曰经验研究的方法是现代西方犯罪学的主流研究方法，但是，实证方法与思辨方法并不是对立的、非此即彼的关系。正如著名物理学家爱因斯坦指出的："任何一种经验方法都具有其思辨概念和思辨体系；而且任何一种思辨思维，它的概念经过比较仔细的考察之后，都会显露它们所有产生的经验材料。把经验的态度同演绎的态度截然对立起来，那是错误的。"①

因此，在犯罪学研究中，必须将实证方法和思辨方法有机地结合起来。概括而言，无论是在构建理论的过程中，还是将理论命题转换为研究假设的过程中，都需要思辨性的研究方法；而在收集数据、检验理论、经验概括的过程中则更多地依靠实证性的研究方法。正如一位本土的实证研究践行者所述："思辨、定性是实证、定量的基础；实证、定量是思辨、定性的深入和精确化。实证的定量方法在犯罪学研究中的作用，在于纠正以往那种离开必要的量的描述与实证，而且缺乏可操作性的纯粹思辨定性的传统弊病；思辨的定性方法在犯罪学研究中的作用，在于通过正确理论的指导，实现从实证形态向理论高度的升华，从而排除犯罪的定量研究可能出现的玄虚和偏差。坚持科学的思辨、定性与严格的实证、定量的辩证统一，是我们犯罪学研究方法的最佳选择。"②

① 许良英、范岱年编译：《爱因斯坦文集》（第 1 卷），商务印书馆 1976 年版，第 585 页。

② 周路：《犯罪学实证研究之我见》，载《河南公安高等专科学校学报》1999 年第 4 期。

第二章　犯罪学思想与犯罪学范式

犯罪因其严重的社会危害性而长期地引起统治者、思想家和一般民众的广泛关切。然而，在犯罪学作为一个学科诞生之前，许多有关犯罪问题的论述只是散见于某些典籍之中，本书将其概括地称为"犯罪学思想"。在犯罪学的发展历史上，最早较为系统地阐释犯罪与刑罚问题，并且为后来的刑法学和犯罪学提出了方向性的犯罪观和思维框架，能够被称作"范式"的理论传统只有两个：古典犯罪学派、意大利犯罪学派。① 可以这样说，当代犯罪学就是在两个范式的相互竞争与融合过程中不断地扬弃各种犯罪学思想而逐渐发展起来的。

第一节　人性与自由意志

在犯罪学诞生之前，许多思想家对于人性和自由意志这两个哲学问题进行了持久的探讨，形成了一些朴素的犯罪学观点。而且，

---

① "范式"（paradigm）是美国哲学家库恩（Kuhn，1922—1996）率先使用的术语，意指范例、模式。在库恩看来，凡被称作"范式"的成就，都同时具有以下两个基本特征：第一是其成就空前地吸引一批坚定的拥护者，使他们脱离科学活动的其他竞争模式；第二是其成就足以无限制地为重新组成的一批实践者留下有待解决的种种问题。参见［美］库恩著：《科学革命的结构》，金吾伦、胡新和译，北京大学出版社2003年版，第9页。

许多当代犯罪学理论通常会暗含地对这两个问题做出假设。[①]

一、人性

人性是指作为一个物种的人类所具有的基本品质和性情。尽管社会学家可能质疑是否存在着一种所谓普遍的人性，他们可能认为人性只是一种后天习得的现象，是在一定文化背景下培养出来的，具有极大的可塑性和伸缩性，显著地依赖于社会化的类型和进程，但是，在犯罪学领域，通常可以分析出各种理论，包括犯罪社会学理论，对于人性问题的暗含假设。正如英国哲学家休谟（Hume，1711—1776）在其名著《人性论》中指出的："显然，一切科学对于人性总是或多或少地有些关系，任何学科不论似乎与人性离得多远，它们总是会通过这样或那样的途径回到人性。"[②] 伟大的德国无产阶级革命家、思想家恩格斯（Engels，1820—1895）在《反杜林论》中深刻地指出："人来源于动物界这一事实已经决定人永远不能完全摆脱兽性，所以问题永远只能在于摆脱得多些或少些，在于兽性或人性的程度上的差异。"[③]

可以看到，思想家们通常对于是否存在人性的问题达成了较为一致的肯定性共识。但是，对于人性的基本内容则存在着诸多不同的观点。其中，我国古代思想家对于人性问题的代表性观点

---

① Einstadter W. , Henry S. , Criminological Theory：An Analysis of its Underlying Assumptions［M］, TX：Rowman & Littlefield Publishers，1995.

② ［英］休谟著：《人性论》，关文运译，商务印书馆 1980 年版，第 6 页。

③ 中共中央马克思恩格斯列宁斯大林著作编译局：《马克思恩格斯文集》（第 9 卷），人民出版社 2009 年版，第 106 页。有本土学者认为，为了避免误解或曲解，此处的"兽性"应该改译为"动物性"。参见心页：《对〈反杜林论〉中一句译文的献疑》，载《哲学动态》1990 年第 8 期。

包括①：

（一）性善论

性善论的代表人物是战国末期思想家孟子（孟轲，约前372—前289）。他认为：人性天生是善的，所以"人皆可为尧舜"。他的立论依据是："恻隐之心，人皆有之；羞恶之心，人皆有之；恭敬之心，人皆有之；是非之心，人皆有之。"因此只要顺着人的天性，人就可以为善；而那些不为善的人，不是天性决定的，而是后天形成的。

（二）性恶论

性恶论的代表人物是战国时的思想家荀子（荀况，约前313—前238）。他认为：人之性恶，其善者伪（为）也。要有"师法之化，礼仪之道"，才可以为善。他的立论依据是：人的本性天生就有贪利、贪欲、憎恨的一面，如果顺着人的本性自然发展下去，就会相互争夺、彼此残害、发生淫乱、破坏秩序、造成暴乱。

（三）亦善亦恶论

亦善亦恶论的代表人物是东汉思想家王充（27—97）。他的理论依据是："人性有善有恶，犹人才有高有下也。高不可下，下不可高。谓性无善恶，是谓人才无高下也。"在王充之前，西汉文学家扬雄（前53—18）也指出："人之性也善恶混，修其善则为善人，修其恶则为恶人。"

有些思想家基于善恶比例将人分为不同的层次。西汉时期的儒学大师董仲舒（前179—前104）提出了"性三品"说。他按照人性中的善恶比例把人分为三个品级：上品之人天生就是善的，当然不可能犯罪；中品之人可以为善也可以为恶，后天的教化决定着其善恶；下品之人（即所谓的"斗筲之徒"，意为气量狭小、才识短浅之人）天生为恶，是注定的犯罪人。南宋理学大师朱熹

---

① 冯树梁著：《中外预防犯罪比较研究》，中国人民公安大学出版社2003年版，第222-226页。

（1130—1200）提出了"性二气"说。他把人性分为"天命之性"和"气质之性"。天命之性就是先天的秉性，是至善的；而气质之性即人的知觉、感情、欲望等，是有善有恶的。

（四）无分善恶论

无分善恶论的代表人物是战国时期的思想家告子（名不详，一说名不害，生卒年不详）。他认为：食与色作为人的本性并无善恶之分。他的立论依据是：性犹湍水也，决诸东方则东流，决诸西方则西流。人性之无分善不善也，犹水之无分东西也。也就是说，人性就像湍急的水流，哪里有缺口就往哪里流，完全取决于后天环境的影响。

还有一种观点认为，人的本性是趋利避害；这种无分善恶的趋利避害本性支配着人类的一切思想和行为，也决定了人类社会得以生存和发展的基本逻辑。我国战国时期的法家代表人物商鞅（约前395—前338）和韩非（约前280—前233）均持有类似观点。

二、自由意志

人是否有能力控制自己的意志并做出自由的行为选择，这是一个由来已久的哲学问题。[1] 作为入门级的犯罪学教材，本书无意对此深入地加以阐释。概括而言，思想家们提出了三种观点：自由意志论（无决定论）、严格决定论、温和决定论。这些观点对于犯罪学具有基础性的指引意义。

自由意志论由来已久，并且对刑事责任议题具有重要意义。[2] 现代刑事司法体系不断地强化着自由意志论。比如，将某些未成年的犯罪人引入成年法庭进行审理是由于他们已经具备了足够的心智

---

[1]　Walsh N. , Criminological Theory: Assessing Philosophical Assumptions [M], NY: Routledge, 2013.

[2]　陈兴良：《论意志自由及其刑法意义》，载《法律科学》1993 年第 5 期。

能力；对醉酒驾驶的人采取刑事措施是由于尽管他们在醉酒之后可能受到了酒精的支配，但是他们有足够的心智能力自由选择是否醉酒以及酒后驾车。

另一个对立的极端立场是严格决定论。在此观点看来，人们的行为完全是由主体意志之外的因素决定的，而不是自由意志的结果。严格决定论有多种表现形式，如生物学、心理学、社会学中的决定论，它们分别认为我们的命运取决于生物遗传、成长初期的经历对我们心理的影响、我们生于斯并长于斯的特定社会环境等。基于严格决定论的一个自然推论是，只要找到了决定性的因素，就可以精准地预测未来的犯罪人及其犯罪行为，进而，可以基于相应的因果链条机制，为那些身陷犯罪风险的人提供帮助或治疗。

温和决定论则采取了折中的立场。温和决定论认为：人在一定程度上可以选择自己的行为，但是，这种选择会受到许多条件的制约和限制，如认知缺乏、不当的家庭教育方式、生物学的先天素质、经济条件等。法国启蒙思想家伏尔泰（Voltaire，1694—1778）说："我能做我希望做的事情的时候，我是自由的；但是，我必然希望我所希望的。"伏尔泰的这段话是对相对自由意志的深刻概括。[1] 按照伏尔泰的观点，在人类的道德善恶领域，存在着两个层面的问题：其一是人的道德相对于外界客观世界的被动性；其二是在特定道德境遇下人的主观能动性。也就是说，人类在道德的来源上不存在绝对的自由，必然受到一定客观规律的制约，即"我必然希望我所希望的"；但是在一定道德境遇中面对各种可能的选择，个人有做出相对自由的选择的能力，即"我能做我希望做的事情的时候，我是自由的"。

概括而言，温和决定论一方面承认了人的主观能动性，另一方面则承认了人的思想观念和行为选择将受制于自身无法控制的意志

---

① 参见白建军：《关系犯罪学》，中国人民大学出版社 2005 年版，第 50-51 页。

外因素。这种观点更加符合辩证唯物主义，也更加符合现代科学对于"有限理性"的基本发现。因而，温和决定论已经变成了当代犯罪学的主流观念。就此而言，"温和的程度"成为辨析不同犯罪学理论时的现实考量，而不再是严格决定论与自由意志论之间非此即彼的纯哲学争论。

第二节　我国古代的犯罪学思想

一、关于犯罪的特征

（一）犯罪的社会危害性

战国初期的法家代表人物李悝①在谈到统治者最大政务的时候说："王者之政，莫急于盗贼。"其中，"盗"泛指侵犯财产类犯罪；"贼"泛指侵犯人身权利类犯罪。在李悝看来，盗与贼这两类行为具有严重的社会危害性，已经威胁到了"王者之政"，因而成为"王者"必须严肃对待的首要问题。

（二）犯罪的形式违法性

春秋战国时期的墨家学派创始人墨翟②在论述如何界定犯罪的时候这样说道："罪，犯禁也；罪不犯禁，唯害无罪。"也就是说，在墨子看来，犯罪是统治者以法律的形式予以禁止的行为，因而，即便另外的某些行为具有危害性，只要在法律上没有明确禁止，也不应当作为犯罪加以处治。

---

① 李悝（前455—前395），战国初期政治家、法家代表人物，现存《法经》6篇，第一次用成文形式将封建法权固定下来。

② 墨翟（约前468—前376）是春秋末期、战国初期的人物，被尊称为墨子。现存《墨子》53篇。

（三）犯罪定义的相对性

战国时期的道家代表人物庄周①在谈到统治阶级对同为"窃"行的评定时说："彼窃钩者诛，窃国者为诸侯。"这一思想深刻地指出了犯罪定义的相对性。如同本书在第一章关于如何定义犯罪概念时的论述，庄子的这一思想在告诫我们，在定义犯罪概念时不但需要考虑到行为本身的客观性质，还必须考虑到定义者的主体性。简言之，不同的定义者可能对同样的行为贴上迥异的标签。

二、关于犯罪的原因

（一）经济因素与犯罪

除了从前述的人性或自由意志等所谓的"根源"上去解释犯罪行为，我国古代思想家很早就关注了经济因素与犯罪的关系。例如，春秋初期的政治家、法家代表人物管仲②在《管子·牧民》指出："仓廪实而知礼节，衣食足而知荣辱。"这表明，经济上的富足是教化人们遵纪守法、安居乐业的重要前提。概括而言，中国古代的思想家主要论述了贫穷或富裕分别与犯罪之间的因果关联，但实际上，包括贫困和富裕等经济因素与犯罪之间的关系并不是简单的、线性的，而是复杂的、辩证的。

1. 贫穷与犯罪

儒家学派的代表人物孔丘③曾说过："贫而无怨难。"如果人们长期处于赤贫状态，连基本的生存需求都难以保障，那么，生存的本能至少会在部分人群中激发出怨愤之情，此时，法律、正义、良

---

① 庄周（约前369—前280）是战国时期的著名思想家，是道家学派的主要代表人物，被尊称为庄子，与道家学派的创始人老子并称为"老庄"。现存《庄子》33篇。

② 管仲（约前723—前645）被尊称为管子，是春秋初年的著名政治家、军事家，也是法家学派的代表人物之一。现存《管子》76篇。

③ 孔丘（前551—前479）被尊称为孔子，是春秋末年的著名思想家，儒家学派的创始人。现存《论语》20篇。

心、脸面等都将难以有效地抑制其犯罪动机和犯罪行为。类似地，《汉书·董仲舒传》记载了西汉时期的儒学大师董仲舒的思想："富者奢侈羡溢，贫者穷急愁苦；穷急愁苦而不上救，则民不乐生；民不乐生，尚不避死，安能避罪！此刑罚之所以蕃而奸邪不可胜者也。"

2. 富裕与犯罪

我国古代思想家除了注意到贫困与犯罪之间的密切关联之外，也深刻地揭示了富裕与犯罪之间的辩证关系。就此而言，如前所述，管仲提出的"仓廪实而知礼节，衣食足而知荣辱"思想只是在告诉我们这是必要条件，而不是说"仓廪实、衣食足"就会自动地、必然地"知礼节、知荣辱"。如果富裕者不能有效地克制物质欲望和提升精神境界，他们也难以对犯罪免疫。例如，《商君书·说民》记录了战国中期的政治家、法家代表人物商鞅①的思想："富则淫，淫则有虱，有虱则弱。"类似地，战国末期的思想家韩非②阐释了富裕导致犯罪的潜在机制："人有福则富贵至，富贵至则衣食美，衣食美则骄心生，骄心生则行邪僻而动弃理，行邪僻则身死夭，动弃理则无成功。失内有死夭之难，而外无成功之大名者，大祸也。而祸本生于福。"

（二）不当的法律与犯罪

尽管法律的本意通常是禁奸止过、教化万方，但是，不当的立法、执法和司法活动非但无法减少犯罪，甚至可能加剧犯罪。例如，春秋末期的道家学派创始人老子③指出："法令滋彰，盗贼多

---

① 商鞅也称作公孙鞅（约前395—前338），是战国中期的著名政治家，法家学派的代表人物之一。现存《商君书》26篇，其中2篇有目无书。

② 韩非也称作韩非子（约前280—前233），是战国末期思想家，法家学派的代表人物之一。现存《韩非子》55篇。

③ 老子，即老聃（一说姓李名耳，"聃"是谥号）（约前571—前471），春秋末期的著名思想家，道家学派的创始人。现存《道德经》上下篇。

有。"简单地说，在老子看来，过多过滥的法律是与天道相悖的，反而易于产生更多的犯罪。

三、关于刑罚的运用

（一）德主刑辅、以德去刑的思想

早在西周时期，著名政治家周公姬旦①吸取了夏商两朝灭亡的教训，提出了"明德慎罚"的思想。所谓"明德"，就是指对于统治阶级来说，必须严于律己，勤于政事，加强自我克制，实行以德治国；所谓"慎罚"，就是指必须谨慎地使用刑罚，不要滥杀无辜。周公的"明德慎罚"思想，尽管是为了维护当时西周政权的需要，但是即使在今天看来，仍然具有重要的借鉴意义。

作为儒家学派的创始人，孔子继承并发展了周公的"明德慎罚"思想，进而提出了"德主刑辅、以德去刑"的思想。其基本主张是以道德教化为先，更加强调对民众的宽厚怀柔政策，而把刑罚作为道德教化的辅助，是道德教化失败之后不得已的最后手段。《论语·为政》记录了孔子的论述："道之以政，齐之以刑，民免而无耻；道之以德，齐之以礼，有耻且格。"大致的意思是：作为统治者，如果只是用政令去驱使百姓，用刑罚去制裁百姓，那么，即使他们为了避免遭受刑罚而按照政令去做，他们内心深处也并不明白违法犯罪是可耻的行为；如果是用道德思想去引导百姓，用伦理仁义去教育百姓，那么当他们明白违法犯罪是可耻的行为之后，就会自觉地校正自己的行为。

（二）严刑峻法的思想

严刑峻法的思想由来已久，也为中外历史上的大多数统治者所遵奉，并且直到今天依然深刻地影响着世界范围内犯罪治理的基本

---

① 周公（生卒年不详），姓姬名旦，周文王姬昌的第四子，周武王的弟弟。辅助周武王伐纣，后来又辅佐年幼的周成王，为西周政权的建立和巩固做出重大贡献。周公的思想被认为是儒家学派的源头和基础。

思维框架。这种思想意图通过严厉的，甚至是残酷的刑罚来惩罚或威慑已然犯罪人、潜在犯罪人和一般民众，进而实现打击犯罪、控制犯罪、维持统治的目的。在我国古代的诸子百家中，法家学派一般更加偏向于支持严刑峻法的思想，其中，商鞅是一位典型的代表。

据《商君书·赏刑》记载，商鞅的基本观点是：禁奸止过，莫若重刑。在《商君书》中多处呈现了商鞅倚重严刑峻法的思辨逻辑。例如，在《赏刑》一篇中这样写道："重刑，连其罪，则民不敢试。民不敢试，则无刑也"；"刑重而必得，则民不敢试，故国无刑民。国无刑民，故曰：明刑不戮。"在《说民》一篇中这样写道："故行刑，重其轻者，轻者不生，则重者无从至矣，此谓治之于其治者。行刑，重其重者，轻其轻者，轻者不止，则重者无从止矣，此谓治之于其乱也。故重轻，则刑去事成，国强；重重而轻轻，则刑至而事生，国削。"

尽管严刑峻法的思想没有完全排斥奖赏的作用，但是，其主要观点是偏向于刑罚依赖，而且不仅对重罪使用重罚，即便对于较为轻微的犯罪也倾向于使用严厉的刑罚。以当今的观点来看，可以对严刑峻法思想做出以下简要评论：第一，在特殊历史时期或特定情况下，某种程度的严刑峻法可能是难以回避的，也可能在短时期内起到一定程度的遏制犯罪效果；第二，在常规情况下，严刑峻法违背了文明社会应当遵循的罪刑相称原则和人道主义精神；第三，长时期地过度依赖严刑峻法，不但不能根本性地减少犯罪，而且易于引发更加严重的社会动荡。

第三节　欧洲历史上关于犯罪的思想

作为一门系统研究犯罪问题的学科，犯罪学发轫于 19 世纪的欧洲社会。因此，有必要概略地了解一下欧洲历史上关于犯罪的重要思想。

欧洲自古希腊、罗马帝国以及后来被伏尔泰称为"既不神圣，也不罗马，更非帝国"的神圣罗马帝国以后，再也没有出现过一个中心王朝，其间惨烈的欧洲战争史堪比我国的春秋战国时期。公元476年，西罗马帝国灭亡，标志着欧洲奴隶制度的结束和封建社会的开始，由此到1640年英国资产阶级革命爆发的近1200年，是欧洲封建社会的历史时期，史称"中世纪"。其中，截至1517年宗教改革之前的中世纪时期被称作"黑暗时代"，而从14世纪到17世纪中期一般被称作文艺复兴时期。发生在文艺复兴时期的宗教改革运动以及随后在17世纪至18世纪兴起的启蒙运动，将欧洲社会从天主教会的禁锢中解放出来，进而为古典犯罪学派的诞生奠定了思想和社会基础。

限于篇幅和主要目标，本书不再追溯欧洲中世纪之前的"古典时期"思想家们的犯罪学思想，诸如柏拉图、亚里士多德、西塞罗，等等①，而是将关注点聚集在中世纪时期的神学解释论、文艺复兴和启蒙时期思想家们的相关论述。

一、中世纪时期的神学解释论

中世纪欧洲的最大特征是神权政治。在各种宗教之中，又以基督教居于统治地位。基督教神学家的各种学说思想，在许多领域都占有重要地位。在法律领域也是如此，以宗教教义解释法律的现象普遍存在。正如恩格斯在《德国农民战争》中描述的："中世纪完全是从野蛮状态发展而来的。它把古代文明、古代哲学、政治和法学一扫而光，以便一切都从头做起。它从没落的古代世界接受的唯一事物就是基督教和一些残破不全而且丧失文明的城市。其结果正如一切原始发展阶段的情形一样，僧侣获得了知识教育的垄断地位，因而教育本身也渗透了神学的性质。在僧侣手中，政治和法学

---

① 有兴趣的读者可参阅吴宗宪：《西方犯罪学史》（第1卷），中国人民公安大学出版社2010年版，第51-54页。

同其他一切科学一样，不过是神学的分支，一切都按照神学中适用的原则来处理。教会的教条同时就是政治信条，圣经词句在各个法庭都具有法律效力。甚至在法学家已经形成一个等级的时候，法学还久久处于神学控制之下。神学在知识活动的整个领域的这种至高无上的权威，同时也是教会在当时封建统治下万流归宗的地位的必然结果。"①

中世纪的神学家们首先提出了"原罪说"。按照《创世纪·始祖犯戒》的记载，人类的祖先背叛了他们的创造者上帝，因而人类先天就带有原罪。

然而，后天的犯罪行为是从哪里来的呢？中世纪的神学家们又提出了"魔鬼说"加以解释。"魔鬼说"可以细分为两类观点：诱惑论、附体论。诱惑论认为，那些犯罪的人（或者暴饮暴食、酗酒的人，等等）在本质上是低劣的。因为在诱惑论看来，只要某人具备足够的毅力或者真正想摆脱诱惑，那么他一定能够做到。未能抵御魔鬼诱惑的责任应该由行为人自行承担；那些未能抵御魔鬼的诱惑而作恶的人最终将受到地狱之火的折磨或者其他形式的永恒的惩罚。相比之下，附体论更加倾向于决定论。在附体论看来，一旦某人被魔鬼附体，那么，这个人就不再为自己的行为负责，因为此时该人的所有行为都是被魔鬼控制了心灵和肉体的结果。基于附体论的常见"治疗"就是形形色色的"驱魔"仪式，目的是将不洁的心灵从肉身中驱除。

二、启蒙思想家的观点

到了文艺复兴和启蒙时期，欧洲社会的启蒙思想家们针对黑暗反动的宗教神学观点，明确提出了要以人的眼光而不是神的眼光来观察分析社会问题。具体到犯罪研究领域，启蒙思想家主张，应该

---

① 中共中央马克思恩格斯列宁斯大林著作编译局：《马克思恩格斯文集》（第2卷），人民出版社2009年版，第235页。

从人生活的社会和人自身之中去探讨犯罪现象、原因及对策。

英国资产阶级革命时期的政治法律思想家霍布斯（Hobbes，1588—1679）在其著作《利维坦》①中阐述了性恶论思想以及与此相关的社会契约论思想雏形。霍布斯认为，人就其本质来说是需求、欲望和感情的聚合，会自然地把自我利益置于其他考虑之上。在自然状态下，人们之间相互防范、敌对、争战不已，因而总是处于"一个人对一切人的战争"状态。然而，人不是为了神的权力或受苦受难而生的，而是带着理性来到人世的。因此，人可以运用自己的理性，将某些"自然的"自由让渡给君主，进而使得自己的权益获得君主的保障。至于"人们为什么遵守社会规则"这个问题，霍布斯给出的答案是："在所有的激情中，迫使人们不违背法律的激情，就是恐惧。除了一些慷慨大方的本性之外，在存在着引诱人们进行违法行为的利益或快乐的情况下，恐惧是唯一的、迫使人们遵守法律的东西。"②

法国思想家卢梭（Rousseau，1712—1778）反对人性本恶的观点，并秉持无分善恶论和社会契约论的观点。在卢梭看来，"在自然状态中的人类，彼此间没有任何道德上的关系，也没有人所公认的义务，所以他们既不可能是善的也不可能是恶的，既无所谓邪恶也无所谓美德"。③然而，人基于怜悯心和自我保存的本性，他们将会和平共处、互相救助。但是，当不平等出现之后，人变得邪恶了，犯罪也就自然地产生了。对卢梭而言，社会契约要解决的根本问题是"要寻找出一种结合的形式，使它能以全部共同的力量来

①　"利维坦"（Leviathan）是《圣经》中记述的一种铜头铁臂、形状像鳄鱼的怪兽。霍布斯用它来比喻国家。
②　转引自〔美〕赫希著：《少年犯罪原因探讨》，吴宗宪等译，中国国际广播出版社1997年版，第2页。
③　〔法〕卢梭著：《论人类不平等的起源和基础》，李常山译，商务印书馆1962年版，第97页。

卫护和保障每个结合者的人身和财富，并且由于这一结合而使每一个与全体相联合的个人又只不过是在服从自己本人，并且仍然像以往一样地自由"。① 而且，"基本公约并没有摧毁自然的平等，反而是以道德的与法律的平等来代替自然所造成的人与人之间的身体上的不平等；从而，人们尽可以在力量上和才智上不平等，但是由于约定并且根据权利，他们却是人人平等的"。②

法国著名启蒙思想家孟德斯鸠（Montesquieu，1689—1755）在其名著《论法的精神》一书中深刻地批判了当时法国社会的刑罚制度，提出了许多关于犯罪与法律问题的观点。例如，刑罚应当与犯罪的危害程度相称；任何超过必要限度的刑罚都是暴虐的；刑罚应富有教化意义；舆论威慑可以作为阻止犯罪的工具之一；只能惩罚行为，而不应惩罚思想和语言。此外，孟德斯鸠较早地阐述了多元的犯罪原因论。例如，他在《论法的精神》一书中以大量的篇幅讨论了政治体制、土壤性质、气候类型、宗教、人口、贸易等因素对于法律或犯罪行为的影响。

第四节　古典犯罪学派与意大利犯罪学派

一般而言，重要的理论成果往往是时代的产物。在迫切需要变革的历史阶段，在铺陈了相应的社会背景和知识背景的时候，具有范式革命意义的某些理论就会应运而生。古典犯罪学派和意大利犯罪学派皆是如此。如本章开篇所述，作为犯罪学的两大范式，古典犯罪学派和意大利犯罪学派为后来的犯罪学指明了根基性的研究问题和相应的方法论。

① ［法］卢梭著：《社会契约论》，何兆武译，商务印书馆 2003 年版，第 19 页。

② ［法］卢梭著：《社会契约论》，何兆武译，商务印书馆 2003 年版，第 30 页。

在犯罪学的发展历史上，通常将意大利犯罪学派的诞生，具体到其创始人龙勃罗梭在 1876 年出版的《犯罪人论》，作为犯罪学诞生的年代和标志性事件。就此而言，早于上述标志百余年的古典犯罪学派的名称似乎有些自相矛盾。实际上，古典犯罪学派也被称作古典刑事学派，它为现代的刑事司法制度以及刑法学和刑罚学奠定了思想基础。对照之下，意大利犯罪学派则是建立在对古典犯罪学派加以批判的基础之上。

一、古典犯罪学派

本章第三节所介绍的欧洲中世纪时期的神学解释论、文艺复兴和启蒙时期的思想家们的相关论述为古典犯罪学派奠定了思想和知识基础。简言之，启蒙思想家认为，人们的行为是其基于理性而加以选择的结果，而不是神学解释论所称的宗教意义上原罪或受到魔鬼诱惑或附体的结果。

在经济和政治领域，随着以"光荣革命"为代表的资产阶级革命以及工业化革命的风起云涌，欧洲各国迅猛地朝着资本主义社会迈进。但是，与此极不协调的是，在刑事司法领域的革新基本上处于停滞状态。当时欧洲各国的刑事司法实践依然停留在中世纪时期，其中充斥着秘密控告、刑讯逼供、罪刑擅断、野蛮行刑、因阶级背景不同而迥异的刑罚。

在这样的社会背景和思想背景下，诞生了以贝卡里亚和边沁为代表的古典犯罪学派。该学派提出的有关犯罪与刑罚问题的学说，直到今天依然对现代刑事司法制度以及刑法学、刑罚学具有重要的指导意义。此外，它为百余年之后的意大利犯罪学派提供了批判对象，也为 19 世纪 80 年代的理性选择理论等"新古典犯罪学派"提供了思想源泉。

（一）贝卡里亚的犯罪学思想

贝卡里亚（Beccaria，意大利，1738—1794）于 1764 年匿名出版的《论犯罪与刑罚》已经成为刑法学、犯罪学史上的经典名著

之一。尽管其中的许多论断并非贝卡里亚的原创，几乎都能在启蒙
思想家的著作中找到原型，但是，贝卡里亚本人的贡献不容抹杀。
正是由于贝卡里亚的高度概括能力、高度严密的思辨逻辑能力以及
犀利流畅的文笔，对于犯罪与刑罚关系的系统论述，使得这本篇幅
不大的著作成为刑法学、犯罪学史上的经典。中译本的译者在一部
研究贝卡里亚及其刑法思想的专著中这样评论说："《论犯罪与刑
罚》是世界文明史上第一部明晰而系统地论述犯罪与刑罚问题的
著作，尽管它的产生有深厚的思想基础，其中的许多概念和原则也
不是贝卡里亚首创的，但是这部著作的写作和出版，代表了犯罪学
史上的一个重大进步，这也使得贝卡里亚成为后来的刑事制度革命
的'第一位推动者'。"①

　　概括而言，贝卡里亚在《论犯罪与刑罚》一书中体现出的犯
罪学思想包括：

　　1. 犯罪原因

　　与古典犯罪学派的其他学者一样，贝卡里亚认为，犯罪的根本
原因在于行为人基于自由意志而做出的行为选择②。用他的话来
说，"促使我们追求安乐的力量类似于重心力，它仅仅受限于它所
遇到的阻力……刑罚就出来阻止恶果的产生，但它并不消灭冲突的
原因，因为这种原因是人的不可分割的感觉"③。

　　除此之外，他在某些章节简单地论及了经济因素、不当的法律

①　黄风著：《贝卡里亚及其刑法思想》，中国政法大学出版社1987年
版，第25页。转引自吴宗宪著：《西方犯罪学史》（第1卷），中国人民公安
大学出版社2010年版，第108页。

②　这是西方犯罪学界的通说。但是，国内的一些学者认为包括贝卡里
亚在内的古典犯罪学派并非自由意志论者，而是决定论者。参见黄风：《贝卡
里亚是自由意志论者吗？——论贝卡里亚刑法思想的哲学基础》，载《比较法
研究》1987年第1期。

③　［意］贝卡里亚著：《论犯罪与刑罚》，黄风译，中国方正出版社
2004年版，第17页。

等因素对于犯罪的重要影响。例如，"一般说来，盗窃是一种产生于贫困和绝望的犯罪，是不幸者的犯罪"；① "赏罚上的分配不当就会引起一种越普遍反而越被人忽略的矛盾，即：刑罚的对象正是它自己造成的犯罪"；② "对大量无关紧要的行为加以禁止，防止不了可能由此产生的犯罪。相反，是在制造新的犯罪"③。

应该说，贝卡里亚乃至古典犯罪学派对于犯罪学的核心内容——犯罪原因的论述是严重不足的。《论犯罪与刑罚》一书并没有专门的章节来系统地阐述犯罪原因论，即使在某些章节提到某类犯罪的原因时也大多是基于常识性的判断。实际上，以贝卡里亚为代表的古典犯罪学派的研究重点是抽象的犯罪行为，并不是犯罪人及其犯罪原因。如前所述，在贝卡里亚看来，"促使我们追求安乐的力量类似于重心力，它仅仅受限于它所遇到的阻力"，④ 这种趋乐避苦的本性使得对犯罪原因的讨论似乎是多余的。更为重要的是，贝卡里亚以及古典犯罪学派在当时的核心任务是系统地批判盛行于欧洲封建社会的刑事司法实践，进而基于犯罪与刑罚之间的应然关系而努力建立起一套符合资本主义制度要求的刑事司法体系。正如贝卡里亚在《论犯罪与刑罚》的"致读者"一节所述，"本书将从刑事制度方面，研究这些保留着最野蛮世纪的法律，并以那些愚昧而鲁莽的俗人所不具有的风度，向公共幸福的领导者勇敢地揭

---

① ［意］贝卡里亚著：《论犯罪与刑罚》，黄风译，中国方正出版社 2004 年版，第 49 页。

② ［意］贝卡里亚著：《论犯罪与刑罚》，黄风译，中国方正出版社 2004 年版，第 18 页。

③ ［意］贝卡里亚著：《论犯罪与刑罚》，黄风译，中国方正出版社 2004 年版，第 91 页。

④ ［意］贝卡里亚著：《论犯罪与刑罚》，黄风译，中国方正出版社 2004 年版，第 17 页。

露这些法律的弊端"①。

将犯罪视为一种单纯的法律现象，进而将犯罪对策也主要局限在刑事政策的范畴之内，这种思想在 18 世纪时期具有巨大的进步意义，然而，从当代犯罪学的视角看来，这是非常片面的。正是由于古典犯罪学派对犯罪原因论的忽视，所以，犯罪学界的通说认为，古典犯罪学派实际上是一个刑事学派，标志着资产阶级刑法学的诞生，② 而不应将古典犯罪学派看作犯罪学诞生的标志。本书采纳了这一通说。具体而言，鉴于以贝卡里亚为代表的古典犯罪学派并没有深入地阐释犯罪学的核心内容——犯罪原因，所以，贝卡里亚以及古典犯罪学派关于犯罪与刑罚关系的论述依然属于犯罪学思想的范畴，而不应将其作为犯罪学诞生的标志。

2. 犯罪的实质特征与分类标准

贝卡里亚尖锐地批判了当时刑事司法实践的常用标准——犯罪时所怀有的意图、被害者的地位、宗教意义上的罪孽程度，进而指出，衡量犯罪的真正标尺是犯罪行为的社会危害性。贝卡里亚就此发出了如下感叹："这是一条显而易见的真理，尽管认识这类明了的真理并不需要借助于象限仪和放大镜，而且它们的深浅程度都不超出任何中等智力水平的认识范围，但是，由于环境惊人地复杂，能够有把握认识这些真理的人，仅仅是各国和各世纪的少数思想家。"③

在界定了犯罪的本质特征是社会危害性之后，贝卡里亚据此提出了犯罪的三分法：第一类是危害国家安全的犯罪；第二类是妨害

---

① ［意］贝卡里亚著：《论犯罪与刑罚》，黄风译，中国方正出版社 2004 年版，第 1 页。

② 高铭暄、马克昌主编：《刑法学》（第 8 版），北京大学出版社、高等教育出版社 2017 年版，第 1 页。

③ ［意］贝卡里亚著：《论犯罪与刑罚》，黄风译，中国方正出版社 2004 年版，第 21 页。

个人生命或财产安全的犯罪；第三类是违反社会秩序的犯罪。如今，这种以法益性质作为分类标准的作法已经成为现代刑法典的一个通例。

3. 刑罚理论

在《论犯罪与刑罚》中，贝卡里亚从多个角度论述了犯罪与刑罚的关系，提出了许多沿袭至今的刑法原则，如罪刑法定、罪刑相称、法律面前人人平等、程序正当，等等。

（1）刑罚权的根据。贝卡里亚认为，刑罚权的根据是"社会契约论"。民众为了切身利益而理性地宁愿牺牲一部分原本拥有的自由。国家和政府就是这一份份自由的合法保存者和守卫者。如果某人实施了犯罪行为，就意味着违反了自己业已认可的"社会契约"，因而，国家和政府有正当的理由使用刑罚这种"易感触的力量"来惩罚犯罪行为人以维护社会秩序和公共福利。

（2）刑罚的目的。在贝卡里亚看来，"刑罚的目的既不是要摧残折磨一个感知者，也不是要消除业已犯下的罪行……刑罚的目的仅仅在于：阻止罪犯再重新侵害公民，并规诫其他人不要重蹈覆辙"①。也就是说，贝卡里亚认为，刑罚的目的并不是报应，而是预防，并且是双面预防，即针对已然犯罪人的特殊预防以及针对一般民众的一般预防。

那么，刑罚是以何种机制来实现其犯罪预防的目的呢？贝卡里亚认为，其中的主要机制是刑罚威慑。就概念性定义来说，威慑效应是指行为人由于害怕受到刑罚而不敢实施犯罪行为的现象。最初，古典犯罪学派基于威慑对象的不同而区分了特殊威慑和一般威慑，针对的对象分别是已然犯罪人和一般民众。为了克服这两个概念的某些纠缠，在1993年，两位西方犯罪学家重新定义了特殊威

① ［意］贝卡里亚著：《论犯罪与刑罚》，黄风译，中国方正出版社2004年版，第28页。

慑与一般威慑。① 简言之，特殊威慑是指经受和逃脱刑事处罚的直接经验所产生的不敢再次实施某种犯罪行为的现象；一般威慑是指经受和逃脱刑事处罚的间接经验所产生的不敢初次实施某种犯罪行为的现象。在上述定义之下，一般威慑和特殊威慑可以发生在同一个人身上，而且，经受刑罚和逃脱刑罚将在不同方向上影响着威慑效应。

（3）有效刑罚三原则。贝卡里亚认为，为了有效地实现刑罚威慑机制在预防和控制犯罪方面的目的，刑罚应当满足如下三个条件：

其一，确定性。所谓确定性，是指任何人在犯罪之后都必然要受到刑罚的处罚。贝卡里亚这样写道："对于犯罪最强有力的约束力量不是刑罚的严酷性，而是刑罚的必定性……即使刑罚是有节制的，它的确定性也比联系着一线不受处罚希望的可怕刑罚所造成的恐惧更令人印象深刻。因为，即便是最小的恶果，一旦成了确定的，就总令人心悸。"②

其二，及时性。所谓及时性，是指犯罪行为发生之后，犯罪人能够被迅速地处以刑罚。贝卡里亚认为，"惩罚犯罪的刑罚越是迅速和及时，就越是公正和有益……因为：犯罪与刑罚之间的时间间隔越短，在人们心中，犯罪与刑罚这两个概念的联系就越突出、越持续，因而，人们就很自然地把犯罪看作起因，把刑罚看作不可缺少的必然结果"③。

其三，相称性。所谓相称性，是指罪刑要相适应，刑罚的尺度

---

① Stafford M. , Warr M. , A Reconceptualization of General and Specific De-
terrence [J], Journal of Research in Crime and Delinquency, 1993, 30（2）:
123-135.

② ［意］贝卡里亚著:《论犯罪与刑罚》，黄风译，中国方正出版社2004年版，第28页。

③ ［意］贝卡里亚著:《论犯罪与刑罚》，黄风译，中国方正出版社2004年版，第44页。

要与犯罪行为对社会的危害程度相对应。一是要保证重罪重罚、轻罪轻罚；二是刑罚带来的痛苦要适当超过犯罪带来的快乐；三是针对特定的犯罪要有特定的刑罚。贝卡里亚这样写道："犯罪对于公共利益的危害越大，促使人们犯罪的力量越强，制止人们犯罪的手段就应该越强有力。这就需要刑罚与犯罪相对称。"① 必须注意的是，贝卡里亚虽然认为刑罚的痛苦应当适当地超过犯罪的快乐，但是，他坚决反对滥施重刑。贝卡里亚就此引用了孟德斯鸠的观点，"任何超越绝对必要性的刑罚都是暴虐的"②。

4. 犯罪预防

难能可贵的是，贝卡里亚在《论犯罪与刑罚》的最后几节论述了犯罪预防。在他看来，"预防犯罪比惩罚犯罪更高明，这乃是一切优秀立法的主要目的"③。具体而言，贝卡里亚除了重点阐释刑罚威慑这一预防机制之外，还简要地论述了预防犯罪的另外五种措施：第一，制定明确和通俗的法律，并且让人仅仅畏惧于法律而不是畏惧于人。第二，将科学的光明与思想的自由加以结合。贝卡里亚反对那些认为科学总是有害于人类的观点，而且认为愚昧无知和一知半解更加有害。第三，司法当局应当遵守法律而不腐化。贝卡里亚认为，遵守法律而不是破坏法律的司法官员越多，合法权力被滥用的危险性就越小，因此产生的犯罪也就更少。第四，奖励美德。贝卡里亚认为，同其他奖励的效果一样，奖励美德也会使美好的德行不断增加，而犯罪行为也就会相应地减少。第五，完善教育。贝卡里亚认为，预防犯罪的最可靠但也是最艰难的措施是完善

---

① ［意］贝卡里亚著：《论犯罪与刑罚》，黄风译，中国方正出版社2004年版，第17页。

② ［意］贝卡里亚著：《论犯罪与刑罚》，黄风译，中国方正出版社2004年版，第8页。

③ ［意］贝卡里亚著：《论犯罪与刑罚》，黄风译，中国方正出版社2004年版，第91页。

教育。在此，贝卡里亚承认，教育的话题已经超出了他的论述范围，因而只是简要但深刻地指出，"教育借助的是指出需要和危害的无可辩驳性，而不是捉摸不定的命令，命令得来的只是虚假的和暂时的服从"①。

（二）边沁的犯罪学思想

英国哲学家、法学家边沁（Bentham，1748—1832）是古典犯罪学派另一位重要的代表人物。他将贝卡里亚的犯罪学思想加以发扬光大，并在1789年的著作《道德与立法原则导论》中进行了集中展现。就此而言，以下评论是非常中肯的，"边沁的最重要的原则和他的立法的方法，大部分获益于贝卡里亚……贝卡里亚指出了许多原理，然而都只是提出而未详论。边沁却以惊人的毅力抓住了这些原理，对它们做出十分清晰的定义，并且由此得出无数的推论"②。简言之，边沁不仅为犯罪与刑罚的关系问题提供了更为深入的论述，而且确立了古典犯罪学派的哲学基础——功利主义。

1. 功利原理与幸福计算

边沁在《道德与立法原理导论》中开宗明义地断言："自然把人类置于两位主公——快乐和痛苦——的主宰之下。只有它们才指示我们应当干什么，决定我们将要干什么。是非标准，因果联系，俱由其定夺。凡我们所行、所言、所思，无不由其支配。"③ 在边沁看来，人的本性就是趋乐避苦，这是一切行为的原因和动力，犯罪行为亦不例外。

边沁借助"功利原理"更为明晰地阐释了犯罪行为的选择机

① ［意］贝卡里亚著：《论犯罪与刑罚》，黄风译，中国方正出版社2004年版，第98页。
② ［英］边沁著：《政府片论》，沈舒平等译，商务印书馆1995年版，第33-34页。该段引语为英文编者在"编者导言"一节做出的评价。
③ ［英］边沁著：《道德与立法原理导论》，时殷宏译，商务印书馆2000年版，第57页。

制，即基于行为的净效用来做出行为选择。所谓功利，亦称作效用，"是指任何客体的这么一种性质：由此，它倾向于给利益有关者带来实惠、好处、快乐、利益或幸福（所有这些在此含义相同），或者倾向于防止利益有关者遭受损害、痛苦、祸患或不幸（这些也含义相同）。"① 进一步地，"功利原理是指这样的原理：它按照看来势必增大或减小利益有关者之幸福的倾向，亦即促进或妨碍此种幸福的倾向，来赞成或非难任何一项行动"。②

可以看到，同贝卡里亚等其他古典犯罪学派的学者一样，边沁认为，犯罪行为是行为人基于自由意志而进行理性选择的结果。③简单来说，对于行为人而言，如果犯罪行为带来的快乐超过了痛苦，行为人就会选择犯罪行为；反之，如果犯罪行为带来的快乐没有超过痛苦，行为人就不会选择犯罪行为。边沁将这种对于快乐痛苦的全方位权衡称为"幸福计算"或"道德计算"。④

为了构建幸福计算的具体方法，边沁在《道德与立法原理导论》中利用大量的篇幅论述了幸福和痛苦的来源、种类和性质。

首先，边沁提出了四种来源的快乐和痛苦，它们共同构成了行为人是否选择犯罪行为的推动力或约束力：自然的⑤、政治的、道德的、宗教的。具体来说，只有源于宗教的快乐或痛苦才有可能出现在来世，其余三种来源只能出现在现世。举例来说，注射毒品引

---

① ［英］边沁著：《道德与立法原理导论》，时殷宏译，商务印书馆2000 年版，第 58 页。

② ［英］边沁著：《道德与立法原理导论》，时殷宏译，商务印书馆2000 年版，第 58 页。

③ 此时的自由意志意味着，即使犯罪的快乐大于痛苦，行为人也可以基于自身的意志能力而选择不犯罪。就此而言，一旦行为人选择了犯罪行为，对行为人施加刑罚具有了正当性；另外，从预防和控制犯罪的角度来说，需要将刑罚的痛苦设置为至少略超过犯罪的利益。

④ 英文表述分别为 felicific calculus 和 moral calculus。

⑤ 英文原文为 physical，有时也被译作"身体的"。

起的生理愉悦或死亡风险是一种自然上的快乐或痛苦；获得周围人群的敬重、敬畏或嘲讽、责难属于道德上的快乐或痛苦；死后升入天堂或被打入地狱是宗教上的快乐或痛苦；政治地位的升迁或贬损是政治意义上的快乐或痛苦，其中，刑罚是一种典型的政治痛苦。

其次，边沁对于快乐和痛苦的种类和性质进行了详细的，甚至是非常琐碎的分析。例如，快乐和痛苦被区分为简单的和复杂的；简单的快乐包括感官的、财富的、技能的、和睦的、名誉的、权势的、虔诚的、仁慈的、作恶的、回忆的、想象的、期望的、基于联系的、解脱的 14 种快乐；简单的痛苦则包括匮乏的、感官的、棘手的、敌意的、恶名的、虔诚的、仁慈的、作恶的、回忆的、想象的、期望的、基于联系的 12 种痛苦。而复杂的快乐和痛苦更加难以细数。就快乐和痛苦的性质而言，边沁论述了强度、持续时间、确定性、时间的邻近性、纯度、丰度、广度，等等。对此，有西方犯罪学家评论说，"如今的许多研究主要是评估刑罚的确定性、严厉性、及时性在威慑犯罪方面的效果。边沁论及的其他特征（如丰度、纯度）已经被证明是对于社会政策和犯罪理论没有多大用处的，因而也不再有人加以关注"①。

概括而言，相比于贝卡里亚，边沁在讨论各种各样的快乐与痛苦以及计算某行为的净效用的过程中，提出了更加宽广的行为理论。除了刑罚这一政治上的痛苦之外，边沁还论述了其他来源的非正式惩罚；此外，边沁也广泛地讨论了由犯罪行为引起的并不受刑罚直接控制的许多快乐。如今，边沁的"功利主义"和"幸福计算"等思想已经成为犯罪经济学的思想渊源之一，尤其为犯罪学界在 20 世纪 80 年代引入的理性选择理论奠定了思想基础。

2. 刑罚目的与罪刑相称规则

边沁将功利原理贯穿到了他的刑罚理论之中，其根本原则就是

---

① Gottfredson M., Hirschi T., A General Theory of Crime [M], CA: Stanford University Press, 1990: 8.

贝卡里亚所称的"最大多数人分享最大幸福"。①

（1）刑罚的目的。同贝卡里亚一样，边沁认为，刑罚的目的是预防犯罪，而不是报应犯罪。更进一步，边沁认为，刑罚的犯罪预防目的应当分为以下四个不同层次：第一，预防一切犯罪。刑罚的最广泛、最适当的目标就是尽可能地预防一切犯罪。第二，预防更为严重的犯罪。当犯罪人在实施犯罪行为的过程中，刑罚的目的就是预防社会危害性更大的犯罪行为。也就是说，如果存在着多种能够达到其犯罪目的的不同方式，刑罚的目的使得犯罪人在"道德计算"之后宁愿选择危害性较轻的方式。第三，减轻危害性。当犯罪人决定实施某种犯罪行为时，刑罚的第三个目的就是预防超过其犯罪目的的多余的危害。第四，以最小的代价预防犯罪。在边沁看来，犯罪预防必须基于功利原理和幸福计算，因而应该选择使用最小的代价来预防犯罪的发生或减轻犯罪的危害程度。而且，尽管在正常情况下刑罚是一种"必要的恶"，但是，刑罚毕竟也是一种恶，因此，在不符合犯罪预防目的的情况下，不应当使用。

（2）罪刑相称规则。边沁在贝卡里亚提出的罪刑相称原则的基础上，更为系统地论述了设置刑罚的具体规则。其中主要包括：第一，刑罚之苦必须超过犯罪之利。为预防犯罪，抑制犯罪动机的力量必须超过诱惑的力量。第二，刑罚的确定性越小，其严厉性就应该越大。在所有的犯罪中，需要分别计算成功或失败的概率。为了平衡受到刑罚的可能性，必须相应地调整刑罚的严厉性。第三，当两个罪行相联系时，严重的罪行应该适用严厉的刑罚，从而诱导行为人宁愿去实施较为轻微之罪，而避免严重之罪。第四，罪行越重，适用严厉刑罚以减少其发生的理由就越充分。第五，不应该对不同罪犯的相同罪行使用相同的刑罚。边沁认为，名目相同的刑罚对于不同的行为人并不总是产生真正同等的痛苦。第六，罪刑相称

---

① ［意］贝卡里亚著：《论犯罪与刑罚》，黄风译，中国方正出版社2004年版，第5页。

不应该是数学化的相称，简洁与明确是刑罚的更重要的价值。边沁认为，刑罚与犯罪之间的相称性不应使法律变得过于复杂和难以理解。

二、意大利犯罪学派

意大利犯罪学派的创立，拓宽了犯罪问题的研究思路和研究领域，更新了研究方法。其注重实际调查、注重收集数据、注重归纳推理、注重借鉴其他科学研究的实证研究方法，对后来的犯罪学研究产生了极其深远的影响。

（一）社会背景与知识基础

如前所述，与古典犯罪学派一样，意大利犯罪学派也是时代的产物。到了 19 世纪中后叶，资本主义在欧洲国家已经得到了普遍的发展。相对于封建社会来说，资本主义的历史先进性是不言而喻的，它极大地解放了生产力，它在不足百年的发展史中所创造的生产力要高于过去所有年代创造的生产力总和。然而，欧洲的资本主义国家在工业化和城市化的过程中，犯罪的数量及质量均出现了迅速恶化的趋势。例如，恩格斯在《英国工人阶级状况》中曾这样描述英国当时的犯罪现象："随着工业的发展，犯罪事件也在增加，每年被捕的人数与加工的棉花包数成正比。"仅英格兰、威尔士因刑事犯罪被捕的人数在 19 世纪上半叶的 40 年中就增加了 6 倍，累犯占比则高达 30%~40%。美国在 19 世纪下半叶的 50 年中，仅杀人、强奸、盗窃等罪案就增加了 15 倍。当时被称为"模范国家"的比利时从 19 世纪中叶以后，18 岁以下的犯罪人每年大约增加 1 倍。同时，资本家为了追逐利润，互相倾轧，并经常采取各种手段（包括违法犯罪）攫取不义之财。犯罪危害如此严重，对于资本主义国家而言，全面深入地研究犯罪现象，揭示犯罪产生的原因，找到预防犯罪的有效途径，就成为一项迫切需要解决的现实课题。

与此形成鲜明对比的是，基于古典犯罪学派思想的现代刑事司法制度在欧洲社会普遍地建立起来，刑法理论和相应的刑罚制度越来越完善。以古典犯罪学为理论基础而构建起来的现代刑法原则，如罪刑法定原则、法律面前人人平等原则、罪刑相适应原则、刑罚人道原则等，至今仍然在刑事立法、刑事司法实践中发挥着重要作用。但是，犯罪现象的发展趋势并未如古典犯罪学派预期的那样随之得到有效防治。人们普遍地不得不承认刑法制度的完善并没有减少现实中的犯罪数量和质量。正如意大利犯罪学派的代表人物之一菲利观察到的："在意大利，当古典犯罪学理论发展到顶峰时，这个国家却存在着从未有过的数量极大的犯罪行为的不光彩状况，这确实是一种令人惊异的对比。"①

与此同时，当时各种自然科学、社会科学和思想文化的充分发展为意大利犯罪学派的诞生提供了可能。犯罪学之所以诞生在意大利，而不是其他国家，这与自文艺复兴以来意大利活跃的思想、浓厚的学术氛围和比较领先的科学发展水平有着很大的联系。菲利写道："和其他各个科学发展的现象一样，这门科学也不能狭隘地或凭空想象地将其归结为这个或那个思想家或科学家的独创……由于生理学和自然科学的巨大进步，人类在 19 世纪取得了战胜死亡和传染病的重大胜利。但是，正当传染病逐渐消逝之际，我们却看到道德疾病在我们所谓的文明社会中大量增长；当有了运用实验方法消除各种病因的科学医治手段之后，而使得伤寒、天花、霍乱等疾病大大减少时，我们却看到精神病、自杀和犯罪这三种令人痛心的社会疾病在不断增长。这就使人们明显地感到，研究这些社会病症现象的犯罪学，尽管不是独一无二的，但也是十分重要的。它有必要发明一种更加准确地诊断这些社会道德疾病的方法，以便进行某种有效和更加人道的治疗，从而在同精神病、自杀和犯罪这三种阴

---

① ［意］菲利著：《实证派犯罪学》，郭建安译，中国政法大学出版社1987 年版，第 3 页。

暗现象的斗争中取得更大的胜利。"①

除了上述社会背景之外，以下具有科学意义上的发展为意大利犯罪学派的诞生提供了知识基础②：

1. 观相术与颅相学

观相术是以人的面目特征为基础鉴别人的性格的方法与学说，揭示性格或行为倾向与面部的不同部位的特征的关系，如鼻子、眼睛、胡须、耳朵、下巴等。这些联系以如今的科学标准来看缺乏足够的证据，但在当时却是具有进步意义的。意大利犯罪学派的创始人龙勃罗梭吸收了许多这种观念。

颅相学则是通过分析人的头颅形状来测定人的特性和才能的一种学说，是受到观相术的启发而逐渐发展起来的。颅相学认为，人脑的每个区域相应控制着一种行为方式或倾向。

2. 实证主义哲学

实证主义是经验主义长期发展过程中形成的一种理论。因此，了解实证主义应该从经验主义开始。在知识来源上，经验主义认为知识来源于经验而非天赋；在感性能力与理性能力之间的关系上，多数经验主义者更相信感性能力；在知识的内容和对象问题上，经验主义者不相信经验不到的现象背后还有什么本质或本源存在着，现象之间前后相续的恒常关系就是科学知识的对象，就是规律；在社会现象的认识上，经验主义者更倾向于将社会问题简化为自然现象进行科学主义的解释。

社会学的创始人，法国社会学家、哲学家孔德（August Comte，1798—1857）的实证主义哲学的基本理念是"拒斥形而上学"。孔德认为人类知识的发展经历了神学、形而上学和实证三个

① ［意］菲利著：《实证派犯罪学》，郭建安译，中国政法大学出版社1987年版，第2页。
② 参阅白建军著：《关系犯罪学》，中国人民大学出版社2005年版，第70-87页。

阶段。在神学阶段，人们的全部思辨都本能地对那些最不可解决的问题，对那些最无法进行任何根本性探索的问题，表现出特殊的偏爱。由于反差作用，人类智慧在连最简单的科学问题尚未能够解决的时代，便近乎偏执地去探索万物的本原，探索引起各种现象的基本原因以及产生这些现象的基本方式。

在形而上学阶段，人类仍然试图解释存在物的深刻本质和万物的起源和使命，并试图解释所有现象的基本产生方式。但是形而上学并不是运用超自然的因素，而是以实体或人格化的抽象物代替。在这个阶段，由于存在着热衷于推论而不是观察的顽固倾向，思辨的成分被过分夸大。在孔德看来，形而上学实际上也是一种神学。

只有到了实证阶段，人类的认知才获得了智慧理性的引导，达到了真正成熟。在实证阶段，人们以规律的探求，即研究被观察现象之间的恒定关系，来代替无法认识的本义的起因。实证研究基本上放弃了探求世界最早来源和终极目的。

3. 生物进化论

1859 年，也就是实证主义哲学的创始人孔德去世两年后，英国生物学家达尔文（Darwin，1809—1882）出版了《物种起源》。随后在 1871 年又出版了《人类的由来》，进化论的思想开始深入人心。可以说，生物进化论就是经验主义哲学在生物学中的体验；生物进化论是龙勃罗梭的"天生犯罪人论"的直接思想来源。达尔文的《物种起源》有三项重要的主张：第一，物种并非永远不变，新的物种是由漫长的进化过程而形成的；第二，所有物种都来源于某种共同的微生物祖先；第三，进化的动力是适者生存。

对意大利犯罪学派来说，生物进化论的直接影响有两个：第一，它揭示了人类与其他物种之间的内在联系和某种程度上的共同性。换句话说，人类相对于其他物种的优越性是有限的，人类的动物性、自然性得到了科学的确认，因为人类是动物界长期进化和演变的结果。既然人类与动物同源，人类来源于动物的进化，那么动物的某些心理能力和现象至少可以提供人类某些心理特征的部分解释。第二，人们开始普遍承认：不同生物之间、不同动物之间存在着进化的地位高低之分。在整个生物序列中，人类的进化地位最高，人类与不同动物之间的进化地位上的距离不尽相同。也就是说，人类内部的不同个体之间的差异，可能追溯到进化地位不同的祖先。在生物进化论中，最典型的描述就是"返祖现象"。按照达尔文的说法，返祖现象是指在漫长的物种进化过程中，一种失传已久的结构可以被召回重新出现。对犯罪学家而言，如果可以用动物的属性解释人类的行为，那么，也有可能用低等动物的属性解释人类行为中与之相近的类似行为，如犯罪行为。

4. 犯罪统计学

从 19 世纪 20 年代中期开始，欧洲的许多国家和社会开始系统地收集与人口变动、犯罪状况等有关的统计资料，编纂所谓的"道德统计"。其中的先驱人物包括法国犯罪统计学家格雷（Guerry，1802—1866）和比利时犯罪统计学家凯特勒（Quetelet，1796—1874）。

在格雷的领导下，1827 年法国的犯罪统计年报较早地公开了官方的犯罪统计。格雷本人利用法国各地区的犯罪资料，推测了各地区的犯罪率，并且通过在地图上着色的方法表示各地区犯罪率的变化。并且在 1833 年出版了《论法国的道德统计》一书，它使得犯罪统计第一次成为人类道德的一个衡量指标。

凯特勒是犯罪统计学乃至统计学中最为重要的代表人物。他第一次将概率论的理论引入统计学中，从而为统计学的内核——数理统计学的形成和发展奠定了坚实的基础，因而被尊称为"现代统计学之父"。在 1835 年出版的《社会物理学》（又译作《论人类及其能力的发展》）以及后来在 1869 年修订出版的《社会物理学：对人类的某些特性的发展的研究》等著作中，凯特勒指出，犯罪现象也和许多自然现象一样，具有内在的规律性。他写道："每年都有相同的犯罪事件以相同的频数重复发生，并以相同的比率受到相同的惩治，这是一个恒久不变的状态，也是我们从法院的数据中所观察到的最为奇怪的事实之一。"更具启发意义的是，凯特勒指出社会现象（如犯罪或自杀）也受到"大数定律"的支配，可以通过统计观察的方法发现背后隐藏的规律。正如他所说，人者分而观之，人心之不同各如其面，几无规律可寻。然合人人而观之，则相去不远，其间自有一定不变的规律存在。

（二）意大利犯罪学派的理论主张

意大利犯罪学派诞生于 1876 年，其标志人物与著作是：龙勃罗梭及其初版《犯罪人论》①。这也通常被视为犯罪学诞生的年代与标志性事件。除了龙勃罗梭之外，意大利犯罪学派还包括其他两位学者——菲利、加罗法洛，他们的代表著作分别是 1884 年出版的《犯罪社会学》② 和 1885 年出版的《犯罪学》。下面具体介绍意大利犯罪学派的三位主要代表人物及其思想主张：

1. 龙勃罗梭的主要观点及贡献

龙勃罗梭是意大利著名的解剖学家、精神病学家、法医学家和犯罪学家，当过军医，并在监狱里工作多年。龙勃罗梭是犯罪人类学派的创始人，也是意大利犯罪学派的创始人之一。龙勃罗梭最早使用实证方法研究犯罪人及其犯罪原因，开创了犯罪学研究的新领域，因而被西方犯罪学界尊称为"犯罪学之父"。

龙勃罗梭的最重要工作之一就是证明"天生犯罪人"的存在以及对天生犯罪人的生理特征进行测定和描述。他曾对近 6000 名关押在监狱中的犯罪人进行人体测量、医疗性观察和心理测验，并对 400 多名犯罪人的颅骨进行过详细的解剖研究，当他在一个强盗

---

① 在 1876 年，龙勃罗梭出版了其名为《犯罪人：人类学、法理学和精神病学的思考》的著作，通常被简称为《犯罪人论》。该书的初版仅有 252 页，但是，约 20 年后，该书的第 5 版被分为三卷本，篇幅达到了近 2000 页。于 2000 年出版的中译本是基于 1878 年出版的《犯罪人论》的第 2 版翻译的。参见 ［意］龙勃罗梭著：《犯罪人论》，黄风译，中国法制出版社 2000 年版。

② 该书初版的原名为《刑法和刑事诉讼中的新见解》，出版于 1881 年。于 1884 年出版的第 2 版改名为《犯罪社会学》。

的颅骨上发现了一串返祖现象的畸形物时，他惊呼道："一看见那个头盖骨，我就好像突然在火红的天空下，在照得通明的广阔的平原上发现了犯罪人——在其身上再现原始人和低等动物凶残本能的一种具有返祖现象的人——的本性问题。"在《犯罪人论》等著作中，龙勃罗梭从多个角度描述了所谓的"天生犯罪人"的特征：

（1）身体特征。龙勃罗梭刻画了"天生犯罪人"在18个方面的身体特征：头部大小和形状不同于犯罪人所属的人种和地区的共同的特征；面部不对称；过度发育的腭部和骨；眼睛有缺陷和形状奇特；耳朵大小异常，偶尔很小，或者像黑猩猩那样远离头部；鼻子弯曲、上翻，在盗窃犯中呈倒伏状，在杀人犯中呈鹰钩状，或者鼻尖朝上，就像因鼻孔肿胀而竖起一样；嘴唇肉感、膨胀和突出；面颊鼓胀，就像某些动物一样；腭部形状奇特，像一个大的中央脊梁，在一些卑劣的人中可以发现许多凹穴和突起、豁唇；牙齿排列异常；下巴后缩，或者过长，或者短而扁平，就像猿的下巴；皮肤皱纹多、杂并且过早出现；毛发异常，毛发特征和性别相反；胸部有缺陷，如肋骨过多或过少，或者有多余的乳头；骨盆中的性别特征颠倒；手臂过长；有多余的手指和脚趾；大脑两半球不平衡（颅骨不对称）。

（2）感觉和功能特征。龙勃罗梭发现"天生犯罪人"对疼痛和触摸的敏感性较低，触觉迟钝，听觉、嗅觉、味觉一般低于平均敏锐度，但是天生犯罪人一般行动敏捷，四肢灵巧。

（3）"天生犯罪人"的心理特征。"天生犯罪人"缺乏家庭和社会感情，很难考虑他人的感受，却经常表现出对动物的过分喜爱。

（4）"天生犯罪人"的道德感。"天生犯罪人"几乎没有道德感，很少悔恨自责，具有强烈的虚荣心和放纵欲望的特点，报复心较强，具有很大的残酷性。

（5）"天生犯罪人"的其他智慧表现。"天生犯罪人"往往使用特殊的黑话和文身以及特殊文字表达观点和感情，虽然"天生犯罪人"表现出对任何有益劳动的厌恶，但是有时候，他们却对一些艺术性的工作表现出超常的兴趣和能力。

龙勃罗梭将"天生犯罪人"的犯罪原因归结为"返祖"①。龙勃罗梭认为，"天生犯罪人"之所以犯罪，既不是自由意志决定的，也不是法律定义的，而是这类人自身身体特征的反映，是出现了回归原始和野蛮的返祖现象。

需要特别注意的是，龙勃罗梭的"天生犯罪人"的认识也是逐渐发展变化的。在龙勃罗梭的早期著作中，他认为"天生犯罪人"在犯罪人总数中的比例要达到65%～70%；后来龙勃罗梭对返祖遗传之外的犯罪原因有了新的认识和重视，在他的著作中，"天生犯罪人"的比例逐渐下降，并且也论述了某些自然因素和社会因素对犯罪的影响。例如，在《犯罪人论》的第5版第2卷中，龙勃罗梭将"天生犯罪人"在犯罪人总数中的比例调整为40%；在1898年出版的《犯罪及其原因和矫治》一书中，这个比例下降为33%。

龙勃罗梭除了研究"天生犯罪人"外，也研究了其他类型的犯罪人，如激情犯罪人、精神病犯罪人、偶然犯罪人。正是由于认识到不同的犯罪人尽管在表面上实施了同样的犯罪行为，但是其真正的犯罪原因可能千差万别，据此，龙勃罗梭提出了"刑罚个别化"的重要思想，即应当根据犯罪人的具体类型和犯罪原因来施加不同的刑罚或处治。龙勃罗梭认为，首先应当预防犯罪人的产生，而不是当犯罪行为出现之后再被动施加类似的刑罚；如果不能预防的话，则应当对犯罪人施加治疗；如果治疗无效的话，则应当将犯罪人隔离起来，从而实现防卫社会的目标。

最后，需要特别指出的是，龙勃罗梭的"天生犯罪人"理论已经被当代的主流犯罪学完全抛弃。但是，他对犯罪人所进行的实

---

① ［意］龙勃罗梭著：《犯罪人论》，黄风译，中国法制出版社2000年版，第316-320页。

证研究，把犯罪学研究从神学和形而上学的桎梏中解放出来，也摆脱了古典犯罪学派纯粹思辨性的研究方法。他的实证研究精神对犯罪学产生了奠基性的影响。

2. 菲利的主要观点和贡献

菲利（Enrico Ferri，1856—1929）是意大利著名的犯罪学家、刑法学家和政治活动家。作为龙勃罗梭的学生，菲利接受了龙勃罗梭的基本观点和研究方法，但更为重要的是，菲利在坚持犯罪的生物和其他因素影响的同时，更加强调了犯罪的社会因素，进而提出了著名的犯罪原因三元论和犯罪饱和原则等重要观点。这不仅使意大利犯罪学派逐渐摆脱了反对者对于"天生犯罪人"理论的持续抨击，也奠定了现代犯罪学特别是犯罪社会学研究的基本框架。

（1）犯罪原因三元论①。菲利认为，犯罪行为的发生，既不是人的自由意志决定的，也不是简单的"返祖现象"作用的结果，而是特定的行为人在某种促使其必然犯罪的环境之下形成的。人之所以犯罪，原因有三：一是人类学的原因，主要包括犯罪人的生理、心理特征和人种遗传等。这些因素对犯罪的影响很大，但不能充分解释犯罪的成因，更不是犯罪的唯一因素，没有其他因素的影响，犯罪是不可能发生的。他进一步指出，人类学因素只能解释"天生犯罪人"和惯犯的犯罪原因。二是自然地理的原因，主要包括地形、气候、季节、自然灾害和自然资源状况等。这些因素虽不能直接产生犯罪，但却能促使、诱发犯罪行为的发生，因为此类因素直接影响着社会经济、文化状况和人的生理心理状态，从而间接地影响着犯罪行为的发生，特定条件下还会成为犯罪的直接原因。三是社会因素，主要包括经济、政治、文化、宗教信仰、道德习俗等。社会因素中经济因素的影响比较大，贫穷使人为了生存而不得不降低行为准则，进而构成犯罪；富裕又可能使人贪图享乐而犯

---

① ［意］菲利著：《犯罪社会学》，郭建安译，中国人民公安大学出版社2004年版，第143–151页。

罪。除了经济因素外，其他因素的变化和相互作用，也会诱发犯罪。菲利认为，任何一种犯罪都是上述三种因素相互影响的结果，但是社会因素通常起着主要作用。他写道："我们应当把犯罪的周期性变化主要归结为社会因素的作用。"① 正因如此，菲利通常也被视作犯罪社会学的主要创始人。

（2）犯罪饱和原则。菲利借鉴了化学中溶解现象的饱和律，在犯罪原因三元论的基础上提出了犯罪饱和原则——"就像我们发现一定数量的水在一定的温度之下就溶解为一定数量的化学物质但并非原子的增减一样，在一定的自然和社会环境下，我们会发现一定数量的犯罪"②。必须注意的是，菲利提出的犯罪饱和原则并非机械的规律性，而是一种动态的规律，其中包含着以下三层含义：第一，影响犯罪产生的各种因素达到一定量时，一定量的犯罪就会发生，呈现出一定的对等关系；第二，当社会环境出现异常变化时，犯罪就可能急剧增多，出现犯罪的"超饱和状态"；第三，随着社会变化趋于稳定，犯罪将逐渐在新的水平上再次呈现饱和状态。

（3）刑罚替代措施。除了继续坚持刑罚个别化思想，菲利还深刻地认识到刑罚在防治犯罪方面的局限性，进而提出了许多刑罚替代措施。他写道："刑罚，并不像在古典派犯罪学者和立法者的主张影响之下而产生的公共舆论所想象的那样，是简单的犯罪万灵药。它对犯罪的威慑作用是很有限的。因此，犯罪社会学家自然应当在对犯罪及其自然起因的实际研究中去寻找其他社会防卫手

---

① ［意］菲利著：《犯罪社会学》，郭建安译，中国人民公安大学出版社2004 年版，第 150 页。

② ［意］菲利著：《犯罪社会学》，郭建安译，中国人民公安大学出版社2004 年版，第 163 页。

段。"① 概括而言，菲利提出的刑罚替代措施实际上是一些"消除犯罪的社会因素的合法方式"，涵盖了经济、政治、科学、立法与行政、教育领域等诸多方面。

3. 加罗法洛的主要观点和贡献

加罗法洛（Garofalo，1851—1934）是意大利犯罪学派的另一个代表人物。加罗法洛是龙勃罗梭的学生，是意大利著名的法学家、犯罪学家。加罗法洛于1885年以《犯罪学》作为书名出版了他的代表著作，这也是历史上第一本以《犯罪学》作为书名的著作。在这部著作中，他提出了著名的"自然犯罪"概念，并将它与"法定犯罪"相区别，使得犯罪学家可以在更为广泛的意义上使用"犯罪"这个名词，可以不必完全受刑法规定的约束。这对犯罪学的发展产生了深远的影响，启发未来的犯罪学家们在刑法学之外更为宽广的视野中研究犯罪问题。

加罗法洛使用"情感分析"的方法界定了"自然犯罪"的概念。他首先提出，人的情感可以分为两类：利己情感、利他情感。利他情感虽然也可能间接地增加了自己的利益，但是其直接目的是他人的利益。关于利他情感的起源和发展，加罗法洛认为："我们可以确信它们只是利己主义情感的发展和再生。这个自我保护的本能首先扩展到家庭，进而延伸到部落，并慢慢地出现了一种独立于利己主义情感的对我们同类的同情感。这个同类的范围开始包括同一部落的人，然后是同一国家或同一语言的人，接着是同一种族或肤色的人，最后，不论什么民族，所有人都包括在内。"②

---

① ［意］菲利著：《犯罪社会学》，郭建安译，中国人民公安大学出版社2004年版，第191-192页。

② ［意］加罗法洛著：《犯罪学》，耿伟、王新译，中国大百科全书出版社1996年版，第32页。

　　加罗法洛继续论证到，利他情感可以被概括为两种类型：仁慈感和正义感。仁慈感又可以表现为三种不同的等级：限制人们去制造生理痛苦的怜悯感；阻止人们去制造精神痛苦的怜悯感；在看见同类处于痛苦时帮助他们的怜悯感。正义感的内容相对更加复杂，一般的社会道德感不可能包含正义感的所有水平。人们在违反社会道德感时，必然会侵害一些几乎是普遍存在的正义感，这种普遍存在的正义感在加罗法洛那里被称作"正直感"。① 简言之，加罗法洛认为，"怜悯感"和"正直感"是普遍存在的两种利他主义情感，其中，"怜悯感"是对他人遭受痛苦的同情，而"正直感"在于对他人财产权的尊重。

　　最终，加罗法洛这样定义了"自然犯罪"的概念：自然犯罪是指伤害了社会成员普遍应当具有的怜悯感和正直感这两种基本的利他情感至少之一的行为。② 换言之，"自然犯罪"的本质是对怜悯感或正直感的侵犯，是丧失了人类最基本的利他情感的结果。

三、古典犯罪学派与意大利犯罪学派的差异

　　古典犯罪学派与意大利犯罪学派在关于犯罪的研究和理论观点上存在着许多明显的差异，归纳起来，主要表现在以下四个方面：

　　（一）研究对象的区别

　　古典犯罪学派主要研究抽象的犯罪行为，在一般情况下并不考虑行为人的具体差异。在古典犯罪学派看来，犯罪主要是一个法律

---

　　① 关于"正直感"，意大利文和法文版本的《犯罪学》分别使用了Probità 和 Probité，但是加罗法洛本人也承认这些词汇都不确切。在《犯罪学》的英译本中，译者将该词翻译为 Probity，并承认这个词汇是不确切的。在我国发行的中译本是根据英文版本翻译的，将该词译为"正直感"，大意是指尊重他人财产的一种利他情感。

　　② ［意］加罗法洛著：《犯罪学》，耿伟、王新译，中国大百科全书出版社1996年版，第44页。

问题，需要关注的是其罪名、定义及法律分析；而意大利犯罪学派则认为，在研究和理解犯罪行为之前，必须首先了解犯罪人及其环境因素。在意大利犯罪学派看来，在从法律角度对犯罪行为进行研究之前，应当从自然和社会角度研究不同类型的犯罪人。

（二）研究方法的区别

古典犯罪学派主要用思辨和演绎的方法进行犯罪研究。他们以启蒙思想的理论观点为前提，从理论上指出封建神学法律制度的不合理，用推理和演绎的方法推导出自己的理论，重视研究犯罪的法律定义并以此为出发点研究犯罪的法律特征。意大利犯罪学派则采用实证（经验）的方法和归纳的方法，将可以实际观测到的犯罪事实作为研究基础，从对犯罪事实的研究中归纳出自己的观点，在研究过程中，不完全受犯罪的法律定义约束，试图从科学的角度创立犯罪的概念和定义，并由此进行犯罪学研究。

（三）犯罪原因理论的区别

古典犯罪学派认为犯罪的根本原因在于自由意志，即犯罪行为是行为人自由选择的结果。意大利犯罪学派否定自由意志而笃信决定论，认为犯罪人的犯罪行为被其生理因素、心理因素或环境因素所左右。正如菲利指出的："古典派犯罪学和一般公民均认为犯罪含有道德上的罪过，因为犯罪人背弃道德正轨而走上犯罪歧途均为个人自由意志所选择，因此，应该以相应的刑罚对其进行制裁，这是迄今为止最流行的犯罪观念……但是，实证派犯罪学主张，犯罪人犯罪并非出于自愿；一个人要成为罪犯，就必须使自己永久地或暂时地置身于这样一种人的物质和精神状态，并生活在从内部和外部促使他走向犯罪的那种因果关系链条的环境中。"[1]

_____

[1]　［意］菲利著：《实证派犯罪学》，郭建安译，中国政法大学出版社1987年版，第9-10页。

（四）犯罪对策理论的区别

古典犯罪学派将刑罚视为最重要的犯罪对策，认为刑罚既可作为惩罚犯罪的手段，又可起到预防犯罪发生的作用。意大利犯罪学派则认为，刑罚只是诸多犯罪对策中的一个重要组成部分，因而提出了"刑罚替代措施"和"刑罚个别化"等思想。在防治犯罪方面，意大利犯罪学派认为社会的、科学的预防及矫正措施比刑罚更有效率，更有能力保证社会不受犯罪的侵害。

第三章 犯罪现象及其测量

如第一章所述，从认识论的角度而言，犯罪现象是犯罪学研究的入手点，是探究犯罪原因和制定犯罪对策的基本出发点。因此，犯罪学为了更好地发挥其认识犯罪和防治犯罪的功能，首先应该科学而有效地测量犯罪现象。

概括地说，犯罪学研究通常关注三类既密切相关又相对独立的结果变量——犯罪数量、犯罪危害、犯罪恐惧感。一方面，它们之间不是相互独立的。例如，犯罪数量较多一般意味着较大的犯罪危害，也倾向于引起更高水平的犯罪恐惧感。但是，另一方面，上述的相关性无论在方向上还是在程度上都不是确定不变的。换言之，三者之间并不存在着确凿的函数关系，亦难以进行精确的数学变换或推算，更不能相互替代。准确地说，犯罪数量、犯罪危害以及犯罪恐惧感构成了犯罪现象的三个相互关联的不同维度。这三类结果变量基于官方犯罪统计或非官方犯罪调查等方法而得到测量，并以某些绝对指标或者相对指标的形式得到定量化的呈现。[①]

另外，需要说明的是，尽管犯罪学意义上的犯罪并不必然地局限于刑法或刑法学意义上的犯罪，但是，本土犯罪学家在描述犯罪现象时，有时只能借助官方犯罪统计对于刑法意义上犯罪的测量，这是由我国现阶段犯罪测量的现状所决定的。希望读者在阅读时注意鉴别。

---

① 参见杨学锋：《犯罪危害测量的操作化路径述评》，载《辽宁警察学院学报》2019 年第 3 期。

第一节　犯罪现象的概念及性质

一、犯罪现象的概念

所谓犯罪现象，是指一定时空范围内在社会上表现出来的各种具体犯罪及其总和。

无论是刑法或刑法学意义上的犯罪，还是犯罪学意义上的犯罪，都是借助一定的社会规范进行界定的结果。然而这些规范并非一成不变的。无论是法律规范、道德规范，还是一般的社会规范，都可能随着社会的发展、时空的变换而有所差异，有时这种差异甚至是方向性的。因此，不能简单地、表面化地对不同国家或地区的不同历史阶段和发展时期的犯罪现象进行比较。例如，在我国的计划经济时期，超过一定距离和跨越一定区域的长途贩运行为被刑法认定为"投机倒把罪"；而在改革开放之后，在市场经济的背景下，同样的行为则被视为正常的市场行为，并受到政策的支持和鼓励。对于卖淫嫖娼、醉酒驾驶、药物滥用等行为的社会危害性在不同的社会及历史阶段上有着不同的评价，与此同时，也受到政治环境和法律架构的影响。例如，在如今的美国，饮酒和酿酒都是合法行为，但是，在20世纪20年代的"禁酒令"时期则是犯罪行为。因此，在研究犯罪现象时，必须注意其时空范围及相应的社会背景。

另外，在研究现象时，还需要区分个体犯罪现象和群体犯罪现象。个体犯罪现象是指一定时空范围内以个体行为表现出来的各种具体犯罪；群体犯罪现象则是将相应时空范围内个体犯罪现象按照某种方式汇总之后的总和。这种区分不但提出了犯罪学分别在个体或群体两个不同层面的基本问题，而且暗含着答案的来源。

个体犯罪现象涉及个体在从事或不从事犯罪行为方面的差异。为什么某些人要比其他人有更大或更小的可能出现触犯法律的行为？一般而言，在什么样的情况下、通过什么样的过程，人们会跨过守法和违法的界限？为什么在面临类似的机会和条件时，某些人会选择犯罪行为，而另外的一些人会选择守法行为？为什么某些人会有更大的可能性出现重复犯罪问题，甚至以犯罪为生？

群体犯罪现象则涉及不同的群体或社会中为什么存在着不同的犯罪率。例如，为什么美国社会的犯罪率总是高于亚洲国家或地区而低于欧洲的某些国家？为什么男性群体相比于女性群体总是表现出更高比率的暴力犯罪行为？在同一社会中，为什么不同阶层的群体会有不同比率的杀人犯罪或吸毒行为？

二、犯罪现象的性质

犯罪现象的性质就是犯罪现象本身所固有的、不以人的主观意志为转移的本质特征。简单来说，犯罪现象具有如下两个基本性质：

（一）存在性

1. 犯罪现象存在性的含义

所谓犯罪现象的存在性，是指"在一定的社会生活条件下，一定数量和质量的犯罪现象的存在是必然的、普遍的，不会因为人们的憎恨和治理而彻底消失，而只能是一定数量的减少和一定危害的减轻"[①]。

如前所述，犯罪学意义上的犯罪现象是社会中客观存在的一种

---

① 王牧主编：《新犯罪学》，高等教育出版社 2005 年版，第 174 页。王牧教授等人在该书的"内容提要"部分指出犯罪存在论要比传统犯罪学中的犯罪现象论内容更加丰富。特别是在研究角度上发生了更大变化，即"把犯罪现象作为一种客观存在，研究其发展变化规律，这是过去没有的。由于与传统犯罪学区别较大，因此冠名《新犯罪学》"。犯罪现象到底能否被消灭，以及犯罪现象是否是一个客观自在的社会事实，在我国大陆的犯罪学复兴初期一度引起热议。需要注意的是，这些问题并不是科学犯罪学的标准研究议题，是中国犯罪学在发展初期的一个特有问题。

个体现象和社会现象。虽然很多人，包括许多研究犯罪现象的学者都不愿意接受这样一个结果，但是作为一种社会现象，犯罪现象的存在并不以人们的好恶为转移。

犯罪现象的存在性强调了犯罪学意义下的犯罪现象的客观属性，它在一定程度上可以脱离立法者和司法者的法律评价而存在。犯罪学意义下的犯罪所具有的本质特征——社会危害性——通常不是法律评价的结果，而是从社会科学的角度客观评价的结果，是用更为宽泛的社会规范评价的结果。可以这样说，刑法或刑法学意义上的犯罪是一种法律现象，必将随着阶级社会的消亡而消亡；但是犯罪学意义上的犯罪不尽然是法律现象，而是个体现象和社会现象，它将更加长久地伴随人类社会的历史。

2. 群体犯罪现象的存在形态

如同犯罪现象的定义所指出的，一定时空范围内的犯罪现象尽管可以以个体行为的存在形态而被人们所认识，但是，在犯罪社会学这一主流视角下，它更多地被视作群体犯罪现象，即相应时空范围内个体犯罪现象按照某种方式汇总之后的总和。后者将更有利于人们深刻地认识到犯罪的根本原因在于社会。

概括地说，群体犯罪现象的存在形态表现为数量、质量以及结构等三个方面的诸多特征。

犯罪现象的数量特征就是指犯罪的多少，可以进一步表现为犯罪人的数量、被害人的数量、犯罪案件的数量等。犯罪现象的质量特征通常是指犯罪人的人身危险性、犯罪行为后果的实际危害、社会为防治犯罪而承担的成本。犯罪现象的结构特征是指各类型犯罪之间、类型犯罪与犯罪总量之间的对比关系。

显而易见，将群体犯罪现象的存在形态区分为数量、质量和结构三个方面，目的是理论分析，在实际的犯罪测量中，三者之间通常相辅相成、缺一不可。

（二）运动性

辩证唯物主义认为，世界的本原是物质的，运动是物质的存在方式和固有属性，而物质的运动是有规律的。如前所述，犯罪学意义上的犯罪现象是一种客观存在，因而运动性以及运动的规律性就自然地成为其本质特征。

犯罪现象的运动性就是指犯罪现象是不断地发展变化着的，而且这种运动性并不是简单的机械或直线运动，而是在主观和客观的力量的推动或抑制下，辩证地发展变化着。

犯罪现象的运动规律可以被概括为以下三种：

1. 犯罪总量的起伏律

犯罪现象的总量不是一成不变的，而是不断处于增减过程之中。在不同的时期之内对同一个地区进行的犯罪统计中，通常可以发现犯罪现象在总量上的起伏变化。这是犯罪现象运动性的一种重要体现。比如，新中国成立以来的五次犯罪高峰，首先表现为犯罪总量上的大幅增长或减少。一般而言，犯罪总量的大幅增减都与社会变革、社会动荡、刑事政策的剧烈变动有密切的关联。比如，自1983年以来，我国实行的"严打"政策，在短时期之内带来了犯罪总量的大幅减少，但是，近些年的统计数据表明，"严打"之后的消减期越来越短，而且，通常在消减期之后，会出现犯罪总量的较大幅度反弹。

2. 犯罪分量的消长律

在不同的历史时期或不同的区域，不同类型的犯罪呈现出不尽相同的增长或降低趋势。比如在新中国成立之后的第一次犯罪高峰中，反革命犯罪占有绝对的比例。但是，在后来的犯罪高峰中，经济犯罪的数量明显增多，而所谓的反革命罪在1997年的刑法中被分解为若干个罪名，并且其数量在犯罪总量中的比例明显萎缩。随着社会文明程度的提高，暴力犯罪的趋势往往是向下的，而财产犯罪则有可能与此相反。通常来说，不同类型的犯罪有着不尽相同的犯罪原因和发生机制，因而，同样的犯罪对策可能对某些类型犯罪的抑制作用相对更加显著，而对其他类型犯罪的抑制作用并不明显，甚至对某些类型犯罪还有一定程度的促进作用。这些抑制或促进机制的叠加和综合作用使得不同类型的犯罪呈现出不同程度的增长或降低规律。此外，犯罪分量的消长规律容易被隐藏在犯罪总量的起伏规律之中，因此，必须在研究犯罪总量起伏规律的同时，对不同类型的犯罪进行分别的研究，这样才可能发现犯罪的消长规律，从而有针对性地出台防治对策，才能达到防治精准化的效果。

3. 类型犯罪的辐射律

犯罪现象的辐射律是指某种类型的犯罪方式或犯罪现象在某一地区发生后，逐渐向周边地区辐射的规律性。犯罪现象的发展变化不是均衡的，这一点在犯罪现象的辐射过程中也会表现出来。不同类型的犯罪在辐射的范围和速度上是不完全相同的。但是，大量的统计研究表明，犯罪现象的辐射遵循一定的规律。例如，许多类型的犯罪是由经济发达地区向经济欠发达地区辐射，由城市向农村辐射，由国外向国内辐射。另外，不同类型的犯罪现象在辐射的过程中，也可能呈现出程度不同的消长规律。也就是说，有些类型的犯罪会在辐射过程中逐渐衰减，而有些类型的犯罪则呈现愈演愈烈的态势。

第二节　犯罪现象的测量方法

对犯罪及其相关社会现象的测量对于犯罪学家、政治人物、立法者、普通民众均具有重要意义。但是，许多人在使用这些统计数字时并不清楚数据的采集方法、数据的真实含义、数据的优点及局限等。

相比于其他个体行为和社会现象，犯罪现象有着极大的特殊性。由于社会普遍地对于犯罪现象及犯罪行为人给予负面评价，因而使得犯罪现象大多是在隐蔽状态下发生的。这为犯罪现象的测量带来了极大的挑战。可以说，正是由于难以全面而准确地对犯罪现象加以测量，使得人们在认识犯罪原因和出台犯罪对策方面不可避免地面临着片面性的窘境，也使得犯罪原因理论的解释效力和犯罪对策的真正效果难以被全面而准确地加以科学评估。

概括地说，犯罪现象的测量方法分为官方犯罪统计和非官方犯罪调查两类。其中，官方犯罪统计是指刑事司法体系内的各部门在其职能活动中对犯罪现象的统计工作以及收集到的统计资料。官方犯罪统计工作通常以报表的方式完成。而由刑事司法体系之外的个人、组织或机构进行的犯罪统计调查工作及数据资料被称作非官方犯罪统计。

一、犯罪测量的作用

（一）犯罪测量有助于对犯罪现象的实际状况的了解和把握

这是从静态或截面的视角来看待犯罪测量的作用。如前所述，只有从犯罪现象的实际状况出发，才有可能形成对犯罪原因的正确认识，才有可能制定出科学有效的犯罪防治对策，这是从认识层面而言的犯罪学三部分内容之间的逻辑关系。因此，首要的问题是，如何才能切实地测量出犯罪现象的实际状况。犯罪学对于犯罪现象的关注，不仅在于个体犯罪案件，更在于群体犯罪现象。群体犯罪现象的数量、质量、结构等方面的基础数据是犯罪测量的基本内容，也是我们制定犯罪对策的经验基础和检验这些犯罪对策是否取得成效的试金石。

（二）犯罪测量有助于对犯罪现象发展和变化趋势的了解和预测

这是从动态或纵列的视角来看待犯罪测量的作用。如前所述，犯罪现象作为一种复杂的社会现象，本质上是运动的，是不断发展和变化着的。但是，犯罪现象的发展变化不是毫无规律的，而是存在着某些固有的规律性。通过对犯罪现象的动态的、纵向的统计测量，可以帮助我们了解犯罪现象动态的数量特征、数量规律，可以不断地深入认识犯罪现象发展和变化的规律性，如前述的起伏律、消长律等。而且在认识这些规律之后，可以对犯罪现象的发展与变化做出某种预测，进而相应地调整犯罪防治对策。

（三）犯罪测量有助于研究犯罪现象与其他社会现象的相关关系

这是从犯罪原因论的视角来看待犯罪测量的作用。犯罪学所研究的犯罪既是一种个体行为，更是一种社会现象。将犯罪视为社会现象，意味着犯罪现象与其他社会现象有着密切的关联，甚至是因果关联。研究表明，犯罪现象与社会的政治、经济、文化、法律、道德等诸多因素相关。但是，如果没有犯罪测量，人们就很难确定这些社会现象与犯罪现象的关联方向和程度。比如，人们的休闲方式、城镇化的进程、就业率的高低、人口结构等对犯罪率的影响到底如何，不经过犯罪测量和深入的统计分析，很难得到令人信服的结论。

（四）犯罪测量有助于制定和评估犯罪对策

这是从犯罪对策的角度来看待犯罪测量的作用。如前所述，犯罪学的实践价值在于防治犯罪，然而，制定什么样的犯罪防治对策，是建立在决策者对犯罪现象的本质规律的认识水平之上的。例如，官方和非官方的犯罪测量数据均不断地显示，在犯罪人和被害人群体之中，男性的比例都显著地高于女性。此外，男性与女性受社会控制手段的影响程度也是不同的。因此，许多犯罪学家呼吁政府应该针对男性、女性的性别特点制定不同的犯罪防治对策。此外，一项犯罪对策是否达到了预期，也只能通过犯罪现象的变化方向及幅度加以评估，因而需要研究者以恰当的方式对犯罪对策实施前后的犯罪现象加以测量。比如，警察巡逻路线的选定、巡逻的密度、巡逻时间的选择等在犯罪预防和打击方面效率如何，都可以通过犯罪测量进行必要的评估，从而相应地调整警务策略。

（五）犯罪测量有助于评价刑事司法系统的工作效率和工作状态

这是从绩效评价的角度来看待犯罪测量的作用，尤其基于官方犯罪统计对刑事系统的绩效评价。从某种意义上来说，官方犯罪统计是刑事系统各部门用于自我表述的工作报告，它至少在某些侧面描述了警察部门、检察院、法院、监狱等刑事部门的工作状态和工作效率。一般民众可以通过立案数量、破案率、公诉案件数量、囚犯数量、重新犯罪率等统计数据粗略地判断刑事司法部门的效率和效果；政策制定者也可以通过官方犯罪统计对这些机构进行监督、督导以及必要的规划调整，非官方的调查数据则可以为此提供必要的补充和印证。

二、官方犯罪统计及其不足

如前所述，官方犯罪统计是指刑事体系内的各部门在其职能活动中对犯罪现象的统计工作以及收集到的统计数据。

在1827年，法国建立了最早的官方犯罪统计制度。[①] 之后不久，欧洲国家普遍建立了官方犯罪统计制度。法国犯罪统计学家格雷和被尊称为"现代统计学之父"的比利时犯罪统计学家凯特勒为犯罪统计学的发展做出了突出贡献。他们当时对于官方犯罪统计的研究为意大利犯罪学派的创立奠定了必要的知识基础。[②]

现代刑事司法制度的建立使得犯罪案件的处置不再只由单一部门负责。例如，我国的刑事体系之中就包括了公安部门、检察部门、审判部门、司法行政部门，等等。此外，国家安全部门与检察部门也承担着某些特定类型犯罪的立案与侦查工作。当然，还有些刑事案件属于自诉案件，但是通常其比例极低。

（一）官方犯罪统计资源

目前，我国可以公开获取的官方犯罪统计资源主要有：

1. 公安部门对于刑事案件及治安案件的统计

这部分数据通常可以在每年出版的《中国统计年鉴》《中国法

---

① 当时被称作"道德统计"，因为那时的人们普遍认为犯罪的数量在很大程度上反映着社会的道德水平。直到如今，这种观点在一些政治人物和普通民众中间仍有影响。有些西方犯罪学家认为，发展中国家的官方犯罪统计数据普遍低于发达国家，可能是由于发展中国家的政府不愿真实地报告犯罪统计数据所致。

② 参见本书第二章。

律年鉴》《中国公安年鉴》中加以查询。此外，各级公安机关的统计部门或工作报告中有时会不定期地发布相应数据。

2. 检察部门的犯罪统计

这部分数据通常包括了批准或决定逮捕、提起公诉以及由检察部门负责侦办的一些经济犯罪和职务犯罪状况。这部分数据通常可以在每年出版的《中国统计年鉴》《中国法律年鉴》《中国检察年鉴》中加以查询。此外，各级人民检察院在年度的人民代表大会上所做的《工作报告》通常会公布相应数据。

3. 审判部门的犯罪统计

这部分数据通常包括了收案及判决的刑事案件以及刑事被告人的定罪量刑等状况。这部分数据通常可以在每年出版的《中国统计年鉴》《中国法律年鉴》《人民法院年鉴》中加以查询。此外，各级人民法院在年度的人民代表大会上所做的《工作报告》通常会公布相应数据。

4. 司法行政部门的犯罪统计

这部分统计数据通常包括监狱服刑、社区矫正以及强制戒毒等方面的相关信息。迄今为止，这部分统计数据大多处于半保密状态。可以从政府部门发布的《中国改造罪犯的状况白皮书》《禁毒工作报告》《中国司法行政年鉴》中获取片段性资料。

此外，国家安全机关的犯罪统计数据一般不会公开。

（二）官方犯罪统计的不足

官方犯罪统计的优势是显而易见的，因而在犯罪学发展不足的国家或社会中，研究者通常只能借助官方犯罪统计作为犯罪测量的唯一方式。但是，随着犯罪学的发展，犯罪学家们越来越注意到官方犯罪统计的不足之处，进而提醒着我们，对官方犯罪统计保持谨慎态度是非常必要的。

1. 漏斗效应

在刑事程序的不同环节中官方犯罪统计数据之间存在的依次递减现象被称作"漏斗效应"（如图3-1所示）。一般来说，刑事犯罪案件的处理要流经公安部门、检察部门、审判部门、监狱部门等多个刑事机构。上述各部门都会在其职责活动中进行相应的犯罪统计工作。然而，在通常情况下，公安部门统计的犯罪数量要大于检察部门统计的犯罪数量；检察部门统计的犯罪数量大于审判部门统计的犯罪数量；审判部门统计的犯罪数量大于监狱部门统计的犯罪数量。这样就形成了一个上大下小的漏斗形状。

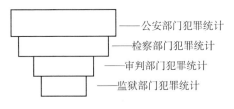

图 3-1　"漏斗效应"示意图

一般来说，越接近犯罪现场的犯罪统计数据就越合乎实际状况。而且犯罪学意义上的犯罪包含但不限于刑事法律意义上的犯罪，其中还包括了不需刑事程序处理的大量治安违法案件，等等。作为刑事系统的最主要入口，公安部门获知的违法犯罪行为相对而言更加接近于犯罪学意义上的犯罪概念，因此，在犯罪学的研究中，如果需要使用官方犯罪统计，犯罪学家们通常会优先选择公安部门的犯罪统计数据。相比之下，在监狱里服刑的囚犯能在多大程度上代表犯罪人群体，则是一个需要引起充分警惕的问题。

2. 犯罪黑数①

犯罪黑数问题是官方犯罪统计挥之不去的另一缺陷。尽管实际发生的犯罪数量是一个客观存在的真值，但是由于犯罪现象本身具有的特点，用官方犯罪统计对犯罪现象加以测量就不可避免地出现

---

① 杨学锋、商小平、姜兰昱：《犯罪黑数的构成与估计方法》，载《江西公安专科学校学报》2007 年第 4 期。该文被人大复印资料《刑事法学》2007 年第 11 期全文转载。

了自身无法克服的误差问题。犯罪黑数是专门针对官方犯罪统计而言的，因而官方犯罪统计因其有据可查也被称作"犯罪明数"。实际上，自 19 世纪在欧洲社会出现官方犯罪统计制度以来，犯罪黑数的问题就受到了人们的关注。直到现在，犯罪黑数问题仍然困扰着刑事部门和犯罪学家。

（1）犯罪黑数的概念。所谓犯罪黑数，就是在一定的时空范围内社会上实际发生的犯罪数量与相同时空范围内官方犯罪统计数据之间的差值。

为简便统计，犯罪黑数可以表示为以下的等式：

犯罪黑数＝实际发生的犯罪数量－官方统计的犯罪数量

由于官方犯罪统计只描述了被刑事部门获知并被记录的犯罪行为，而且通常是按照刑法规范加以界定的，而犯罪学中犯罪概念的内涵和外延要比刑法意义上的犯罪的内涵和外延宽广得多，所以，实际发生的犯罪数量要远大于官方犯罪统计的犯罪数量。也就是说，对于任何一种官方犯罪统计而言，犯罪黑数总是远大于零的。

如果我们把对犯罪现象的认识完全建立在官方犯罪统计的基础之上，而不是建立在实际发生的犯罪总数的基础之上，那么，我们对犯罪现象的理解和解释就未必符合犯罪的实际情况，因而我们提出的犯罪原因和犯罪对策也未必具有科学性和有效性。所以，虽然犯罪现象作为一种特殊的社会现象，我们不可能像物理学等自然科学那样极致地追求实际存在着的真值，但是，犯罪学家仍然要不断努力对犯罪黑数和犯罪总量进行比较准确的测量，以追求最大限度上的近似值，进而使我们的认识更加接近实际状况。

（2）犯罪黑数的构成。一般而言，犯罪黑数由三部分构成：未被察觉的犯罪数、已被察觉但未报案的犯罪数和已报案但未被记录的犯罪数。虽然对于不同类型的犯罪，这三部分在犯罪黑数中的比例未必相同，但是，在各种类型的犯罪中，犯罪黑数都是由这三部分构成的。即，

犯罪黑数＝未被察觉的犯罪数＋已被察觉但未报案的犯罪数＋已报案但未被记录的犯罪数

未被察觉的犯罪数也被一些犯罪学家称作绝对犯罪黑数。其产生的原因主要缘于犯罪的隐蔽性。一般而言，犯罪行为人总会以不易被人察觉的方式实施犯罪行为，所以有些犯罪虽然已经发生，但并没有被人察觉，如保险诈骗、计算机犯罪以及街头的一些小偷小摸行为等。另外，有些犯罪活动没有直接的被害人，如赌博、行贿受贿、街头的毒品交易和卖淫嫖娼行为等。由于这种犯罪没有一般意义上的被害人，对这类犯罪的发现严重依赖于刑事机关的执法司法方向和力度。此类犯罪不容易被旁人察觉，从而形成了犯罪黑数。有些犯罪学家认为，未被察觉的犯罪数在犯罪黑数中的比例较小，但另一些犯罪学家认为这个比例很大。我们认为，未被察觉的犯罪数是无法调查核实的，对于它的任何假定都无法验证，所以对此做出的假定是主观而武断的，但是司法机关和社会可以通过加强公众对犯罪问题的警觉性教育等措施来减少未被察觉的犯罪数量。一般而言，未被察觉的犯罪的社会危害性较小或不直接，但是尽量减少未被察觉的犯罪也是犯罪对策的应有之义。

已被察觉但未报案的犯罪数在犯罪黑数中占有非常重要的位置，研究被害人或目击证人为什么选择不报案是一个具有重大意义的问题，这在一定程度上说明了公众对司法体制的信任程度和社会道德观念。基于西方社会的一些非官方调查数据发现，未报案的犯罪数在整个犯罪黑数中的占比通常较大，人们在一些非官方犯罪调查中所报告的犯罪数要远大于警方等刑事执法和司法部门的犯罪统计数字。现在某些西方国家盛行的"零容忍"策略鼓励人们在受到侵害，哪怕是非常轻微的侵害，也要向刑事执法机关报案，就是要尽量降低这部分犯罪黑数。在我国，这个比例很少有实证研究。

已报案但未被记录的犯罪数曾经是一个较为严重的统计问题。在我国，刑事案件和治安案件分开统计，而在我国不计为犯罪的治安案件，在许多西方国家是当作犯罪案件来统计的。如果将一些刑事案件当作治安案件处理，将一些治安案件当作民事案件处理，那么就会人为地降低官方犯罪统计数量，而且在这个过程中，有些与渎职、腐败有关的犯罪也将成为新的未被察觉的犯罪黑数。在刑事体系内部，由于对发案率和破案率的畸形追求，从而存在着报而不立、先破后立、不破不立等做法，以达到人为地降低发案率和提高破案率的目的。为了减少已报案但未被记录的犯罪数，除了要加强对官方犯罪统计人员的岗位培训外，必须从根本上改变考核机制。犯罪学研究表明，官方犯罪统计尽管远小于实际的犯罪数量，但仍然具有不可替代的参考价值。因为真实的官方犯罪统计虽然没有很好地反映犯罪行为的状况，却很好地反映了刑事部门的法律实践活动；而不实的官方犯罪统计是毫无价值，连起码的参考价值都没有，从这样的官方犯罪统计中分析犯罪原因、出台犯罪对策是注定要失败的。

（3）犯罪黑数与犯罪明数的关系。由于实际发生的犯罪数是未知的，所以按照犯罪黑数的概念直接对犯罪黑数进行推算是不可能的，只能通过另外的方法追求在一定程度上的近似值。但是，我们可以通过对各种估计方法的假设和逻辑前提加以分析辨别，从而比较这些方法的优劣。

在犯罪学发展的初期，比利时著名的犯罪学家、统计学家凯特勒提出了关于犯罪黑数的"恒比定律"。该定律认为，犯罪明数与犯罪黑数之间存在着一种固定不变的比例关系，即明数大的犯罪行为，其黑数也大；明数小的犯罪行为，其黑数也小。这个定律直到20世纪50年代才被西方犯罪学家认识到是错误的。

此外，在一些文献中，提出了用案件查处数量除以案件查处率等计算方法来通过犯罪明数估算犯罪黑数。① 这种估计方法从假设的前提条件上看是存在问题的。在这种方法下，必须假定警方统计

---

① 胡联合、胡鞍钢：《对转型期中国犯罪实际发案情况的估测》，载《社会科学》2006年第1期。

的犯罪明数是犯罪总数的简单随机样本，也就是说，每一宗犯罪案件被警方获知的概率是相同的，而且每一宗犯罪案件被警方破案的可能性也是相同的。这些假设在犯罪学中已经被证明是不成立的。犯罪作为一种特殊的社会现象，绝对不是均匀地分布在社会的各个阶层，而且各个社会阶层的犯罪案件被警方获知和破获的概率也是不同的。

总之，犯罪黑数与犯罪明数之间不存在固定不变的比例关系，犯罪黑数因犯罪种类、因时、因地而有所不同。为了更加有效地测量犯罪现象，需要在官方犯罪统计之外使用其他测量方式。

三、非官方犯罪调查

直到 20 世纪中后期，犯罪学家们在认识了官方犯罪统计的不足之后，逐渐发展了一些非官方的犯罪测量方法。非官方的犯罪测量通常是以抽样调查的方式进行的。较为常见的几种非官方犯罪调查包括自述调查、被害调查和知情者调查。

（一）自述调查

自述调查法就是采取某种抽样方法，选取一定数量的调查对象，根据事先设计的调查量表，让调查对象回答自己曾经参与过某些类型的违法犯罪活动，如果回答是肯定的，则进一步回答一些细节问题，如参与的次数、地点、犯罪对象等一些问题。准确地说，这种方法应该称作"行为人自述调查法"。

自述调查法起源于美国，而且在美国的犯罪学研究中，特别在研究青少年犯罪的状态和发展规律时，发挥了重要的作用。美国犯罪学者帕特菲尔德（Porterfield）于 1943 年在《美国社会学杂志》（American Journal of Sociology）上发表了一篇题为 Delinquency and Its Outcome in Court and College 的论文①，这是第一篇根据自述调

---

① Porterfield A. , Delinquency and Its Outcome in Court and College[J], American Journal of Sociology,1943,49(3):199-208.

查法所得数据公开发表的学术论文。在这篇论文中，帕特菲尔德首先分析了 2049 名已被法庭宣判的青少年罪犯的犯罪记录，并将他们的被宣判罪行归结为 55 种行为。之后，帕特菲尔德在北得克萨斯的三所大专院校里调查了 200 名男生和 137 名女生，让这些学生回答他们自己是否曾经犯有这 55 种罪行之中的一些行为。结果发现，这些大学生几乎每个人都承认了自己曾经至少一次犯有上述 55 种行为之一；虽然在次数上少一些，但严重程度并不逊色，而且这些学生的犯罪行为几乎未被执法机关获知。

自述调查法自从诞生就受到众多的批评，而其自身的局限性也是非常明显的。尽管如此，自述调查法至少在理论上可以从行为人的角度来弥补官方犯罪统计的局限。

（二）被害调查

被害调查法是利用统计抽样的方法，在特定的人群中选取一定容量的样本，通过面谈访问、电话调查、网络调查等方式，让受访对象回答在过去的一段时间内自己是否受到某种形式犯罪的侵害。这些侵害行为包括已经向警方报案的案件，也包括未报案的案件，从而可以估算未报案的犯罪黑数。准确地说，这种方法应该称作"被害人自述调查法"。

美国是最早建立被害调查制度的国家。美国于 1973 年建立的"全国犯罪调查"项目经过较大幅度的改进，于 1993 年起更名为"全国犯罪被害调查"（National Crime Victimization Survey，NCVS）项目[1]。如今，该项目每年需要在全美范围内抽取大约 95000 户家庭中的大约 16 万名居民进行犯罪被害调查。

被害调查法从被害人的角度弥补了官方犯罪统计的局限。尽管它也受到了一些学者的质疑，但是，总体而言，这种调查方法在世界范围内得到了越来越多的应用推广。联合国区域间犯罪和司法研

---

[1] 杨学锋：《犯罪被害调查的原理与实践——美国 NCVS 项目探析》，载《统计研究》2008 年第 9 期。

究所主持的"国际犯罪被害人调查"（International Crime Victim Survey，ICVS）项目于 1989 年在 17 个国家进行了首轮国际范围内的被害人调查。[1] 在犯罪学研究比较发达的西方国家，被害调查的统计资料已经成为官方犯罪统计资料的重要补充，成为犯罪学家研究犯罪现象和犯罪规律的重要数据来源，也成为各国政府出台刑事政策或社会政策时需要参考的实证资料之一。

（三）知情者调查

知情者调查是指由那些对犯罪人或被害人较为了解和熟悉的知情人来报告相应的犯罪行为或被害状况的抽样调查方法。例如，在美国的全国犯罪被害调查项目中，受访者不但需要报告自己的被害情况，还需要报告家庭其他成员的被害情况。此外，有些针对青少年的犯罪研究需要青少年的监护人或教师来报告青少年的违法违纪行为。在通常情况下，知情者调查可以补充或印证自述调查或被害调查的结果。

（四）非官方犯罪调查的问题

如上所述，非官方犯罪测量通常是以抽样调查的方式进行的，因此既面临着抽样调查中的一些普遍问题，也面临着犯罪学研究中的特殊问题。概括地说，非官方犯罪调查的问题包括样本容量问题、样本代表性问题、响应率问题、问卷结构及措辞问题、调查者响应问题等。

例如，国际犯罪被害人调查项目通常在样本国家或地区抽选 1000~2000 人进行调查，此时的样本容量就是 1000~2000。在概率

---

[1]　参加首轮犯罪被害调查的国家包括澳大利亚、比利时、加拿大、英格兰与威尔士、芬兰、法国、联邦德国、日本、荷兰、北爱尔兰、挪威、苏格兰、西班牙、瑞士、美国、波兰、印度尼西亚。其中，波兰和印度尼西亚分别在其城市华沙、苏腊巴亚进行了此项调查。其他国家在其全国范围内进行了此项调查。参见杨学锋：《联合国范围内的犯罪统计》，载《中国统计》2007 年第 11 期。

抽样中，样本容量越大，边际误差越小。换言之，当样本容量较小时，估计的准确性相对较差一些。

样本的代表性是抽样调查中更为重要的问题。例如，北京市曾经于 1996 年参加了国际犯罪被害人调查项目，而相应的数据在多大程度上可以代表中国其他城市或地区，这就是所谓的样本代表性问题。

响应率问题是指被调查者拒绝参与调查，因而使得样本容量减小，样本的代表性降低，继而出现有偏估计。通常而言，电话调查、邮件调查等方式均面临着响应率不足的问题。

抽样调查通常需要使用问卷，而问卷的结构、措辞以及调查者本身的个人特质、言行举止都可能影响到受访者的答案。尤其在非官方犯罪调查中有许多问题是较为敏感和隐私性的，因此如何使用更为恰当的措辞和题目顺序以及调查者如何让受访者放心地如实作答等问题显得更为突出一些。更为详尽的讨论可参见相关论著①。

第三节　犯罪现象的指标

如前所述，群体犯罪现象通常以一定的数量形态、质量形态和结构形态存在于一定的时空条件之下。为了描述犯罪现象的存在形态，不但需要借助各种犯罪测量方法获得的绝对指标，在通常情况下，还更多地需要借助相对指标。

一、犯罪绝对指标

犯罪绝对指标就是在一定时间和空间范围内描述犯罪状态和趋势的绝对数量。它反映了在相应的时间和空间范围内的犯罪现象所达到的绝对水平和程度。其表现形式是具有计量单位的绝对数。

---

① 参见风笑天著：《社会研究方法》，中国人民大学出版社 2018 年版，第 177-218 页。

犯罪绝对指标具有如下一些作用：其一，犯罪绝对指标是反映一个国家或地区的犯罪状况和分布状态的基本数据。如果我们掌握了一个国家的各类犯罪的绝对指标，就可以对该国家的犯罪情况有一个基本的认识。其二，犯罪绝对指标是计算相对指标、平均指标的基础。如果犯罪绝对指标不准确、不科学、不规范，必然直接影响其他指标。

绝对犯罪指标是分析研究犯罪现象的重要基础，但是如果不与其他的一些社会经济现象的数量状况相比较，则很有可能掩盖了犯罪现象的真实状况。例如，在某地区从事贩毒犯罪的人数达到200人，那么这个贩毒犯罪的绝对指标是无法准确描述贩毒犯罪在这个地区的真实状况的。很显然，这个地区是一个只有1000人的小山村，还是一个拥有几百万人口的大都市，同样的犯罪绝对指标会有不同的效果。所以，如果只有犯罪绝对指标，一般无法直接进行横向的或纵向的犯罪状况的比较研究。因此，在实际的研究工作中，除了犯罪绝对指标外，还需要研究从中转换而得的犯罪相对指标。

二、犯罪相对指标

犯罪相对指标是利用相应的犯罪指标和其他的一些社会经济现象中的一些指标的比率。犯罪现象是与许多社会经济现象密切相联系的，而要描述这种联系，必须使用相对指标。例如，某地区的警方在一年内破获了365起抢劫案件，那么这个地区的警方工作效率如何呢？如果我们既不知道当年在该地区共发生了多少起抢劫案件，又不知道该地区的警察数量，那么我们将无法对该地区的警方工作效率进行任何合理的评价。

犯罪相对指标可以利用犯罪绝对指标、相对指标或平均指标进行计算得到。相对指标的表现形式有两类：一类是有单位的，此时一般为复合计量单位，如人均承担的犯罪成本的单位为元/人，犯罪时钟数的单位为分/件等；另一类是没有单位的，此时表现为百分数、十万分数等抽象的数值，如犯罪率、犯罪指标变化率等。用一个公式加以表达，就是：

$$犯罪相对指标 = \frac{犯罪指标}{比较指标}$$

犯罪相对指标具有如下一些作用：其一，犯罪相对指标能够综合反映犯罪现象与其他某种现象的相互联系，从而可以将犯罪绝对数量无法反映的信息表达出来；其二，犯罪相对指标能够将不能直接比较的绝对指标转换成可以比较的指标，从而便于进一步分析研究；其三，运用犯罪相对指标说明犯罪现象时，既便于记忆，又便于保密。相对指标一般突出说明犯罪现象与其他一些现象的联系程度和水平，可以给人以深刻的印象；而在不方便公布犯罪绝对指标时，用犯罪相对指标既可以在一定程度达到保密性，又可以在一定程度上反映犯罪状况。例如，2021 年《最高人民检察院工作报告》提到，全年批准逮捕各类犯罪嫌疑人 868445 人，提起公诉1748962 人，同比分别上升 12.7% 和 11.2%。这段话中同时使用了绝对指标和相对指标。另外，该报告还提到，与 2020 年相比，起诉涉黑涉恶犯罪下降 70.5%，杀人、抢劫、绑架犯罪下降 6.6%，聚众斗殴、寻衅滋事犯罪下降 20.9%，毒品犯罪下降 18%。这段话仅使用了相对指标。类似地，在 2023 年 3 月初召开的第十四届全国人民代表大会第一次会议上，《最高人民检察院工作报告》借助一系列绝对指标和相对指标总结了 2018—2022 年的检察工作：2018—2022 年，全国检察机关共办理各类案件 1733.6 万件，比前五年上升 40%；其中，2022 年受理审查逮捕 83.7 万人，受理审查起诉 209.2 万人，比 2018 年分别下降 38.6%、上升 2.8%；办理民事案件 31.6 万件、行政案件 7.8 万件、公益诉讼案件 19.5 万件，比 2018 年分别上升 1.5 倍、3.3 倍、72.6%。最高人民检察院制定司法解释和司法解释性质文件 170 件，制发指导性案例 136 件，比前五年分别上升 78.9% 和 3.5 倍。

三、常用的犯罪指标

很多情况下，人们会笼统地使用"犯罪率"[①] 这一指标来刻画犯罪现象的状况。然而，为了更加准确地描述犯罪现象的存在形态，有必要更加准确地界定各种常用的犯罪指标。

1. 人犯率（犯罪人口率）

人犯率是指一定时空范围内的犯罪人口数在相同时空范围内的人口总数中所占的比例，通常以万分数表示。[②]

$$人犯率 = \frac{一定时空范围内的犯罪人口数}{相同时空范围内的人口总数} \times 10000‰$$

2. 发案率（犯罪案件率）

发案率是指一定时空范围内的犯罪案件数在相同时空范围内的人口总数中所占的比例，通常以万分数表示。

$$发案率 = \frac{一定时空范围内的犯罪案件数}{相同时空范围内的人口总数} \times 10000‰$$

3. 被害率（被害人口率）

被害率是指一定时空范围内的被害人口数在相同时空范围内的人口总数中所占的比例，通常以万分数表示。

$$被害率 = \frac{一定时空范围内的被害人口数}{相同时空范围内的人口总数} \times 10000‰$$

4. 监禁率

监禁率是指一定时空范围内监狱系统的收监人口数在相同时空范围内的人口总数中所占的比例，通常以万分数表示。[③]

---

① 实际上，犯罪率这一概念可以细分为人犯率、发案率、被害率等不同的指标。

② 西方国家的犯罪统计中通常以十万分数来表示。以下同。

③ 有时监禁率也被定义为收监人口数与定罪人口数的比率。请读者注意鉴别。

$$监禁率 = \frac{一定时空范围内的收监人口数}{相同时空范围内的人口总数} \times 10000‰$$

5. 重新犯罪率

重新犯罪率是指刑满释放人员在一定时间范围内再次出现犯罪行为的比例，通常以百分数表示。

$$重新犯罪率 = \frac{重新犯罪人口数}{刑满释放人口总数} \times 100\%$$

6. 犯罪时钟数

犯罪时钟数就是指平均发生一起某类犯罪所需要的时间。时间的度量单位一般为分或秒，所以犯罪时钟的单位一般的单位为分/件或秒/件。

$$犯罪时钟数 = \frac{某时间周期的时间度量}{该时间周期内的犯罪案件数量}$$

例如，美国联邦调查局的 UCR 报告指出，2019 年，美国平均每 32.1 分钟发生一起杀人案件；每 3.8 分钟发生一起强奸案件；每 2.0 分钟发生一起抢劫案件；每 38.5 秒钟发生一起重伤害案件。对照之下，在 2015 年，美国平均每 33.5 分钟发生一起杀人案件；每 4.2 分钟发生一起强奸案件；每 1.6 分钟发生一起抢劫案件；每 41.3 秒发生一起重伤害案件。由此可以看到，在此期间，美国的杀人、强奸、重伤害案件有所增长，而抢劫案件则略有减少。

7. 犯罪分配率

犯罪分配率是指某一特定类型的犯罪数量与相应的犯罪总量之比例，通常以百分数表示。

$$犯罪分配率 = \frac{特定类型的犯罪数量}{相应的犯罪总量} \times 100\%$$

在总体犯罪率中，各种特定类型的犯罪分配率可能存在着较大差异。犯罪分配率较低的犯罪类型很容易被掩盖，反之，犯罪分配率较高的犯罪类型可以在很大程度上决定着犯罪总量的变化趋势。例如，近些年来，就公安机关每年的立案数量来说，诈骗犯罪的分配率从前些年的约 5%迅猛地上升为 40%左右，这在一定程度上体现了诈骗犯罪的增长态势。① 一般而言，在分析犯罪的动态规律时，除了需要了解总体犯罪率的变化趋势和幅度，也需要关注不同类型犯罪的消长规律，尤其需要关注那些犯罪分配率较低的犯罪类型，后者的变化趋势和幅度可能与总体犯罪率有着较大差别。

8. 破案率

对许多人来说，破案率是一个非常重要的衡量指标。它是指一定时空范围内被刑事侦查部门破获的犯罪案件数量与相同时空范围内已知的犯罪案件数量之比例，一般用百分数表示。

$$破案率=\frac{一定时空内被破获的犯罪案件数量}{相同时空内已知的犯罪案件数量}\times100\%$$

除了上述犯罪指标外，实际上还有一些更为复杂的衡量犯罪现象在数量、质量或结构方面特征的测量指标，如犯罪的社会成本②、犯罪危害③、犯罪恐惧感④、参与率或个体犯罪频数⑤，等等。限于篇幅，本书不再介绍。

---

① 参见杨学锋：《新千年以来的中国犯罪动态分析——以定基增长率为切入》，载《中国刑警学院学报》2018 年第 5 期。

② 参见陈硕、刘飞：《中国转型期犯罪的社会成本估算》，载《世界经济文汇》2013 年第 3 期。

③ 参见杨学锋：《犯罪危害测量的操作化路径述评》，载《辽宁警察学院学报》2019 年第 3 期。

④ 参见杨学锋、姜兰昱：《犯罪恐惧感的测量标准与原因模型之实证检验》，载《中国刑警学院学报》2018 年第 3 期。关于犯罪恐惧感的最新综述可参见姜兰昱、杨学锋：《从因变量到自变量——犯罪恐惧感研究的发展与启示》，载《晋阳学刊》2013 年第 6 期。该文被人大复印资料《刑事法学》2014 年第 3 期全文转载。

⑤ Blumstein A. , Cohen J. , Roth J. , et al. , Criminal Careers and "Career Criminals"(Vol. 1)[M] ,Washington:National Academy Press,1986:12-22.

第四章 我国犯罪态势

犯罪学中的犯罪现象需要放在时间与空间的坐标内去观察和解释。在完成对犯罪现象测量的学习后，我们很自然地需要在实践中验证犯罪现象的静态表现和动态发展。基于此目的，本章介绍新中国成立以来我国大陆的犯罪态势，借此再次证明"犯罪问题是一种社会现象，是特定政治、经济形势和法律环境下的反社会行为及其总和。随着社会转型，犯罪现象也会相应发生质和量的变化"。

鉴于我国犯罪统计制度建设的现状，本章仅根据所掌握的官方统计资料对我国大陆当代犯罪现象的发展变化趋势进行分析。需要指出的是，鉴于官方犯罪统计的局限性，对本章的引用数据，应注意从理性的角度进行解读。

第一节 对"五次犯罪高峰"理论的探讨

犯罪现象作为社会现象将长期伴随着人类发展的历史，并且在不同的历史阶段呈现出不尽相同的趋势和规律。康树华提出，新中国成立至今，我国的犯罪现象经历了五次犯罪高峰[1]。

---

① 参见康树华：《新中国成立后不同历史时期犯罪的状况与特点》，载《江苏公安专科学校学报》1999第1期；康树华：《新中国成立以来的犯罪发展变化及其理性思考》，载《犯罪学论丛（第一卷）》，中国检察出版社2003年版。

一、第一次犯罪高峰

新中国的第一次犯罪高峰发生在新中国成立初期，峰顶为1950年，当年共立刑事案件51.3万起，按照当时的人口为5.5亿人计算，发案率约为9.3‰。

当时新中国正处于成立初期，刚刚从半殖民地半封建的社会中解放出来，建立了新民主主义性质的共和国。但是国民党政府留在大陆的政治土匪有200万人、各种特务分子60万人，再加上数量众多的土匪、恶霸、地痞流氓等，各种反革命的政治经济势力在新中国立足未稳之时疯狂作案，在新旧社会制度更替的剧烈振荡时期，共和国遭遇了新中国成立以来的第一次犯罪高峰。"从1950年春天到秋天的半年中，有近4万干部和群众被杀害。"据统计，1955年全国逮捕的各类犯罪人中，反革命分子占42.2%，犯罪的政治色彩浓厚，同时，武装抢劫、杀人、纵火、绑架等犯罪数量所占比例很大，犯罪手段的暴力性十分突出。

经过在全国范围内的镇压反革命运动以及各项政治经济政策的适时落实，新中国成立之初的犯罪高峰得到了有效的遏止。随后的几年里，刑事案件发案率大幅下降。到1956年，刑事发案率下降到2.9‰，因而被称作新中国历史上的"治安黄金年"。

二、第二次犯罪高峰

新中国的第二次犯罪高峰发生在三年困难时期，峰顶为1961年，当年共立刑事案件42.2万起，按照当时的人口为6.59亿人计算，发案率约为6.4‰（如图4-1所示）。

第二次犯罪高峰与当时的大规模的自然灾害及"大跃进"等因素密切相关。由于当时国民经济严重困难，因饥饿和疾病而死亡的人口增加，导致侵财犯罪特别是盗窃犯罪明显增多，许多犯罪的动机在于获得基本的生活来源。随后几年的调整使得国民经济回归到健康正常的轨道，发案率也同步大幅回落。在1966年，刑事发案率仅为 2.4‰。但是一些犯罪学家认为，当时的低发案率与当时的政策密不可分，是一种低层次上的稳定。

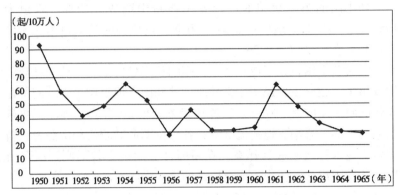

图 4-1　1950—1965 年中国大陆刑事犯罪统计图

数据来源：根据历年中国统计年鉴整理。

三、第三次犯罪高峰

第三次犯罪高峰发生在"文化大革命"时期。峰顶为 1973 年，当年刑事立案 53.5 万起，发案率约为 6‰，这是在特殊历史时期出现的复杂而独特的犯罪高峰。

1966—1971 年的"文化大革命"前期，司法机关处于瘫痪状态，缺乏统计数据。1972—1977 年这段时间，犯罪率基本稳定，年度间立案率增减幅度不大（如表 4-1 所示）。在这一时期，社会控制体系陷入瘫痪，政法机关被"造反派"砸烂，一度出现了非常混乱的无政府状态，一大批流氓分子和"打砸抢"分子得以滋生，并横行于社会的各个领域，整个社会处于空前失范状态。许多犯罪行为在"造反有理"的旗号下公然进行，并表现为群体性的大规模破坏法律的行为，青少年犯罪的数量急剧增加。

表 4-1　1972—1977 年中国大陆刑事犯罪统计表

年份	立案数（起）	发案率（万分数）
1972	402573	4. 642
1973	535820	6. 037
1974	516419	5. 712
1975	475432	5. 169
1976	488813	5. 241
1977	548415	5. 802

数据来源：根据历年中国统计年鉴整理。

四、第四次犯罪高峰

　　1976 年 10 月，随着"文化大革命"的结束，特别是十一届三中全会以来，我国采取了改革开放的政策，国家进入了新的历史发展时期。但是犯罪现象特别是刑事犯罪案件的数量并没有随之减少，相反却更加集中地暴露出来，这一犯罪率的波动与社会转型密切相关（如图 4-2 所示）。1978 年的刑事立案达到 53 万起，到 1981 年第四次犯罪高峰达到峰顶，当年立案 89 万起，按照当时的人口为 10 亿人计算，发案率在 9‰左右，已经回复到第一次犯罪高峰的峰顶状态。

　　这一时期犯罪的显著特点有：第一，从犯罪性质看，存在着严重的"文化大革命"后遗症特点。这些犯罪分子活动猖獗，破坏社会治安，危害人民群众生命和财产安全。第二，从犯罪类型看，以强奸、流氓、抢劫、盗窃等骚扰型案件最为突出。一些几乎绝迹多年的犯罪死灰复燃，严重暴力犯罪、流窜犯罪、有组织犯罪以及利用先进技术手段的犯罪达到一定水平。第三，从犯罪主体看，绝大部分是青少年。从当时抓获的作案成员看，14～25 岁的青少年案犯高达 70%～80%。这些人目无国法，经常在光天化日之下结伙起哄，寻衅闹事，聚众斗殴，掠夺财物，打家劫舍，追逐调戏女青年，强奸、轮奸妇女，胆大妄为，无恶不作，严重扰乱了社会正常的工作秩序和生活秩序。正是在这种背景下，1983 年党和政府出台了"严打"的刑事政策，在一定的时间之内，刑事犯罪发案率有所下降。

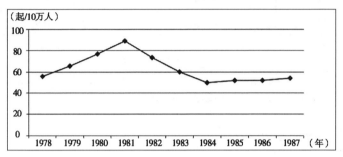

图 4-2　1978—1987 年中国大陆刑事犯罪统计图

数据来源：根据历年中国统计年鉴整理。

五、第五次犯罪高峰

从 20 世纪 80 年代后期开始，我国出现了第五次犯罪高峰。这次犯罪高峰是在改革开放逐步扩大深入，市场经济迅速发展，各种错综复杂的社会矛盾明显暴露的背景下出现的。此外，刑事政策的调整、法律的变化以及法律框架内某些技术手段的调整都会对犯罪数量产生影响。这次犯罪高峰一直持续到现在略有回落趋势，其持续时间之长，案件上升幅度之大，犯罪类型、犯罪手段之繁多，社会危害之严重，都是前几次犯罪高峰无可比拟的。第五次犯罪高峰又可分为四个区间：1988—1991 年刑事犯罪立案数的上升；1992年立案数的回落；1998 年之后立案数的继续上升；2016 年开始立案数下降（如图 4-3 所示）。因为这一时期刑事犯罪总量（立案数）和犯罪率的变化趋势基本一致，所以下文对二者使用未加以区别。

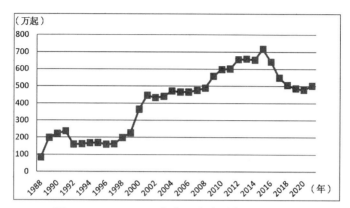

图 4-3　1988—2021 年中国大陆刑事犯罪统计图
数据来源：根据历年中国统计年鉴整理。

（一）1988—1991 年犯罪率的上升

从 1988 年起犯罪率持续大幅度上升，主要原因是，过去各地都存在刑事立案统计不实的问题，1989 年各级公安机关在解决这方面问题时取得较大进展；同时，1989 年的刑事案件也确实增加了，据一些地方调查，实际发案数 1989 年比 1988 年上升 30%~40%。

（二）1992 年犯罪率回落的解释

1992 年立案率的下降是由于公安机关修订了盗窃案刑事立案标准；将原来的盗窃数额价值人民币城市 80 元、农村 40 元即要刑事立案，修订为 1992 年以后的盗窃数额价值人民币一般地区 300~500 元、少数经济发展地区 600 元即要刑事立案。因此，1992 年刑事立案数总体数值的下降并不意味着社会治安形势的好转，同时期因为盗窃案件立案标准提高导致治安案件数量上升。

（三）1998 年之后犯罪率的上升与居高不下

这一时期又被称为犯罪的"高位平台期"，犯罪数量和犯罪率都维持在较高水平，出现了迅猛增长的趋势，并在 2001 年发案数首次突破了 400 万起，至 2009 年更是增至 558 万起，2011 年高达 600 万起，2015 年则高达 717 万起。在 1998—2015 年的 17 年间，立案绝对数增加了 519 万起，立案率也从 1998 年的 164.68 起/10 万人，上升到 2015 年 521.89 起/10 万人，增长率超过 2 倍。

我国 1997 年《刑法》颁布后，刑法犯罪圈在逐渐扩大。1998 年立案数增加与此不无关系。到 2020 年修正的《刑法修正案（十一）》为止，刑法罪名从 413 个增加到 486 个，直接增加了刑法层次上犯罪的数量。随着全国政法机关对各类突出犯罪的专项整治和立案制度的规范，全国刑事案件立案数持续增长，造成刑事案件总体上升的主要因素是多发性侵财犯罪案件的拉动。1998 年和 2013 年公安机关两次提高了盗窃案件的立案标准，在这种情况下，犯罪数量没有出现相应的下降反而依然上升。公安机关根据"更快破大案、更多破小案、更好控发案"的指导思想，加大了对盗窃、诈骗等常发性侵犯财产犯罪"小案件"的打击力度，因此全国公安机关刑事案件立案数（如表 4-2 所示）和治安案件查处数有所增长。2006—2015 年，公安机关受理的治安案件数由 719.72 万起增至 1179.51 万起，上升 63.9%；查处治安案件数由 615.37 万起增至 1097.16 万起，上升 78.3%。

（四）2016 年开始的犯罪率回落

刑法立法扩张和犯罪治理的效果影响了这一时期的犯罪现象。从数量上看犯罪总量在 2015 年达到一个峰值后在持续下降。从结构上看，从 2012 年开始，治安案件数量就先于刑事案件立案数下降；犯罪现象内部结构也发生变化，严重暴力犯罪数量与重刑率的下降和轻微犯罪数量与轻刑率的上升，是为"双降双升"[1]，轻罪新罪成为犯罪治理的主要对象。

---

[1] 2020 年 10 月 15 日，最高人民检察院检察长张军在向全国人大常委会报告人民检察院适用认罪认罚从宽制度的情况时，使用了 3 年以下有期徒刑作为确定轻罪案件的标准。按照这一标准，自 2013 年始，我国宣告刑为 3 年以下有期徒刑的轻刑案件占比超过 80%、重罪比率均在 20% 以内（2017 年是例外）。

（五）坚持综合治理，提升社会治理能力，建设平安中国

社会治安综合治理的思想是在 1981 年萌发的，当时我国的犯罪形势正处在第四次犯罪高峰的峰顶。当年 5 月，中央政法委员会召开了京、津、沪、穗、汉五大城市治安座谈会，讨论了当时社会治安的形势、任务、政策和措施。座谈会纪要中提出"全党动手，实行全面综合治理"。随后，中共中央批转了这个座谈会纪要，意味着对综合治理的思路进行了初步肯定。然而，在应对 20 世纪 80 年代初期的第四次犯罪高峰时，我们的基本犯罪对策是"严打"，因而，通常并不将 1981 年作为社会治安综合治理"元年"，而认为只是萌发了综合治理的思想。

在 1991 年 2 月 19 日，中共中央、国务院发布《中共中央、国务院关于加强社会治安综合治理的决定》，其中明确地指出，社会治安综合治理的方针是解决中国社会治安问题的根本出路。在 1991 年 3 月 2 日，第七届全国人民代表大会常委会第十八次会议通过了《全国人民代表大会常务委员会关于加强社会治安综合治理的决定》，其中强调指出，社会治安问题是社会各种矛盾的综合反映，必须动员和组织全社会的力量，运用政治的、法律的、行政的、经济的、文化的和教育的等多种手段进行综合治理，从根本上预防和减少违法犯罪，维护社会秩序，保障社会的稳定；加强社会治安综合治理，是解决我国社会治安问题的根本途径，要把社会治安综合治理作为全社会的共同任务，长期坚持下去。第七届全国人民代表大会常委会第十八次会议通过的《全国人民代表大会常务委员会关于加强社会治安综合治理的决定》不仅正式地规范了社会治安综合治理的概念，而且明确地提出了社会治安综合治理的指导思想、工作方针、基本原则、主要任务和工作措施。作为国家立法机关的全国人民代表大会常委会做出的上述《决定》，标志着我国的社会治安综合治理工作开始步入法制化、规范化的轨道，更标志着我国犯罪预防的总体思路和战略趋于成熟。概括而言，在 1991 年上述两个《决定》发布之后，社会治安综合治理在全国各

地普遍地推行起来。就此而言，1991 年是社会治安综合治理"元年"。

1992 年，中国共产党第十四次全国代表大会把"加强社会治安综合治理，保持社会长期稳定"作为执政党的一项重要工作任务写入了《中国共产党章程》的总纲。2022 年 10 月 22 日修改通过的《中国共产党章程》更新了相关表述："加强社会治安综合治理，依法坚决打击各种危害国家安全和利益、危害社会稳定和经济发展的犯罪活动和犯罪分子，保持社会长期稳定。坚持总体国家安全观，统筹发展和安全，坚决维护国家主权、安全、发展利益。"

2001 年 9 月 5 日，中共中央、国务院提出了《关于进一步加强社会治安综合治理的意见》（以下简称《意见》），这是一个与前文提到的两个《决定》具有同等重要意义的指导性文献。《意见》指出，"实践证明，加强社会治安综合治理是建立和保持良好的社会治安秩序、维护社会政治稳定的基本方针，是解决社会治安问题的根本途径"。《意见》除重申和继续强调前面提到的两个《决定》中明确的综合治理基本任务、基本原则和制度建设之外，将综合治理的工作方针从之前的"打防并举，标本兼治，重在治本"更加精准地表述为"打防结合，预防为主"。可以看到，这个新的表述更加明确地强调了犯罪预防的主要作用。

2005 年 10 月 11 日，党的十六届五中全会审议通过的《中共中央关于制定国民经济和社会发展第十一个五年规划的建议》中，提出推进社会主义和谐社会建设，应"建立健全社会预警体系和应急救援、社会动员机制，提高处置突发性事件能力。加强社会治安综合治理，继续推进社会治安防控体系建设，深入开展平安创建活动，依法严厉打击各种犯罪活动，维护国家安全和社会稳定，保障人民群众安居乐业"。之后，"平安中国"建设在中国特色社会主义事业发展全局中谋划推进，平安中国建设体制机制逐步完善，在经济转轨、社会转型过程中，面对社会矛盾集中多发高发的复杂局面，通过不懈努力，我国走出了一条中国特色社会主义社会治理之路，为建设更高水平的平安中国奠定了更加坚实牢固的基础。坚持和完善中国特色社会主义制度、推进国家治理体系和治理能力现代化，在实践中不断完善中国特色社会主义社会治理体系，用平安中国建设显著成效持续展示了中国之治的巨大优势。历史和现实深刻启示我们，建设更高水平的平安中国必须坚持中国道路，把我们的政治优势和中国特色社会主义制度优势转化为社会治理效能。

当前，在全面贯彻落实总体国家安全观的背景下，通过持续加强社会治安综合治理，防范和打击新型网络犯罪、跨国犯罪以及黄赌毒、盗抢骗等严重影响人民群众安全感的违法犯罪，全国社会治安形势持续好转。据公安部介绍，我国 2021 年刑事案件立案数比 2015 年下降 29.9%，2022 年 1 月至 8 月同比又下降 13.1%。2021 年杀人、强奸等 8 类主要刑事犯罪案件，毒品犯罪案件、抢劫抢夺案件、盗窃案件的立案数和一次伤亡 3 人以上的较大交通事故，较 2012 年分别下降了 64%、56.8%、96%、62%、59.3%。人民群众的安全感明显提升。中国成为世界上公认的最安全的国家之一，是命案发案率最低、刑事犯罪率最低的国家之一。

表 4-2　1950—2021 年中国大陆刑事犯罪统计表

年份	人口数（万人）	立案数（万起）	发案率（万分数）
1950	55196	51.3461	9.30
1951	56300	33.2741	5.91
1952	57482	24.3003	4.23
1953	58796	29.2308	5.01
1954	60266	39.2229	6.51
1955	61465	32.5829	5.30
1956	62828	18.0075	2.90

年份	人口数（万人）	立案数（万起）	发案率（万分数）
1957	64653	29.8031	4.61
1958	65994	21.1068	3.20
1959	67207	21.0025	3.13
1960	66207	22.2734	3.40
1961	65859	42.1934	6.40
1962	67296	32.4639	4.82
1963	69172	25.1226	3.63
1964	70499	21.5352	3.10
1965	72538	21.6125	3.00
1966	74542	17.4678	2.34
1967	76368	16.1377	2.11
1968	78534	16.582	2.13
1969	80671	19.5691	2.43
1970	82992	23.0040	2.77
1971	85229	32.3623	3.80
1972	86727	40.2573	4.64
1973	88761	53.582	6.04
1974	90409	51.6419	5.71
1975	91970	47.5432	5.17

续表

年份	人口数（万人）	立案数（万起）	发案率（万分数）
1976	93267	48. 8813	5. 24
1977	94524	54. 8415	5. 80
1978	96259	53. 5698	5. 57
1979	97542	63. 6222	6. 52
1980	98705	75. 7104	7. 70
1981	100072	89. 0281	8. 90
1982	101654	74. 8476	7. 40
1983	103008	61. 0478	5. 93
1984	104357	51. 4369	4. 93
1985	105851	54. 2005	5. 12
1986	107570	54. 7115	5. 09
1987	109300	57. 0439	5. 22
1988	106910	82. 7600	7. 74
1989	108650	197. 190	18. 15
1990	110353	221. 700	20. 09
1991	112806	236. 570	21. 00
1992	114159	158. 270	13. 86
1993	115155	161. 690	14. 04
1994	116231	166. 070	14. 29

续表

年份	人口数（万人）	立案数（万起）	发案率（万分数）
1995	117491	169.040	14.39
1996	118437	160.070	13.52
1997	120435	161.360	13.40
1998	120601	198.610	16.47
1999	121597	224.930	18.50
2000	122581	363.730	29.70
2001	123678	445.760	36.04
2002	120548	433.670	36.00
2003	125958	439.390	34.88
2004	126143	471.810	37.40
2005	126113	464.840	36.86
2006	131448	465.330	35.40
2007	132129	480.750	36.40
2008	132802	488.500	36.80
2009	133450	557.990	41.81
2010	134091	596.990	44.52
2011	134735	600.500	44.57
2012	135404	655.140	48.38
2013	136072	659.820	48.49

年份	人口数（万人）	立案数（万起）	发案率（万分数）
2014	136782	653.970	47.81
2015	137462	717.400	52.19
2016	138271	642.750	46.48
2017	140011	548.260	39.16
2018	140541	506.920	36.07
2019	141008	486.240	34.48
2020	141212	478.060	33.85
2021	141260	502.780	35.59

数据来源：人口数、部分立案数来自国家统计局网站 http：//
data. stats. gov. cn/，并进行小数点后保留两位四舍五入。

发案率由人口数、立案数计算得出。部分立案数来自张小虎：《当代中国
社会结构与犯罪》，群众出版社 2009 年版，第 191 页。

第二节　现阶段犯罪现象的主要特点

自 20 世纪 80 年代以来，我国经历了剧烈的社会变迁，而且这
一过程远未结束。处于其间的第五次犯罪高峰中发案率高企，是与
新中国成立以来的官方犯罪统计数字进行纵向比较而得出的结论。
而如果和其他一些国家进行横向比较，我国的发案率仍然处于较低
的水平。

然而，在关注犯罪总量的起伏律之外，我们还需要关注犯罪现
象的其他一些特点。如前所述，分析现阶段犯罪现象的特点时，不
能忽视被犯罪总量起伏律掩盖的犯罪消长律和辐射律。

一、犯罪动机与手段方面的主要特点

在《中国统计年鉴》中，公安部门每年的刑事立案数量被划分为 10 个类别进行统计。一项本土实证研究将除了"其他"之外的 9 类犯罪概括地划分为"经济动机驱动型犯罪（抢劫、盗窃、诈骗、走私、货币）"及"少经济动机的犯罪（杀人、伤害、强奸、拐卖）"两大类型，进而分析了两大类型犯罪的不同走势。[①] 遵循类似的统计处理方式，我们以 2000 年犯罪数量为基准，分别计算了这 9 种犯罪类型的犯罪率增长率，并将经济动机驱动型的 5 种犯罪、少经济动机的 4 种犯罪折线图分别绘制在同一坐标系下，如图 4-4 及图 4-5 所示。可以看到，在 2000 年以来，我国犯罪率的整体趋势主要是由经济动机驱动型犯罪决定的，其中尤以诈骗犯罪的增长为最。对照之下，少经济动机的犯罪已经呈现出一定的负增长趋势。反映到犯罪人数上，2021 年检察院起诉刑事犯罪 1748962 人，其中人数最多的为危险驾驶罪 350852 人、盗窃罪 201613 人、帮助信息网络犯罪活动罪 129297 人、诈骗罪 112292 人，分别占比 20%、11.5%、7.4%、6.4%，危险驾驶罪嫌疑人数已超过盗窃罪嫌疑人数。[②]

进一步讲，现阶段犯罪现象在犯罪动机和手段方面的主要特点包括：

---

① 杨学锋：《新千年以来的中国犯罪动态分析——以定基增长率为切入》，载《中国刑警学院学报》2018 年第 5 期。

② 参见最高人民检察院：https://www.spp.gov.cn/spp/lhyrmwzx/202203/t20220308_548263.shtml。

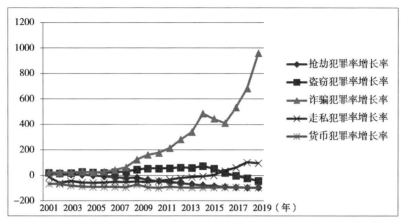

图 4-4 经济动机驱动型的 5 种犯罪率增长率折线图（以 2000 年为基准）

数据来源：中国统计年鉴 2001—2021。

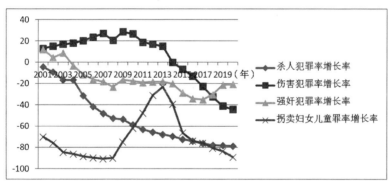

图 4-5 少经济动机的 4 种犯罪率增长率折线图（以 2000 年为基准）

数据来源：中国统计年鉴 2001—2021。

（一）暴力犯罪呈总体下降趋势，严重暴力事件屡有发生

暴力犯罪直接指向人的生命与健康，相较于其他犯罪类型，更容易引发社会的恐慌和民众的不安。随着自媒体时代的到来，严重暴力犯罪信息传播迅速，容易放大其负面效应，即使暴力犯罪的实

际状况未发生明显变化，也足以影响民众的安全感，形成暴力犯罪严重的假象。

我国刑事犯罪暴力程度较低。一是杀人、伤害、强奸、抢劫、放火、爆炸、绑架、劫持8类主要刑事案件长期处于下降趋势，2022年1月至8月同比下降7.8%。2021年杀人、强奸等8类主要刑事犯罪案件、抢劫抢夺案件数，较2012年分别下降了64%、96%。二是命案发案数少，2021年我国每10万人口命案0.5起，是世界上命案发案率最低的国家之一，远低于美西方国家。三是爆炸持枪犯罪案件少，公安机关连续21年开展缉枪治爆专项行动，爆炸持枪犯罪案件连年下降。自2000年以来，杀人、抢劫等暴力犯罪下降趋势较为明显（如图4-6所示）。

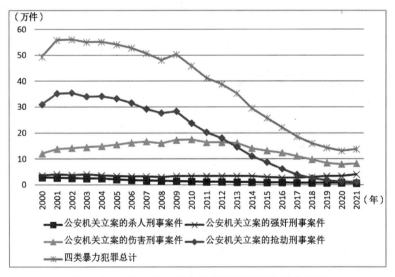

图4-6　2000—2021年全国公安机关部分暴力犯罪
刑事案件立案数

数据来源：中国统计年鉴2001—2022。

自 2010 年以来，虽然在总体上严重暴力案件呈现稳中有降态势，但是一些重大恶性案件、暴力恐怖事件、涉枪涉爆案件对群众安全感的负面影响不可小视。例如，① 2011 年，新疆喀什、和田地区连续发生 4 起由境内外"三股势力"相勾结制造的袭击民众的暴力恐怖案件，造成了无辜群众的重大伤亡。2014 年，相继发生云南昆明火车站"3·01"暴力恐怖砍杀案、新疆乌鲁木齐火车站"4·30"暴力恐怖爆炸案、新疆乌鲁木齐早市"5·22"暴力恐怖爆炸案。2014 年，全国各级法院审结煽动分裂国家、暴力恐怖袭击等犯罪案件 558 起，判处罪犯 712 人，分别同比上升 14.8% 和 13.3%。2015 年，全国政法机关根据"暴力恐怖严打年"专项活动的部署，严厉打击煽动分裂国家，组织、领导、参加恐怖组织，传播暴力恐怖音视频等犯罪活动。2015 年 9 月 18 日，新疆阿克苏地区拜城县发生的严重暴力恐怖袭击事件造成了 11 名无辜群众死亡和 3 名民警、2 名协警牺牲。这一事件预示着当前我国恐怖主义的威胁仍然存在，并严重威胁着社会公共安全和国家安全。根据最高人民法院的统计，2015 年危害国家安全、暴力恐怖犯罪案件大幅增长，全国各级法院审结危害国家安全、暴力恐怖犯罪案件 1084 件，判处罪犯 1419 人，同比增加近 1 倍。

2015 年，国际社会发生了俄罗斯客机袭击、巴黎恐怖袭击、巴马科市丽笙酒店劫持人质等多起严重暴力恐怖事件。在国际恐怖活动活跃和暴力恐怖袭击事件持续频发的国际背景下，我国暴力恐怖活动也出现了新的变化，境外指挥、网上勾联、境内行动、境外

---

① 以下案例分别来自中央政府门户网站 www.gov.cn；人民网 http://www.people.com.cn/；中国法院网 https://www.chinacourt.org/index.shtml；新疆喀什 https://www.gov.cn/jrzg/2011-07/21/content_1910574.htm；云南昆明火车站 http://politics.people.com.cn/n/2014/0302/c1001-24502831.html；新疆乌鲁木齐早市爆炸 https://www.gov.cn/xinwen/2014-05/22/content_2684880.htm；周克华 https://www.gov.cn/jrzg/2012-08/14/content_2204211.htm；韦银勇 https://www.chinacourt.org/article/detail/2015/10/id/1721503.shtml。

渗透等趋势愈加明显。随着互联网的发展，网络恐怖主义已成为恐怖主义活动的新趋势，网络恐怖主义活动可能会越来越凸显。网络恐怖主义区别于传统恐怖主义，具有不对称袭击的对抗方式、复合先进科技与传统恐怖攻击相结合、影响层面特定、超越空间等特点，直接威胁着国家安全和社会安全。有证据表明，恐怖主义组织开始借助暗网（dark web）进行犯罪活动，这是逃避执法部门对表层网络（surface web）监督的行为，具有高度的技术性、隐蔽性和实用性，包括利用比特币进行资金筹集、利用镜像网站进行思想传播、利用黑市平台进行物资购置等活动方式。

此外，频发的个人极端暴力犯罪案件对群众的安全感影响较大。2010年3月至4月，全国连续发生了多起个人极端暴力犯罪案件，尤其是针对中小学学生和幼儿园的个人极端暴力犯罪案件的频发，严重影响了群众安全感，并造成了一定的社会恐慌。2011年1月4日，山东省泰安市发生1起严重持枪袭警案件；5月26日，江西省抚州市发生连环汽车爆炸事件；10月25日，广东省徐闻县发生初中生在校门口遭枪击事件；12月1日，湖北省武汉市雄楚大街建设银行发生了恶性爆炸事件。2012年的典型案件为周克华持枪抢劫、杀人案，2004—2012年其先后流窜于重庆、湖南、江苏等地持枪作案10起，致使10人死亡、6人受伤。河南省光山县发生砍伤22名小学生案件和河北省丰宁县发生恶意驾车撞伤13名中学生案件。2013年，北京、上海、武汉、成都、太原、厦门、安阳、驻马店、海伦等地都发生了造成严重人员伤亡和重大社会影响的个人极端暴力事件，典型的如首都机场冀中星爆炸案、厦门陈水总BTR公交车纵火案、上海宝山范杰明持枪杀人案、河南安阳周江波公交车持刀杀人案、四川成都李年勇公交车肆意杀人案、太原丰志钧连环爆炸案等。这些事件不仅造成了重大的人员伤亡，严重影响了群众安全感，还引起了社会的恐慌和紧张情绪。2014年，全国发生了多起个人极端暴力犯罪案件，典型的有贵阳公交车纵火案、敦化纵火案、安徽涡阳砍杀案、宜宾公交车纵火案、杭州公交车纵火案、广州公交车纵火案以及发生在湖北十堰和麻城的针对中小学生的砍杀事件。2015 年 9 月 30 日至 10 月 1 日，柳州市柳城县先后 17 处公共场所发生了连环爆炸，导致了 10 人死亡、51 人受伤，顿时引起了社会的巨大恐慌，公众甚至怀疑是暴力恐怖袭击事件。后经查明该连环爆炸是当地 33 岁男子韦银勇为报复因采石生产与其发生矛盾的单位和个人而为，通过个人投放和雇人寄送包裹的方式把自制的定时爆炸装置安置到指定地点，分别引起了系列的爆炸事件。2016 年 1 月 5 日，马永平因对债务纠纷解决不满，为制造影响报复社会，在宁夏贺兰县开往银川火车站的 301 路公交汽车上，制造了一起震惊全国的纵火案，造成 18 人死亡、32 人受伤以及重大的经济损失。2017 年 2 月 18 日武汉市武昌火车站附近发生杀人事件、5 月 9 日发生威海客车纵火事件、7 月 16 日发生深圳宝安区沃尔玛超市持刀伤人事件等，都造成了较大的社会影响和人员伤亡。2018 年发生的张扣扣报复杀人事件，以及针对中小学幼儿园师生的暴力袭击事件在全国范围内又时有发生。2019 年全国发生多起暴力袭医伤医案件，尤其是甘肃省人民医院发生的杨某某故意杀人案、北京民航总医院发生的孙文斌故意杀人案，引起了社会各界和舆论媒体对医院医生安全问题的思考和忧虑。2020 年发生的广州天河区中山第三医院暴力袭医事件、昆明劫持人质事件等严重影响了社会稳定和群众安全感。自 2020 年 7 月 "杭州杀妻事件" 发生后，全国各地发生了多起家庭内部的恶性杀人案件，一些案件造成了多名家庭成员甚至无辜人员的伤亡。犯罪人以青壮年男性为主，普遍具有低学历、低阶层、低收入的特点，社会交际、社会支持、情绪疏导渠道少。这类案件都是因家庭邻里矛盾、感情婚恋纠葛、财产债务纠纷而引起的。2021 年全国先后发生 "1·22 昆明劫持人质案" "2·16 北安杀人案" "5·22 大连轿车撞人逃逸案" "6·5 安庆持刀伤人案" 等多起报复社会的个人极端暴力犯罪案件，严重影响群众安全感，社会影响极大。尤其是典型的、引起社会民众极大愤慨的发生于辽宁省大连市的刘东因无法接受投资失败的现实，驾驶自己的宝马汽车，在路口突然加速、故意冲闯红灯，造成 5 人死亡、8 人受伤的严重后果，最终被告人刘东以危险方法危害公共安全罪被判处死刑并核准执行。2021 年全国公安机关把防范和减少个人极端暴力作为推进警务机制和勤务机制改革的主要工作目标之一。2021 年个人极端暴力犯罪案件明显减少，但是已有案件显示当前个人极端暴力犯罪仍是治安防范工作的重点。

个人极端暴力犯罪仍是严重危及社会安全的犯罪。在全国命案数量持续下降的情况下，易肇事肇祸人员的极端暴力行为、因矛盾纠纷引发的极端报复行为、"社会归因缺陷"极端心理人员的泄愤或报复社会行为等成为严重影响社会稳定和群众安全感的主要因素。

（二）侵犯财产犯罪出现拐点，电信网络诈骗犯罪明显增多

21 世纪初，侵犯财产犯罪呈持续上升态势，盗窃、抢劫、诈骗三种犯罪处于我国犯罪现象的主导地位。2015 年，全国共立"盗抢骗"刑事案件 602 万起，占全部刑事案件总数的 84%。由于全国公安机关加大了对侵犯财产犯罪的打击力度，尤其加强了对涉案金额较小案件的立案和侦破工作，2015 年盗窃、诈骗等侵犯财产犯罪刑事立案数大幅增长。诈骗、盗窃、抢劫、抢夺等常发性侵犯财产犯罪的地缘性特征明显，被媒体曝光的所谓的"电信诈骗村""重金求子诈骗村""QQ 诈骗村""盗窃村""飞车抢夺村"等在全国东部、中部地区广泛分布。①

二十年来与侵财犯罪整体趋势相反的是抢劫罪，② 由 21 世纪初的年发案 30 多万起迅速降到 2021 年的 9700 起，除去疫情因素，

---

① 靳高风、白朋辉：《2015 年中国犯罪形势分析及 2016 年预测》，载《中国人民公安大学学报（社会科学版）》2016 年第 3 期。

② 我国《刑法》将抢劫罪归入"侵犯财产罪"一章。对照之下，本书在第九章将抢劫罪归类为暴力犯罪。抢劫罪的不同归类并不影响本章的基本结论。

2019 年也仅为 17106 起。盗窃、诈骗犯罪是当前侵犯财产犯罪的最主要类型，占全国公安机关刑事案件立案数的 70% 左右。根据全国公安机关统计，2021 年 1 月至 10 月与 2017 年同期相比，抢夺案件发案数下降 89.8%，抢劫案件发案数下降 75.5%，盗窃案件发案数下降 53.3%。2021 年 1 月至 11 月，全国入室盗窃案件同比下降 9.8%。盗窃罪立案数 2015 年以来逐年下降，诈骗罪立案数随着电信网络诈骗犯罪增加而逐步增长，目前绝对数量已经超过盗窃案件数量（如图 4-7 所示）。①

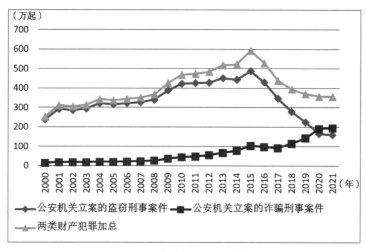

图 4-7　2000—2021 年全国公安机关部分财产犯罪
刑事案件立案数

数据来源：中国统计年鉴 2001-2022。

---

① 参见中国新闻网 https://www. chinanews. com. cn/gn/2022/01 - 04/9643732. shtml。

电信网络诈骗，是指以非法占有为目的，利用电信网络技术手段，通过远程、非接触等方式，诈骗公私财物的行为。

自 2010 年以来，电信网络诈骗涉及全国多省区市，并呈现出从沿海向内地辐射的趋势。2011 年，中国与东盟 8 国协调一致，开展打击电信诈骗犯罪统一行动，一举抓获了 1426 名犯罪嫌疑人。2012 年 5 月和 12 月，中方联合柬埔寨、越南、泰国、马来西亚、印尼、菲律宾等国成功破获两起特大跨国电信诈骗案件，抓获犯罪嫌疑人 1043 名。① 2014 年，全国电信诈骗立案 40 余万起，同期增长 30%，被害损失高达 107 亿元。②

2016 年，山东、广东等地连续发生 3 起学生遭到电信网络诈骗后猝死或自杀的案件，公安部第一时间派出工作组，指导山东、江西、福建、广东、海南、江苏、四川等地公安机关开展联合侦破，3 起案件全部告破，28 名犯罪嫌疑人落网。③ 公安部直接组织指挥北京、河南、浙江等地开展打击淘宝代运营诈骗"4·21"专案，共打掉诈骗团伙 100 余个，抓获涉案人员 3000 余人；公安部统一指挥江西、河北、安徽、福建、河南、四川、陕西、甘肃 8 省公安机关出动警力 3100 余名，对"4·20"重金求子电信网络诈骗案开展集中抓捕行动，共抓获犯罪嫌疑人 153 名，成功摧毁"重金求子"电信诈骗犯罪团伙及上下游灰色产业链犯罪团伙 24 个。④

2016 年，全国公安机关破获电信网络诈骗案件 8.3 万起，同比上升 49.6%。全国共打掉诈骗团伙 7682 个，摧毁诈骗窝点 8107

---

① 新华网 http://www.xinhuanet.com/world/2015-10/22/c_1116911058.htm。

② 靳高风:《2014 年中国犯罪形势分析与 2015 年预测》，载《中国人民公安大学学报（社会科学版）》2015 年第 2 期。

③ 新华网 http://www.xinhuanet.com/politics/2016-09/09/c_129275696.htm。

④ 人民网 http://it.people.com.cn/n1/2017/0213/c1009-29076333.html。

个。公安部先后发布 23 个 A 级通缉令通缉在逃人员，截至 2017 年
2 月已抓获 22 人。公安机关从肯尼亚、老挝、马来西亚、柬埔寨、
西班牙等地押解回国 561 名电信诈骗犯罪嫌疑人，其中我国台湾地
区 219 名。各地公安机关会同有关部门，紧紧抓住为诈骗犯罪提供
"服务"的各个环节，向"黑广播""伪基站""开贩银行卡""洗
钱"团伙等灰色产业群发起了猛烈攻势。2016 年，共缴获"黑广
播" 3239 套、"伪基站"设备 3544 套，破获侵害公民个人信息案
件 1868 起。[①]

　　2017—2021 年的全国网络诈骗案件中，被告人在实施网络诈
骗案件时，多以办理贷款、冒充他人身份、发布虚假招聘、征婚交
友信息、诱导参与赌博、捏造网购问题、投放虚假广告等方式或话
术来欺骗受害人。其中办理贷款的案件占比最高，约占 16.71%。
各年度涉贷款类网络诈骗案件占该年度全部网络诈骗案的比例分别
为 13.62%、16.71%、18.99%、17.57%、14.93%。招聘类型案件
占全部网络诈骗类案件的 10.16%，其中兼职刷单类案件占招聘类
案件的 28.01%。2020—2021 年，受疫情影响涉制销口罩诈骗案件
占全部网络诈骗类案件的 5.26%。[②]

　　2020 年，电信网络诈骗已成为最主要的犯罪类型，刑事警情
数量占比不断增大，平均已占全部刑事报警数量的 50% 以上，北
京、上海、广州、深圳等主要城市已超过 70%。网络诈骗手段随
着新技术、新应用、新业态的快速发展，不断翻新的诈术让欺骗行

　　① 中央政府门户网站 https://www.gov.cn/xinwen/2017-02/04/content_
5165172.htm。

　　② 《涉信息网络犯罪特点和趋势（2017.1-2021.12）司法大数据专题报
告》，载中国法院网 https://www.chinacourt.org/article/detail/2022/08/id/
6826831.shtml。

为的迷惑性不断增强。①

2021 年全国公安机关破获电信网络诈骗案件 44.1 万余起，抓获违法犯罪嫌疑人 69 万余名，同比分别上升 37%、91%；同时，打掉涉"两卡"违法犯罪团伙 3.9 万个，追缴返还被骗资金 120 亿元；国家反诈中心紧急止付涉案资金 3200 余亿元，拦截诈骗电话 15.5 亿次、诈骗短信 17.6 亿条，避免 2800 余万名群众被骗；根据全国公安机关的刑事立案情况，2021 年 6 月至 12 月，电信网络诈骗犯罪立案数连续 7 个月同比下降。② 2021 年全国检察机关起诉电信网络诈骗犯罪 4 万人，同比下降 20%，但仍处于高位。③ 2017—2021 年，全国各级人民法院一审审结网络诈骗类案件共计 10.30 万件。其中 2018 年同比上升 71.69%；2019 年同比上升 25.15%；2020 年同比上升 40.36%；2021 年同比下降 17.55%。④

电信网络诈骗犯罪呈现出案件快速增长、犯罪手段变化快、犯罪空间跨度大、犯罪危害严重、追赃困难等特点。其中，诈骗手段不断翻新，欺诈行为不仅紧跟社会热点事件虚构事实，而且根据犯罪对象不同编制个性化骗术，使诈骗更具迷惑性。同时犯罪的集团化、专业性越来越强，危害日益严重，让无数受骗者蒙受巨大损失，严重影响人民群众安全感。互联网等科技的发展在给民众的生活学习带来极大便利的同时，也被不法分子所觊觎，其利用各类通

---

① 靳高风、杨皓翔、何天娇：《疫情防控常态化背景下中国犯罪形势变化与趋势——2020—2021 年中国犯罪形势分析与预测》，载《中国人民公安大学学报（社会科学版）》2021 年第 3 期。

② 中国警察网 http://news.cpd.com.cn/n3559/202203/t20220308_1019524.html。

③ 最高人民检察院 https://www.spp.gov.cn/xwfbh/wsfbh/202203/t20220302_546333.shtml。

④《涉信息网络犯罪特点和趋势（2017.1-2021.12）司法大数据专题报告》，载中国法院网 https://www.chinacourt.org/article/detail/2022/08/id/6826831.shtml。

信网络诈骗伎俩侵害人民群众的合法权益，令人防不胜防。

（三）经济案件大幅增长，涉众型经济犯罪突出

随着刑法中经济犯罪罪名的增加及社会经济迅速发展，我国经济犯罪案件总量持续攀升。根据公安机关的相关统计，2000 年以来年均增幅达 9.2%。自 2008 年以来，经济危机对经济犯罪的影响日益凸显，经济犯罪数量连续大幅增长，且增幅逐步加大。2010 年，全国公安机关共立经济犯罪案件 11 万余起，同比上升 10% 以上。2011 年，全国经济犯罪案件立案数和破案数同比分别上升了 10% 和 13%。[①] 2012 年，全国经济犯罪数量大幅增长。仅在 2012 年 3 月 1 日至 8 月 31 日全国公安机关开展的严厉打击经济犯罪的"破案会战"专项行动中，就破获各类经济犯罪案件 22.9 万起，是 2011 年全年的 2.3 倍。[②] 2014 年，全国公安机关共查处经济犯罪案件 19.3 万起，为被害人挽回直接经济损失 762.7 亿元，同比上升 54.8%。[③]

经济犯罪案件数量随着严厉打击专项行动大幅增加的情况从一定侧面说明了经济犯罪的隐案数量较大。

因民间借贷引起的金融犯罪是当前经济犯罪的突出类型，高利贷问题危及经济安全和社会稳定。一方面，高利贷问题会引发非法集资、高利转贷、金融传销、洗钱、暴力索债、赌博、贪污贿赂、金融诈骗等违法犯罪行为；另一方面，还激化社会矛盾，引起群体性事件。

证券期货领域犯罪串案、窝案、大案、要案多发，呈现出内外勾结、行业犯罪与职务犯罪相交织的特点。2015 年，中国证券市

①　中国政府网 https://www.gov.cn/gzdt/2011-04/01/content_1836206. htm。

②　中国政府网 https://www.gov.cn/jrzg/2012-12/29/content_2301575. htm。

③　新华网 http://xinhuanet.com/politics/2015-02/27/c_127522436. htm。

场的异常波动引出的中信证券公司徐某等 11 人涉嫌内幕交易、泄露内幕信息、编造并传播证券期货交易虚假信息、操纵证券期货市场的窝案，及其后查处的中国证监会原副主席姚刚、原主席助理张育军，中信证券原总经理程博明等职务犯罪大要案以及泽熙投资总经理、号称中国"私募一哥"的徐翔涉嫌从事内幕交易、操纵股票交易价格案等，打开了我国证券期货领域的"潘多拉的盒子"，引起了社会对金融业、证券业存在的巨大道德风险的关注。2020年证券市场场外配资、上市公司财务造假、欺诈发行等违法犯罪突出，公安机关查获了"重庆撮合网股票配资""深圳聚牛汇友股票配资""上海厚成股票配资"等典型案件，或通过开发、销售或使用配资分仓系统软件为投资者非法开设股票期货配资高杠杆交易子账户，或采用"虚拟盘"配资方式从事股票、期货投资诈骗活动。2020 年以来，全国证监管理部门先后查获航天通信、广东榕泰、延安必康、科融环境等各类财务造假违法犯罪案件 59 起，占信息披露类案件的 23%。[①] 2021 年检察机关联合公安部、中国证监会专项惩治证券违法犯罪，集中办理 19 起重大案件，指导起诉康得新案、康美药业案；起诉金融诈骗、破坏金融管理秩序犯罪 4.3 万人，同比上升 3.3%。[②]

地下钱庄洗钱活动与职务犯罪、网络赌博、电信诈骗、恐怖活动、制毒贩毒及其他经济领域违法犯罪活动相交织，严重危及国家金融安全。在 2015 年公安部、中国人民银行等部门开展的联合行动中，广东、辽宁、北京、浙江等地连续查获多起涉案金额达数百亿元人民币的地下钱庄案件，成功摧毁了一大批为违法犯罪活动提供洗钱的地下通道。其中，浙江金华市公安机关破获了一起新中国

---

① 人民网 http://finance. people. com. cn/n1/2021/0503/c1004-32094278. html。

② 最高人民检察院《2022 年工作报告》，载最高人民检察院 https:// www. spp. gov. cn/spp/gzbg/202203/t20220315_549267. shtml。

成立以来涉案人数最多、涉案金额最大的非法买卖外汇案件，该案也是全国首例利用 NRA 账户（非居民账户）非法跨境转移资金的"地下钱庄"案。该案涉及境内外银行账户 850 多个，涉案金额高达 4100 亿元，犯罪活动遍及北京、广东、宁夏、安徽、江西等多个省市。① 2021 年检察机关协同中国人民银行发布典型案例，起诉洗钱犯罪 1262 人，同比上升 78.5%。②

涉众型经济犯罪案发领域多元并与民生紧密相关，案件已拓展到涉及民生的投资、融资、电信、求学、就业、旅游、征婚等领域。涉众型经济犯罪手段隐蔽性、欺骗性强，有逐渐向组织化和职业化方向发展的趋势。犯罪人通常以合法公司经营为幌子，以高利率或者高回报为诱饵，借助电话、电视、网络、广告等传播手段，利用新概念、新模式进行虚假包装，大肆骗取被害群众资金。近年来，非法集资风险趋向养老服务、涉农组织、民办学校、线上教育等民生领域，以"高利息、高回报"为诱饵的非法集资吸收老年人资金；打着"区块链""虚拟货币""解债服务"等旗号的新型风险也防不胜防。

2011 年以来，随着网络借贷平台数量激增，利用网络借贷平台犯罪数量也持续增加。2015 年，P2P（互联网金融点对点借贷平台）等网络借贷平台加剧了金融犯罪的复杂性。由于缺乏必要的标准和监管，假借互联网金融名义，利用 P2P 等平台的民间借贷、融资担保、投资理财等非法集资违法犯罪活动呈井喷式爆发。2015 年涉 P2P 等平台的非法集资案件不仅数量增长了 48.8%，而且涉案人数众多、金额巨大，严重危及社会稳定。其中，被查处的 MMM 金融互助平台、e 租宝、泛亚事件、金赛银基金、大大集团、

---

① 人民网 http://politics. people. com. cn/n/2015/0825/c1001-27509955. html。

② 最高人民检察院《2022 年工作报告》，载最高人民检察院 https://www. spp. gov. cn/spp/gzbg/202203/t20220315_549267. shtml。

水果营行、君辉公司案、成吉大易公司案等案件都是这类非法集资活动的典型案例。[①] 2016—2019 年间网络借贷犯罪案件数量大幅增加，不仅涉及非法吸收公众存款、集资诈骗、洗钱、合同诈骗、信用卡诈骗、挪用资金、职务侵占、非法经营等经济管理领域犯罪，而且触及侵犯个人信息、非法拘禁、寻衅滋事、"套路贷"、黑恶势力等违法犯罪。利用网络借贷平台犯罪被害人数多、涉案金额大，运营平台资金链断裂"爆雷"或经营者"卷款跑路"后，容易形成群体性事件，存在着经济风险向社会稳定传导的风险。

面对网络借贷平台巨大的经济风险和社会稳定风险，2015 年，公安部署全国公安机关深入开展为期 3 个月的非法集资问题专项整治工作。专项整治工作中，全国公安机关共破案 2423 起，涉案金额逾千亿元。[②] 截至 2018 年 12 月底，全国累计停业及出现问题平台达到 5409 家，其中集资诈骗、非法吸收公众存款、合同诈骗等犯罪多发高发。[③] 国家从 2019 年开始加大和加快了对网络借贷平台的整治力度和速度。截至 2020 年末，3210 家网贷机构存量业务已清零，增量风险得以遏止，存量风险也大幅下降，公安机关、人民检察院、人民法院对严重违法平台立案清理、对涉案犯罪嫌疑人追逃、对涉案资金追缴和追赃挽损等工作稳步推进，全国公安机关累计追缴涉案资产价值约 860 亿元。[④] P2P 平台全面清零后，需要提防其他平台类非法集资以网络黑灰产业或其他形式延续，因此需要充分运用大数据、人工智能等科技手段提高监管的有效性，并健全网贷风险监管的长效机制。

[①] 刘子阳：《政法机关护航金融安全，推进专项整治》，载《法制日报》2016-02-26。

[②] 国家信息中心 http://www.sic.gov.cn/sic/200/91/0228/7717_pc.html。

[③] 中国政府网 https://www.gov.cn/fuwu/2019-02/19/content_5366674.htm。

[④] 新华网 http://www.xinhuanet.com/2021-04-26/c_1127379035.htm。

2016 年，传销犯罪尤其是以"虚拟货币""金融互助""微商""爱心慈善""网络商城""旅游互助"等为幌子的新型网络传销犯罪活动蔓延。内蒙古、辽宁、黑龙江、江苏、浙江、山东、湖北、湖南、广东、广西、四川、云南、甘肃、新疆等地破获了"克拉币""霹克币"案等近 20 起个案涉案金额过亿元的"虚拟货币"犯罪案件。[①] 河北、福建、安徽、贵州等地破获了"心未来""福建沃客""云梦生活"等重大"网络商城"犯罪案件。2018 年，"互联网平台+集资+传销"成为主要非法集资模式，涉案人数和规模越来越大，查获的"易商通""善林金融"等案件涉案金额高达百亿元，被害人数高达几十万人，社会危害巨大。[②]

（四）网络犯罪异军突起

网络犯罪是指以互联网为工具或手段实施的危害社会、侵害公民合法权益的行为，或是对计算机系统实施破坏的行为。互联网信息技术在社会生产生活中的运用在方便人类生产生活的同时，也改变了犯罪行为的模式，犯罪人、被害人、犯罪时间、犯罪空间、犯罪行为和手段等都明显不同于传统犯罪。随着互联网对人类生产生活方式影响的逐步深入，网络犯罪一直处于千变万化之中，一方面网络上的新型犯罪层出不穷，另一方面传统犯罪的手段方式借助网络千变万化，如食品药品安全犯罪、有组织犯罪、恐怖主义犯罪等。食品药品安全犯罪开始借助线上销售渠道大行其道。洗钱也由金融机构、地下钱庄发展到了网络洗钱，利用虚拟货币和第三方支付平台洗钱成为新的洗钱途径和方式。

---

① 中国政府网 https：//www. gov. cn/xinwen/2017 − 02/15/content ＿5168018. htm#1。

② 中国政府网 https：//www. gov. cn/xinwen/2019 − 05/13/content ＿5391011. htm。

截至 2021 年 12 月，我国网民总体规模持续增长，已达 10.32 亿人，同比增长 4296 万人，互联网普及率达 73%，即时通信等应用广泛普及。① 2020 年以来，我国经济面临新的下行压力和挑战、不确定因素增多，在加快构建新发展格局和稳就业、保民生、防风险的前提下，在数字经济持续欣欣向荣、互联网应用场景更加多元的背景下，新型网络犯罪持续增长，类型和手段不断迭代更新，占全部犯罪数量比重逐步增大，从 2020—2021 年整体犯罪形势来看，利用电信网络实施传统的侵犯财产和人身权利犯罪、网络空间新型犯罪，已成为主导的犯罪手段和类型。②

1. 网络犯罪总体趋势③

2016—2018 年，全国各级法院一审审结的网络犯罪案件共计 4.8 万余件，在全部刑事案件总量中的占比为 1.54%，案件量和占比均呈逐年上升趋势。2016 年网络犯罪案件占当年刑事案件的 1.15%；2017 年案件量同比上升 32.58%，占比上升 0.24 个百分点；2018 年案件量显著增加，同比升幅为 50.91%，占比继续上升 0.63 个百分点。

2016—2018 年，全国网络犯罪案件共涉及 13 万余名被告人，平均每件网络犯罪案件涉及被告人数约为 2.73 人。2016 年平均每案涉及被告人数为 2.43 人，2017 年和 2018 年均有所增长，2018 年达到平均每件网络犯罪案件涉及 2.9 名被告人。从年度趋势来看，两人共同实施网络犯罪的案件占比逐年降低，3 人及 3 人以上团伙犯罪的案件占比呈上升趋势。

---

① 《中国互联网络发展状况统计报告》，载中国政府网 https://www.gov.cn/xinwen/2022-02/28/content_5675988.htm。

② 靳高风、杨皓翔、何天娇：《疫情防控常态化背景下中国犯罪形势变化与趋势——2020—2021 年中国犯罪形势分析与预测》，载《中国人民公安大学学报（社会科学版）》2021 年第 3 期。

③ 此部分数据来自中国司法大数据服务网，最高人民法院发布 2019 年发布的《网络犯罪司法大数据专题报告》。

2016—2018 年，网络犯罪案件的被告人主要涉及 17 种类型的行业。从事信息传输、计算机服务和软件业的被告人最多，占有行业信息记录被告人总数的 37.21%，金融业、制造业次之，占比分别为 16.39% 和 12.4%。

2. 网络诈骗案件占比最高①

2016—2018 年，全国网络犯罪案件共涉及 258 个罪名，其中诈骗案件量占比最高，为 31.83%；开设赌场罪次之，案件量占比为 10.45%。（如图 4-8 所示）

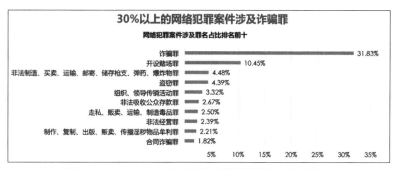

图 4-8 2016—2018 年网络犯罪涉及罪名及占比情况
数据来源：中国司法大数据服务网。

在全部诈骗案件中，利用网络手段实施犯罪的案件约占 13.12%，远超全部刑事案件中网络犯罪案件的占比（1.54%）。网络诈骗案件在诈骗案件中占比呈逐年上升趋势，2017 年仅占 7.67%，2018 年占比则达到 17.61%，同比升幅也远超全部刑事案件中网络犯罪案件占比的升幅。

---

① 此部分数据来自中国司法大数据服务网，最高人民法院发布 2019 年发布的《网络犯罪司法大数据专题报告》。

2021 年全链条、全方位的电信网络诈骗治理格局已经形成，而且效果显著。一方面，全国公安机关持续开展"长城""云剑""断卡""净网"等专项行动，实现"侵犯公民个人信息—非法开办贩卖电话卡和银行卡—进行网络账号、网络技术和推广引流服务—诈骗—销赃洗钱—网络违法犯罪和网络乱象"等上下游违法犯罪全链条惩治；另一方面，依托国务院打击治理电信网络新型违法犯罪工作部际联席会议，多部门协同开展诈骗拦截、精准劝阻、资金止付、涉诈资源管控、精准反诈教育宣传、劝返境外涉诈人员等工作，建立起全方位的预防措施体系。

2022 年 12 月 1 日，《中华人民共和国反电信网络诈骗法》开始实施。该法与《中华人民共和国网络安全法》《中华人民共和国数据安全法》《中华人民共和国个人信息保护法》的全面贯彻实施，反电信网络诈骗的立体化治理体系逐步健全，将进一步促进行业源头治理、社会综合治理和专业技术治理的深入。

3. 涉信息网络犯罪呈逐年上升趋势①

涉信息网络犯罪是指以互联网为工具或手段实施的危害社会、侵害公民合法权益的行为，或是对计算机系统实施破坏的行为等犯罪行为。

2017—2021 年，全国各级法院一审审结的涉信息网络犯罪案件共计 28.20 万余件，案件量呈逐年上升趋势。2018—2021 年同比上升分别为 57.18%、28.43%、20.9%、104.56%。2017—2021 年，全国涉信息网络犯罪案件共涉及 282 个罪名，其中诈骗罪案件量占比最高，为 36.53%；帮助信息网络犯罪活动罪次之，案件量占比为 23.76%（如图 4-9 所示）。

---

① 此部分数据来自中国司法大数据服务网，中国司法大数据研究院发布《涉信息网络犯罪特点和趋势（2017.1-2021.12）司法大数据专题报告》。

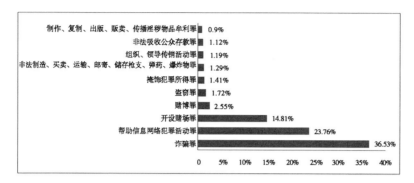

图 4-9　2017—2021 年涉信息网络犯罪案件中排名前十的罪名及其占比
数据来源：中国司法大数据服务网。

2017—2021 年，全国各级法院一审审结的帮助信息网络犯罪活动罪占涉信息网络犯罪案件的 11.88%。其中各年度的占比分别为 0.06%、0.07%、0.22%、5.78% 和 54.27%。2017—2021 年，全国各级法院一审新收帮助信息网络犯罪活动罪共计 7.20 万件。2017—2019 年呈逐步上升趋势，2020 年起呈现快速激增走势。2021 年帮助信息网络犯罪活动罪在涉信息网络犯罪案件中的占比开始激增，首次超过诈骗罪。

2017—2021 年，全国各级法院一审审结的帮助信息网络犯罪活动罪，从作案手段分布来看（除其他以外），支付结算环节提供帮助占比最大，为 53.45%；提供通讯传输支持次之，占比 18.25%；提供广告推广支持占比 4.95%。

二、犯罪主体方面的主要特点

（一）职务犯罪频发，反腐败斗争任重道远①
贪污腐败等职务犯罪易激化社会矛盾，引发其他类型的犯罪，

---

① 此部分数据来自最高人民法院相应年度的《年度工作报告》、最高人民检察院相应年度的《年度工作报告》、中央纪委国家监委（原监察部）发布的历年信息。

而且更重要的是腐败之风渗透到社会生活的各个角落，严重污染了社会风气，激化了社会不同阶层的对立情绪，掩护或助长了其他犯罪的增长以及犯罪分子的嚣张气焰。就此而言，职务犯罪成为现阶段危害社会稳定的最大隐患。

新中国成立初期，刘青山、张子善贪污万元案件轰动全国，二人因此被处决，成为新中国反腐败工作的第一大案。在 20 世纪 80 年代，一个处级国家干部被查出腐败问题已经是很大的新闻。但是这些腐败案件与当前的贪污腐败等职务犯罪的状况相比，无论其贪污的数额，还是腐败的程度，都不可同日而语。随着改革开放和市场经济体制的运行，公职人员的职务犯罪现象呈现上升态势。

根据全国纪检监察机关查办案件工作情况，2010 年共处分县处级以上干部 5098 人，移送司法机关的县处级以上干部 804 人。据最高人民法院统计，2010 年审结贪污、贿赂、渎职犯罪案件 27751 件，判处罪犯 28652 人，同比分别上升 7.10% 和 9.25%。2011 年，全国共立案侦查各类职务犯罪案件 32567 件，涉案 44506 人，人数同比增加 1%。其中，贪污贿赂大案 18464 件，涉嫌犯罪的县处级以上国家工作人员 2524 人，包括厅局级 198 人，省部级 7 人。

党的十八大以来，我国不仅在刑事政策上加大和加快了"打虎拍蝇"的力度和速度，而且在制度反腐、国际合作反腐方面取得了长足的进展。随着反腐力度的加大，2012 年全国职务犯罪案件上升趋势明显。根据中央纪律检查委员会的统计，2012 年纪检监察机关初步核实违纪线索件数比 2011 年增长 10.6%，立案件数增长 12.5%，处分人数增长 12.5%，移送司法机关人数增长 38.4%。其中，处分县处级以上干部 4698 人，移送司法机关的县处级以上干部 961 人；还严肃查处了薄熙来、刘志军、黄胜、周镇宏、李春城、田学仁等严重违法违纪案件。据最高人民检察院统计，2012 年全国检察机关共立案侦查和批准逮捕的各类职务犯罪案件与 2011 年同比分别上升 10% 以上。其中,土地出让、产权交易、政府采购、农村基础设施建设、农村社会保障等领域是案件的高发区。

2015 年查处和审判的职务犯罪案件数、人数与 2014 年相比有所下降,但是大案、要案数量持续大幅增加。2015 年全国检察机关共立案侦查职务犯罪案件 40834 起,涉案 54249 人,同比分别下降 1.6% 左右;其中查办贪污贿赂、挪用公款 100 万元以上案件 4490 起,同比上升 22.5%;查办涉嫌犯罪的县处级以上干部 4568 人,同比上升 13%,包括厅局级以上干部 769 人,依法查处了令计划、苏荣、白恩培、朱明国、周本顺、杨栋梁、何家成等 41 名省部级以上干部。检察机关同时加大对行贿犯罪惩处力度,2015 年共查办行贿犯罪 8217 人,判处罪犯 2495 人。2015 年全国各级法院审结贪污贿赂等犯罪案件 3.4 万起,涉案 4.9 万人,分别下降 9.7%、11.4%;其中,被告人为厅局级以上干部的 134 人,同比增长了 35.3%,依法审判了周永康、蒋洁敏、李崇禧、李东生、申维辰等 22 名省部级以上干部。2015 年高校、国企等领域的职务犯罪随着反腐败工作的深入也逐步露出水面。2015 年有十余家央属企业的 20 多名高管因职务犯罪被查处。根据中央纪委监察部网站公布的数据,2015 年全国共有 23 个省份 42 所高校的 66 名领导干部被通报,其中 47 名被查处。

2016 年,依法审理郭伯雄、令计划、苏荣等重大职务犯罪案件,在审判白恩培受贿、巨额财产来源不明案中首次适用终身监禁,强化对腐败犯罪高压态势。各级法院审结贪污贿赂等案件 4.5 万起,涉案 6.3 万人,其中,被告人为省部级以上干部 35 人,厅局级干部 240 人。加大对行贿犯罪惩治力度,判处罪犯 2862 人。(如图 4-10 所示)

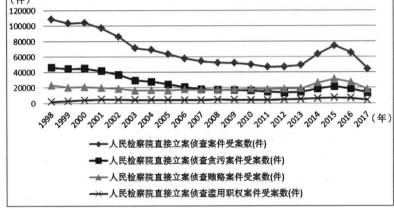

图 4-10　1998—2017 年人民检察院部分类型直接受案数
资料来源：中国统计年鉴 1999-2018。

2017—2018 年底，中央纪委国家监委立案审查调查中管干部77 人，给予党纪政务处分 64 人，涉嫌犯罪移送司法机关 15 人。2019 年第一季度反腐"打虎"保持高压态势，先后有 10 名省部级干部被处理，其中 7 名"大老虎"涉嫌犯罪被双开或开除党籍，包括曾志全、王尔智、吴浈、李士祥、靳绥东、努尔·白克力、孟宏伟。2019 年国家监察机关立案审查调查中管干部 42 人，立案审查调查 55.5 万起，追赃金额 40.91 亿元人民币。通过对十九届中央纪委四次全会上的工作报告列举的赵正永、秦光荣等 14 名"大老虎"典型案件的分析，发现该类犯罪主要涉及"两面人""家族式腐败"、官商勾结、甘于被"围猎"、靠企吃企、损公肥私等问题。这类"一把手"贪污腐败犯罪具有主观恶性大、隐蔽性强、窝案串案多、涉案金额大、涉及面广、影响恶劣等特点。

党的十九大以来的五年间，中央纪委国家监委立案审查调查中管干部 261 人。全国纪检监察机关共立案 306.6 万件，处分 299.2万人；立案审查调查行贿人员 4.8 万人，移送检察机关 1.3 万人。

仅 2022 年一季度就立案 14.3 万起，平均每天立案 1588 起，处分 1600 人以上。在高压震慑和政策感召下，8.1 万人向纪检监察机关主动投案，2020 年以来 21.6 万人主动交代问题。坚决查处行贿行为，对多次行贿、巨额行贿以及向多人行贿等五类对象严肃惩治，健全对行贿人联合惩戒机制。"天网行动"追回外逃人员 7089 人，其中党员和国家工作人员 1992 人，追回赃款 352.4 亿元，"百名红通人员"已有 61 人归案。

根据中央纪委国家监委的公开资料，2012 年以来，截至 2022 年 4 月底，全国纪检监察机关共立案 438.8 万起，处分 470.9 万人。在 2012 年以来处分的人群中，实权一把手共 20.7 万人。在这 20.7 万人中，中管干部 553 人，厅局级干部 2.5 万多人，县处级干部 18.2 万多人。在被中央纪委立案审查的 553 名中管干部中，有十八届中央委员、中央候补委员 49 人，十八届中央纪委委员 12 人，十九届中央委员、中央候补委员 12 人，十九届中央纪委委员 6 人，合计 79 人。

（二）黑恶势力浮出水面，扫黑除恶斗争常态化

2018 年，党中央部署开展了为期三年的扫黑除恶专项斗争，依法严惩黑恶犯罪和放纵、包庇黑恶势力甚至充当保护伞的党员干部。

随着扫黑除恶专项斗争向纵深推进，不仅分别以辽宁宋琦、河南李含富、广东谢培忠、海南黄鸿发等为组织者、领导者的黑恶势力浮出水面，而且呈现出"拔出萝卜带出泥"的效应。不仅"云南孙小果案""湖南新晃操场埋尸案"等引起社会强烈反响的陈年积案受到了法律的审判，实现了"迟到的正义"；而且深挖出一批发家于 20 世纪八九十年代的坐大成势的黑社会性质组织，典型的如海南昌江黄鸿发黑社会性质组织，存续时间跨度大、涉案人数多、涉及范围广、社会关注度高、影响大，是海南建省以来破获的最大的黑社会性质组织犯罪案件。

2019 年以来，不仅黑恶势力犯罪案件立案数量大幅增长，而且同时深挖出了大量违法犯罪案件。三年间，全国共打掉涉黑组织

3644 个、涉恶犯罪集团 11675 个，打掉的涉黑组织是前 10 年总和的 1.28 倍，查处涉黑涉恶腐败和保护伞问题 8.97 万起，立案处理 11.59 万人，排查整顿软弱涣散村党组织 5.47 万个，排查清理存在"村霸"、涉黑涉恶等问题的村干部 4.27 万名。① 专项斗争荡涤效果凸显，社会治安秩序持续向好，通过这场专项斗争，黑恶犯罪得到根本遏止。

2021 年，全国检察机关起诉涉黑恶犯罪嫌疑人 2.1 万人，同比下降 70.5%；起诉黑恶势力"保护伞"近 500 人。② 根据最高人民法院工作报告，2021 年全国法院审结涉黑涉恶案件 3409 件、18360 人，审结涉黑涉恶"保护伞"犯罪案件 255 件、628 人，同比均成倍下降。

根据最高人民检察院的统计，黑恶势力惯常实施的犯罪依次包括寻衅滋事、敲诈勒索、非法拘禁、开设赌场、聚众斗殴、诈骗、强迫交易等。从破获的案件来看，交通运输、住房建设、自然资源、非法金融活动、互联网新经济领域等行业仍是黑恶势力犯罪的高发地带。

2021 年 5 月，中共中央办公厅、国务院办公厅印发了《关于常态化开展扫黑除恶斗争巩固专项斗争成果的意见》，对常态化开展扫黑除恶斗争作出安排部署。为贯彻落实常态化开展扫黑除恶斗争的重大决策部署和完善健全我国反有组织犯罪法律制度，在我国惩治黑恶势力犯罪经验措施、体制机制、法律制度的基础上，制定了《中华人民共和国反有组织犯罪法》，"推动扫黑除恶常态化"写入"十四五"规划纲要，《关于常态化开展扫黑除恶斗争巩固专项斗争成果的意见》的出台，进一步将扫黑除恶专项斗争专业化、规范化、体系化和法治化，以满足建设更高水平的平安中国、法治中国的需要。

---

① 人民网 http://society.people.com.cn/n1/2021/0331/c1008-32065861.html。

② 最高人民法院《2022 年工作报告》。

2022年，公安部部署开展打击整治"沙霸""矿霸"等自然资源领域黑恶犯罪专项行动，各地公安机关重拳出击、多管齐下，依法严厉打击实施非法采矿、非法采沙等破坏自然生态环境违法犯罪的黑恶势力，截至2022年11月，共打掉相关涉黑恶组织310个，其中涉黑组织100个、恶势力犯罪集团113个、恶势力团伙97个，侦破案件5000余起，有力维护了良好的自然生态环境。①

（三）青少年犯罪占比有所下降，但形势依然严峻

在《刑法修正案（十一）》实施（2021年3月1日）以前，我国狭义的青少年犯罪主要是指14周岁以上至25周岁以下的人触犯了刑事法律而应受到法律处罚的行为。按照法律规定，未满18周岁的人为未成年人，已满18周岁的人为成年人。故狭义的青少年犯罪既包括未成年人中的少年犯罪（已满14周岁至未满18周岁），也包括年轻的成年人犯罪（已满18周岁至25周岁）。《刑法修正案（十一）》对刑事责任年龄进行了有限下调：在实体上，针对已满12周岁不满14周岁的低龄未成年人实施恶性侵犯生命权或者健康权的犯罪行为，在特别情况下追究刑事责任；在程序上，对上述人要求经最高人民检察院核准后才负刑事责任。同时，统筹考虑刑法修改和预防未成年人犯罪法修改的相关问题，将"收容教养"修改为"专门矫治教育"（由于下文中的数据皆为2021年之前的数据，因此仍沿用14周岁这一标准）。这一修改从侧面印证了青少年尤其是未成年人犯罪近年来引起的社会关切。

从公安部门的统计资料来看，20世纪我国的青少年犯罪总体呈现持续上升趋势。20世纪50年代初期，我国的青少年犯罪率极低。1956年，青少年犯罪仅占全部罪案的18%，1957年增至32.3%。20世纪60年代，青少年犯罪案件占各种刑事案件的30%~35%，"文化大革命"期间，青少年犯罪率为总犯罪率的

---

① 中国政府网 https://www. gov. cn/xinwen/2022 – 11/24/content ＿5728498. htm。

40%~50%。1979 年，全国青少年犯罪在总犯罪数中占 47.6%。改革开放以后，青少年犯罪率进一步上升。到 1988 年，青少年犯罪已经达到 75.7%，其中，18 岁以下的未成年犯罪 1977 年在总犯罪中仅占 1.4%，到 1985 年则达到 23.8%，并且青少年犯罪的初次犯罪年龄急剧下降。到 20 世纪 90 年代，青少年犯罪率开始下降，青少年罪犯占全国罪犯的比重从 1990 年的 57.35% 下降到 2000 年的 36.7%，下降幅度超过 20 个百分点。①

进入 21 世纪后，青少年犯罪的人数较为稳定（如图 4-11 所示），在总体犯罪人中的比例依然呈现下降趋势，由 2001 年的 33.96% 下降至 2020 年的 16.05%，但是中间有 2003 年以后逐步回升，2006 年达到这一阶段的高峰 34.15%，2006 年以后又开始下降的情形。②

对于青少年犯罪下降的解释有不同的观点。一种观点认为，这是近年来实行宽严相济刑事政策对未成年人刑事案件发挥作用的结果。我国《刑法》第 17 条规定，未满 14 周岁的青少年不需承担刑事责任。全国检察机关对主观恶性不大、犯罪情节较轻的涉罪未成年人"少捕慎诉慎押"，促其顺利回归社会。近年来，未成年人犯罪不批捕率、不起诉率逐年上升。2021 年全国检察机关对未成年犯罪嫌疑人的不捕率、不起诉率分别为 50.4%、39.1%，同比分别增长 11.3%、6.5%，分别明显高于总体刑事犯罪 19.2%、22.5%；对 20045 名涉罪未成年人进行羁押必要性审查，同比上升 3.8 倍。③ 另一种观点则认为，近年来我国青少年犯罪比例的下降主要是人口结构变动造成的，青少年人口在总人口中的比例下降是

---

① 康树华：《新中国成立后不同历史时期犯罪的状况与特点》，载《江苏公安专科学校学报》1999 年第 1 期。康树华：《新中国成立以来的犯罪发展变化及其理性思考》，载王牧主编：《犯罪学论丛（第一卷）》，中国检察出版社 2003 年版，第 422-449 页。

② 根据相应年度《中国统计年鉴》整理。

③ 最高人民检察院网站 https://www.spp.gov.cn/spp/xwfbh/wsfbt/202203/t20220308_547904.shtml#1。

青少年犯罪比例下降的根本原因。其实，除了这两方面因素外，还有一个因素值得重视。青少年的"犯罪"很多都属于数额较小的盗窃行为，由于立案标准的提高，这些"犯罪"便被排除在立案范围之外，从而导致青少年犯罪比重的下降。

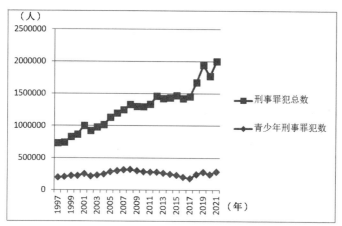

图 4-11 1997—2021 年青少年犯罪人数
数据来源：中国统计年鉴 1998-2022。

2015 年，全国人民法院判决生效的未成年被告人 43839 人，同比下降 13.04%。但是这一数据并不意味未成年人犯罪绝对数量减少和未成年人犯罪趋轻，该年发生的一些未成年人实施的严重暴力犯罪案件引起了社会关于未成年人司法制度的质疑。同年，有关涉校园案件和校园凌虐案件成为青少年犯罪的热点问题。随着社会的不断发展，未成年人犯罪呈现出低龄化的趋势，而且，未成年人实施的恶性犯罪，特别如杀人案件同样符合相关犯罪客体上的构成要件，其社会危害性并不比成年人低。一些手段残忍、令人发指的恶性案件冲击着人们的心理底线，如 2015 年湖南邵东三少年杀师案、2017年四川大竹 13 岁少年弑母案、2018 年湖南益阳少年弑母案等，涉案嫌疑人均因未满 14 周岁未被追究刑事责任，引起社会关切和激烈争论，大连 13 岁男孩杀害 10 岁女童案更是将舆论关注推向顶峰。

我国已成为世界上未成年人犯罪率最低的国家之一。但是青少年犯罪问题需要从两个角度看待。一方面是绝对数量在 21 世纪以来基本稳定，在犯罪人口中占比下降，但是依然高于该年龄段人口在总人口中的比例。另一方面，未满 14 周岁的青少年杀人抢劫等严重危害社会的行为也屡屡见诸报端，而且青少年犯罪呈现出犯罪类型成人化、犯罪手段技术化、犯罪成员团伙化、犯罪危害严重化等诸多令人担忧的趋势。《刑法修正案（十一）》结合未成年犯罪人的特点及犯罪低龄化的趋势，在刑事责任年龄的问题上做出谨慎的调整，既没有将刑事责任年龄进行笼统下调，也回应了社会对于未成年人恶性案件的关注。更多青少年犯罪情况请参考本书第十一章。

三、社会丑恶现象方面的主要特点

社会丑恶现象是我国公安机关在长期的治安管理工作中结合历史界定而形成的对卖淫嫖娼、赌博、贩毒吸毒、封建迷信活动、淫秽物品、拐卖妇女儿童六类违法犯罪问题的概括性表述。

（一）涉黄涉赌的违法犯罪频发

随着改革开放的脚步，在新中国成立初期已经基本绝迹的一些社会丑恶现象重新出现，并且呈现愈演愈烈的趋势。卖淫嫖娼、聚众赌博等社会丑恶现象频发（如图 4-12 所示）。在某些地区，一些社会丑恶现象已经朝组织化、社会化、职业化等方向发展，成为被有组织犯罪团伙控制的地下网点。这些丑恶现象严重地腐蚀了社会风气和健康文化，破坏了社会稳定，危害人们的身体和精神健康。这些社会丑恶现象的发展助长了法定犯罪的发生，对一些人特别是青少年最终走向违法犯罪的道路起到了推波助澜的作用。

涉黄犯罪案件持续增加，但增速有所放缓。根据最高人民法院的统计，2015 年全国人民法院新收涉黄犯罪案件增长了 10.87%。①

---

① 参见最高人民法院研究室《2015 年全国法院审判执行情况》。

涉赌、涉黄犯罪案件的增多与网络赌博、网络涉黄密切相关。在"扫黄打非·净网 2015"专项行动中因传播淫秽色情信息被查处的网易、百度、陌陌等国内知名互联网公司被推到了风口浪尖，尤其是深圳市快播科技有限公司及其 4 名高管因涉嫌传播淫秽物品牟利罪被审判的案件引起了社会对互联网监管、互联网经营者的社会责任等问题的拷问。全国"扫黄打非"办公室向外通报，2022 年 1 月至 6 月，取缔关闭了涉嫌侵害未成年人权益的网站和应用近 4300 个，全国累计查缴各类非法出版物 820 余万件，处置网络有害信息 1000 余万条，查办"扫黄打非"案件 5200 余起。①

2015 年，涉赌犯罪案件数量大幅增加。根据最高人民法院的统计，2015 年全国人民法院新收涉赌犯罪案件同比上升了 31.99%，其中开设赌场、赌博案件都有较大幅度的增长。② 涉嫌开设赌场犯罪行为的大幅增加与扫黑除恶专项斗争和打击治理跨境赌博犯罪专项行动有关。开设赌场是黑恶势力惯常从事的地下经济产业和主要犯罪行为之一。从三年扫黑除恶专项斗争的战果来看，涉嫌开设赌场犯罪人员占全国检察机关起诉的涉黑涉恶犯罪嫌疑人数的 6.7%。③

2017—2021 年，全国各级法院一审审结网络赌博类案件共计 4.9 万余件。其中，2018 年同比上升 59.26%；2019 年同比上升 66.80%；2020 年同比下降 5.29%；2021 年同比上升 15.34%。2017—2021 年，全国各级法院一审审结网络赌博类案件占涉信息网络犯罪案件的 8.68%，接近一成。其中，2017 年占比 19.57%，

---

① 中国法院网 https://www. chinacourt. org/article/detail/2022/07/id/6799324. shtml。

② 最高人民法院 https://www. court. gov. cn/fabu/xiangqing/18362. html。

③ 靳高风、杨皓翔、何天娇：《疫情防控常态化背景下中国犯罪形势变化与趋势——2020—2021 年中国犯罪形势分析与预测》，载《中国人民公安大学学报（社会科学版）》2021 年第 3 期。

2018 年占比 19.83%，2019 年占比 25.75%，2020 年占比 20.17%，2021 年占比 11.37%。案件量占比前三年呈逐年上升趋势，2020 年开始出现下降。2017—2021 年全国网络赌博案件共涉及被告人 13.02 万余名。[①]

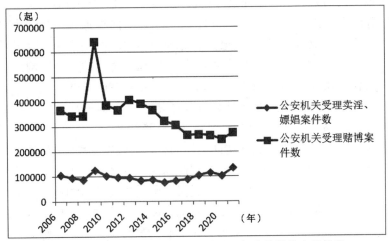

图 4-12　2006—2021 年公安机关受理部分种类治安案件数
数据来源：中国统计年鉴 2007-2022。

（二）涉毒违法犯罪形势得到有效控制

21 世纪以来的毒品违法犯罪数量与我国总的违法犯罪案件数呈现出类似的趋势，即先升后降。2015 年以来，国家禁毒委员会每年发布上年度的毒品形势报告。从历年数据看，我国的吸毒人员（不含戒断三年未发现复吸人数、死亡人数和离境人数）数量、新发现吸毒人员数量以及查处吸毒人员数量等指标都有下降趋势（如图 4-13 所示）。经过广泛开展禁毒宣传教育和推进吸毒人员

① 《涉信息网络犯罪特点和趋势（2017.1-2021.12）司法大数据专题报告》，载中国法院网 https://www.chinacourt.org/article/detail/2022/08/id/6826831.shtml。

"平安关爱"行动，国内毒品滥用规模日趋缩小。截至 2021 年底，全国现有吸毒人员 148.6 万名，同比下降 17.5%；新发现吸毒人员 12.1 万名，同比下降 21.7%。现有吸毒人数和新发现吸毒人数连续 5 年下降，毒品滥用治理成效持续显现。戒断三年未发现复吸人员由 2017 年的 167.9 万名逐年上升至 340.3 万名，增加 1 倍。需要接受强制隔离戒毒与责令社区戒毒人员也逐渐减少。①

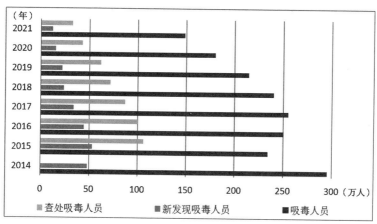

图 4-13　2014—2021 年涉毒违法人员数量
数据来源：2015-2022 年发布的《中国毒情（品）形势报告》。

据各地开展城市污水中毒品成分监测结果显示，海洛因、冰毒、氯胺酮等 3 类滥用人数较多的主流毒品消费量普遍大幅下降。受毒品供应和流通数量"双降"影响，国内主流毒品价格居高且普遍掺假，毒品买不到、吸不起、纯度低成为普遍现象，部分吸毒人员减量降频，或寻求麻精药品和非列管物质进行替代，或交叉滥用非惯用毒品以满足毒瘾。

---

① 参见 2015-2022 年中国国家禁毒委员会办公室发布的《中国毒情（品）形势报告》。

据全国公安机关破获的刑事案件和全国人民法院审判工作统计，近年毒品犯罪特点体现为：

一是罪名分布方面。走私、贩卖、运输、制造毒品罪始终占据主导地位，2015—2020 年占比一直在 65% 以上。容留他人吸毒罪次之，2015 年以来占比始终在 25% 左右。值得注意的是，非法种植毒品原植物罪呈逐年增长态势，2020 年较 2015 年增长了 2.27 倍，案件量在 2020 年已超过此前排在第三位的非法持有毒品罪。①

二是犯罪手段方面。利用互联网、即时通讯工具、定位系统、物流寄递等非接触渠道实施毒品犯罪的案件增多，犯罪手段更加隐蔽。

三是犯罪类型方面。源头性毒品犯罪呈加剧之势。"金三角""金新月"等境外毒品通过边境地区向我国走私渗透的案件增多。国内的制造毒品犯罪呈分散蔓延趋势，且新的制毒原料、方法不断出现。列管麻醉药品、精神药品及易制毒化学品流入非法渠道的犯罪仍时有发生。

四是涉案毒品方面。出现了传统毒品、合成毒品和新型毒品并存的局面。特别是新型毒品滥用和犯罪呈上升趋势，部分极具伪装性、欺骗性，严重威胁青少年身心健康。部分地方还出现了制造、贩卖合成大麻素等新精神活性物质犯罪案件。

五是次生危害方面。为获得购毒资金而实施的抢劫、抢夺、盗窃等侵财型犯罪，以及因吸毒后行为失控而诱发的杀人、伤害、以危险方法危害公共安全、交通肇事等次生犯罪频发，严重危害人民群众生命财产安全和社会和谐稳定。

---

① 人民法院网 https://www.chinacourt.org/article/detail/2021/09/id/6280825.shtml。

　　根据全国公安机关的统计，2015 年全国公安机关共接报因滥用毒品导致暴力攻击、自杀自残、毒驾肇事等极端案件事件 336起；破获吸毒人员引发的刑事案件 17.4 万起，占破获刑事案件总数的 14%，其中破获抢劫、抢夺、盗窃等侵犯财产犯罪案件 7.2 万起，涉毒犯罪案件 7.4 万起，杀人、绑架、强奸等严重暴力案件716 起；并依法注销 14.6 万名吸毒驾驶人驾驶证，拒绝申领驾驶证 1.1 万人。[①] 2017 年全国公安机关抓获的非涉毒类刑事犯罪嫌疑人中，吸毒人员共 15.2 万名，占 10.3%。[②] 吸毒不仅严重侵害人的身体健康、销蚀人的意志、破坏家庭幸福，而且严重消耗社会财富、毒化社会风气、污染社会环境，尤其是长期滥用合成毒品极易导致精神性疾病，由此引发的自伤自残、暴力伤害、毒驾肇祸等极端案（事）件屡有发生。一些不法分子利用具有镇静、催眠、麻醉作用的精神药品制成"迷奸水""听话水"，实施强奸、猥亵等犯罪活动。

　　近年来，我国境外毒品输入数量和国内制毒产量"双减"，国内毒品供应量和流通量"双降"，毒品走私贩运和制毒物品流失问题得到遏止，出现毒品滥用规模和涉毒犯罪案件连续多年下降的良好态势（如图 4-14 所示）。同时，受百年变局和新冠疫情影响，全球毒品产量居高不下，毒品网上交易更加活跃，毒品滥用人数持续上升，我国禁毒斗争面临的外部环境更加复杂，国内毒情形势出现新情况、新变化。

---

　　① 　参见中国国家禁毒委员会办公室《2015 中国毒品形势报告》。
　　② 　参见中国国家禁毒委员会办公室《2017 中国毒品形势报告》。

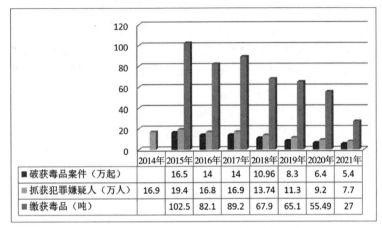

	2014年	2015年	2016年	2017年	2018年	2019年	2020年	2021年
■ 破获毒品案件（万起）		16.5	14	14	10.96	8.3	6.4	5.4
▨ 抓获犯罪嫌疑人（万人）	16.9	19.4	16.8	16.9	13.74	11.3	9.2	7.7
▦ 缴获毒品（吨）		102.5	82.1	89.2	67.9	65.1	55.49	27

图 4-14　2014—2021 年部分涉毒犯罪数量

数据来源：2015-2022 年发布的《中国毒情（品）形势报告》。

（三）拐卖妇女儿童的案件数量大幅波动

在形形色色的社会丑恶现象之中，拐卖妇女儿童的犯罪行为应当引起特别关注。官方统计的该类犯罪数量波动较大（如图 4-15 所示）。涉拐案件量 2015 年较 2014 年同比下降 9.7%，2016 年 1-9 月较 2015 年同期下降 4%。①

2016 年，在全国法院审结一审拐卖妇女、儿童罪和收买被拐卖的妇女、儿童罪的案件中，94% 的案件涉及拐卖妇女、儿童罪，6% 的案件涉及收买被拐卖的妇女、儿童罪。在涉外案件中，25% 的案件涉及越南，在涉外案件中排名第一。2016 年 1-9 月，平均 1 个案件涉及 1.56 名被告人，略高于 2014 年和 2015 年。被告人男女比例为 65：35，被告人主要为低学历群体，人数占比为 94.2%。其中，小学文化程度占 40.5%，78.4% 的被告人为农民，16.6% 的

_____

① 参见中国司法大数据研究院发布的《司法大数据专题报告　涉拐犯罪》。

被告人为无职业人员，54.3%的案件涉及拐卖儿童，42.2%的案件涉及拐卖妇女，3.5%的案件被拐人群同时涉及妇女和儿童。在涉拐犯罪案件中，部分被告同时触犯强奸、诈骗、盗窃等罪名，被判处数罪并罚。①

2016 年末，公安部挂牌督办的"7·14"特大贩婴案宣布告破。一起覆盖福建、江西、广东、云南等 7 个省区的特大贩卖婴儿案件，共抓获犯罪嫌疑人 157 人，解救 36 名孩子，这个案件涉及的网络之大令人触目惊心。② 而通过近年来警方破获的案件发现，这样集团化、规模化的贩婴网络并非孤案，贩卖婴儿已经逐渐发展成庞大的跨地域职业拐卖网络和利益链条，拐（买）、卖、运、藏、联系各个环节均由专人承担。此类案件还有一个显著的共同特征：绝大多数孩子是"亲生亲卖"，其中，云南文山是一个重要的源头，福建省则是我国拐卖儿童犯罪的"重灾区"。在"7·14"特大贩婴案中，福建警方共抓获了犯罪嫌疑人 104 人，解救儿童 27 人，其中福州方面抓获了 36 名犯罪嫌疑人，解救儿童 7 名，他们全部是"亲生亲卖"。2009—2014 年，福建省立案的被拐卖儿童犯罪案件的数量，分别占全国同类案件总数 8%~14%，居全国前列。其中，89.95%的被拐卖儿童均来自省外，仅 10.2%的被拐卖儿童来自福建省内，买方市场的特征明显。已侦破的案件中，拐卖别人的孩子只占总数的 27.1%，"亲生亲卖"占到了总数的72.45%，此外，盗窃、抢劫、抢夺后再将儿童出卖的情况则占 1%。③

---

① 参见中国司法大数据研究院发布的《司法大数据专题报告　涉拐犯罪》。

② 中国经济网 http://www.ce.cn/xwzx/gnsz/gdxw/201612/14/t20161214_18672462.shtml。

③ 中国新闻周刊网 http://www.zgxwzk.chinanews.com.cn/2/2017-02-22/276.shtml。

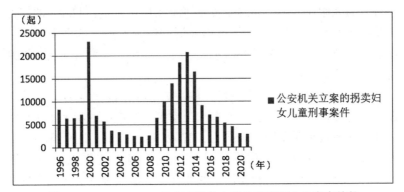

图4-15 1996—2021年公安机关立案的拐卖妇女儿童案件数
数据来源：中国统计年鉴1997-2022。

2021年4月9日，国务院办公厅颁布实施了《中国反对拐卖人口行动计划（2021—2030年）》，明确提出建立和完善一体化反拐工作长效机制，充分运用如DNA、GPS、人脸识别等技术加大打拐力度，重点整治"买方市场"，妥善安置被拐卖被害人，并帮助其身心康复和回归社会。2022年国务院《政府工作报告》再次强调，严厉打击拐卖妇女儿童犯罪行为，坚决保障妇女儿童合法权益。

2000—2021年，检察机关起诉拐卖妇女儿童犯罪从14458人降至1135人，年均下降11.4%；起诉收买被拐卖的妇女儿童犯罪由155人增至328人。2021年全国拐卖妇女儿童案件比2013年下降了88.3%，盗抢儿童案件年平均立案数不足20起。① 2022年3月，公安部会同民政部、国家卫健委、全国妇联在全国范围内组织开展为期一年的打击拐卖妇女儿童犯罪专项行动，全力侦破拐卖妇女儿童积案，全力缉捕拐卖犯罪嫌疑人，全面查找失踪被拐的妇女

---

① 2022年《最高人民检察院工作报告》，载中国法院网 https://www.chinacourt.org/article/detail/2022/03/id/6571968.shtml。

儿童。截至 7 月 25 日，共破获拐卖妇女儿童案件 906 起，找回历年失踪被拐妇女儿童 1198 名，抓获拐卖犯罪嫌疑人 1069 人。[①]

[①]　新华网 http://www.xinhuanet.com/politics/2022-07/25/c_1128861292.htm。

第五章 犯罪的生物学解释

自人们开始关注犯罪行为起，犯罪产生的原因就是关注的重点。在意大利著名的人类学家、解剖学家、精神病学专家龙勃罗梭等学科精英的推动下，犯罪原因的研究方向实现了从"犯罪行为"向"犯罪人"的转变，犯罪生物学逐步成为一门相对独立的学科，成为犯罪原因研究的重要理论分支。犯罪生物学的研究具有显著的实证主义色彩，以人类学、遗传学、生物学为依据的关于人类犯罪基本原因的研究，极大地拓展了犯罪学的研究方向，使之进入科学实证的新时代。但是由于其对社会政策所造成的可能影响，有关生物学的解释至今依旧充满争议。

第一节 犯罪人类学的发展及衰落

一、犯罪人类学的产生

19世纪中期，随着生产力和生产技术的极大飞跃，社会大发展带来了犯罪率的不断增长和控制犯罪的强烈要求。传统的刑事古典学派已经不可能再适应这样一种形势的需要，一种以实证主义哲学为指导思想、以近代科学技术为主要手段的实证主义犯罪学应运而生。通过对生物学的研究探索去发现犯罪原因的研究引领了这股风潮。

受生物进化论的影响，龙勃罗梭认为犯罪人是体貌返祖者，并提出了"天生犯罪人"理论，对天生犯罪人的身体指标进行了大量的实证研究（详见本书第二章）。

龙勃罗梭提出"天生犯罪人"理论之后，引起了强烈的反响，支持者与反对者各执一词，争执不下。龙勃罗梭也不断修正自己的观点，如降低了天生犯罪人在违法者中的比例，提高了环境对犯罪产生影响的可能性。他的两个学生菲利和加罗法洛的研究继承和发展了他的观点，对犯罪学的实证研究做出了巨大贡献。

1889 年，在巴黎举行的第二届国际犯罪人类学大会上，龙勃罗梭及其支持者与反对者进行了激烈的争论，最后根据加罗法洛的提议，成立了一个代表双方的 7 人委员会，对 100 名所谓的"天生犯罪人"、100 名有犯罪倾向的人和 100 名正常的人进行比较研究，并将研究结果提交第三届大会。但是由于无法绝对准确地区分这三类人，因此这项提议并没有得到真正执行，以致龙勃罗梭拒绝参加第三届国际犯罪人类学大会。

二、龙勃罗梭之后的犯罪人类学研究

作为现代实证主义犯罪学的创始人，龙勃罗梭的影响是极其深远的。这种对于犯罪人生物学不同特征的强调引领着生物学视角下的研究方向。在犯罪人类学的后续研究中，具有代表性的人物包括英国的格林和美国的胡通。

（一）格林关于犯罪人类学的研究

格林（Charles Goring，1870—1919）是英国著名的精神病学家和犯罪学家，他的研究是继龙勃罗梭提出"天生犯罪人"理论后的最重要的犯罪人类学研究工作之一。

1903 年，格林在担任狱医工作期间开始了犯罪人类学的研究工作。在格林的主持下，共对 4000 名犯人进行了测量研究，意图验证龙勃罗梭的"天生犯罪人"理论。由于宏大的研究规模以及所使用的复杂的统计分析方法，在没有计算机的年代进行如此大规模的数据测量和统计分析，其难度可想而知。格林最后的研究结果直到 1913 年才完成出版，这就是《英国犯罪人：统计学研究》。

在书中，格林反驳了龙勃罗梭关于犯罪人有特别的生理和心理特征的理论，认为"不存在特殊的犯罪人身体类型"，对龙勃罗梭的"天生犯罪人"理论提出了严重的挑战。

《英国犯罪人：统计学研究》的问世，立刻在欧美犯罪学家中引起了强烈反响。虽然包括龙勃罗梭的女儿吉娜·龙勃罗梭·费雷罗在内的许多犯罪学家对格林的理论进行了批评，但他对犯罪学发展的贡献却是不容抹杀的，正如英国统计学家卡尔·皮尔逊所说的：格林的科学想象力可以同达尔文和牛顿等人相提并论。美国著名犯罪学家塞林也高度称赞格林的《英国犯罪人：统计学研究》一书是把生物计量学应用于犯罪学的经典性著作，认为"直到现在，在用统计方法来进行犯罪研究的领域内，没有任何著作可以同它相提并论"。格林对犯罪学的主要贡献是，他将人体测量与复杂、精密的统计学方法相结合，用生物计量学或生物统计学方法研究犯罪人的行为特征。格林对犯罪学发展的影响是持久的，他关于"不存在特殊的犯罪人身体类型"的结论直到美国哈佛大学人类学家胡通于 1939 年出版《美国犯罪人：人类学研究》一书后，才受到了挑战，但实际上，胡通的犯罪人类学研究受到的批评似乎更多。

（二）胡通关于犯罪人类学的研究

胡通（Earnest Hooton，1887—1984）是美国著名的人类学家、犯罪学家，他在哈佛大学人类学系任职期间主持了规模庞大、长达 12 年的"哈佛研究"（Harvard Study），这项研究也是为了彻底证明龙勃罗梭的犯罪人类学理论。

"哈佛研究"总共对 17077 名个人进行了身体测量，其中包括 3203 名普通市民，其余均为犯人。胡通在完成 33 种测定后，发现其中的 19 种测定在罪犯与非罪犯间具有统计学上非常有意义的差异。这 19 种测定包含体态、眼睛、耳朵、嘴唇、前额、脖子等生理上的特征，犯罪人于这些特征上均异于常人。"哈佛研究"的最终成果以两种形式在 1939 年公开出版：其一是供学术研究使用的三卷本《美国犯罪人：人类学研究》；其二是供一般读者阅读的简易读本，只有一卷，书名为《犯罪与人类》。

"哈佛研究"的基本结论肯定了"天生犯罪人"的存在性，证实了犯罪人与普通市民之间、不同类型的犯罪人之间确实存在某种程度的人类学差异，并提出了产生这些差异的人类学原因——生物劣等性。"从根本上看，人类的退化不仅是犯罪的原因，而且也是战争罪恶、极权统治、社会动乱的原因……""如果大多数种族的人类有机体都健康而进步地进化，人类行为的问题就会降低到最小的程度，可教育性就会增强。犯罪就能根除，战争就会被遗忘。"胡通还研究了种族与犯罪的关系并提出了他的犯罪对策，即敦促政府利用控制遗传和进化的进程、永久性隔离以及再教育等方式减少和消除犯罪。简言之，胡通希望政府让犯罪者绝育，或者把他们驱逐到某个限制区域。

格林和胡通所进行的犯罪人类学研究，代表了犯罪人类学的第二个高峰。尤其是格林的研究，虽然抨击了龙勃罗梭的犯罪人类学理论，但是，他的研究本身，就是一项杰出的犯罪人类学研究工作，并且由于使用了复杂而严谨的统计方法而受到了普遍的称赞，推动了犯罪人类学研究。胡通的研究工作规模宏大并且长达 12 年，但并没有得到犯罪学界的认可，受到大量的批评。胡通的研究，犯了方法论上的错误，以及他错误地假设所有被研究的因犯都确实犯了罪，而所有控制组的成员确实都没有犯罪，同时其控制组是否能充分代表一般性人口，也是值得质疑的。因为构成其控制组的大多数人，不是消防队员就是马萨诸塞州民兵组织的成员，考虑到职业的特殊性，他们的身体状况和形态很有可能和一般人相异。

三、对犯罪人类学研究的评价

犯罪人类学理论曾经为法西斯分子所利用，成为镇压人民尤其是少数民族的"理论依据"。第二次世界大战中，德国纳粹推行"种族清洗"运动，屠杀了数百万犹太人、斯拉夫人、吉卜赛人等

"劣等民族"。美国亦于 20 世纪 30 年代推行"优等生育"政策，对智力有缺陷者实行孤立，有 35 个州对"劣等人群"实行强制绝育，仅加利福尼亚州一地，就有两万名"弱智者"遭难。这些后果是以龙勃罗梭为代表的犯罪人类学学者始料未及的，但这些事件毕竟给"天生犯罪人"理论打上了耻辱的烙印。自此以后，纯粹的犯罪人类学研究逐渐走向衰落，取而代之以更加先进和精细的现代犯罪生物学研究。

但是，从学科发展的角度来看，犯罪人类学的研究给犯罪学研究的方法论带来了革命性的创新，使犯罪学从抽象概念出发研究犯罪行为转向用实证方法研究犯罪人，从形而上学的桎梏中解放出来而进入了科学实证的新时代。

第二节　犯罪生物学的发展

犯罪生物学理论是研究犯罪人的生物学特征与犯罪之间关系的理论学说的统称。一般来说，广义的犯罪生物学包括了犯罪人类学，但是现代犯罪生物学则仅仅指对 20 世纪以来的应用现代生物学方法进行犯罪学研究的理论。早期学者关注体质、外形等单一的生理特征，随着生物学的发展，研究者开始多水平、多角度地探究与犯罪行为相关的神经心理机制，包括行为、激素、脑结构、神经传递和基因等。20 世纪 80 年代以来，犯罪学在个体因素研究上发展很快，已成为犯罪学研究的一个热门课题。毋庸置疑，现代犯罪生物学的研究是龙勃罗梭创立的犯罪人类学理论的继承和发展。

一、遗传生物学的研究[1]

遗传生物学理论认为，犯罪人的犯罪与其人格等个人素质密切

---

[1]　参见吴宗宪：《西方犯罪学史》，警官教育出版社 1997 年版，犯罪生物学部分。

相关，而他们的人格等个人素质又直接或间接受遗传因素的影响。犯罪遗传生物学理论中有代表性的研究包括：

（一）犯罪家族研究

犯罪家族研究就是通过研究犯罪人的家族历史来确定遗传对犯罪的影响程度。19 世纪末期，在达尔文的生物进化论和龙勃罗梭的犯罪人类学思想的影响下，一些犯罪学者使用"家族谱系研究"的方法对一些所谓的"犯罪家族"进行追踪研究。其中最为著名的犯罪家族研究就是达格代尔对"朱克家族"的研究。

达格代尔（Dugdale，1841—1883）是出生于法国巴黎的美籍社会学家和犯罪学家。他通过对"朱克家族"的长达 200 多年的家族历史进行研究，发现了一部"贫穷、卖淫、衰竭、疾病、私通和私生子"的历史，他的研究成果在犯罪学界引起了不小的轰动。

达格代尔在 1875 年发表的论文《朱克家族：对犯罪、贫穷、疾病与遗传的研究》中披露了"朱克家族"的后代中令人震惊的犯罪状况。所谓的"朱克家族"实际上是一个叫"迈克斯"（Max）的男子的后裔与在当地被称作"犯罪人之母"的艾达·朱克（Juke）结婚后逐渐发展起来的含有朱克家族血统的大家族。达格代尔在文中披露，到 1874 年这个家族的后代共有 540 人，其中180 人是需要领取救济的穷人，140 人是犯罪人，60 人是惯偷，7人是杀人犯，50 人是卖淫者，40 人是性病患者，并且已经将性病传染给 440 人，30 人被指控为私生子。

继达格代尔之后，美国犯罪学者阿瑟·埃斯塔布鲁克对朱克家族进行了进一步的"家族谱系研究"。他在 1916 年出版的《1915年的朱克家族》一书中声称，在又发现了朱克家族的后裔 715 人中，170 多人是贫民，118 人是犯罪人，378 人是卖淫者，86 人是妓院老板或其他类型的越轨者。

但需要注意的是，达格代尔并没有将犯罪的原因完全归结为遗传缺陷，他认为，"每种犯罪都是本能倾向和训练的产物，是个人因素和社会条件共同作用的结果"。

在达格代尔之后，犯罪家族的研究引起了许多犯罪学者的兴趣，涌现了许多类似的研究。例如，美国犯罪心理学家戈达德（Goddard，1866—1957）在"卡利卡克家族"研究中提出了"低能理论"，试图用遗传性的"低能"解释犯罪性。但是，一般来说，西方的犯罪学家普遍怀疑犯罪家族研究成果中所提供的资料，认为这些资料不完整、无法查证或者没有代表性。

（二）孪生子研究

孪生子与犯罪关系的研究，是探讨遗传性与犯罪之间关系的另一种方法。而孪生子又可以分为同卵孪生子和异卵孪生子，分别是由一个和两个受精卵分裂而成。一般而言，同卵孪生子具有相同的遗传素质。而异卵孪生子在遗传素质方面具有较大的差异，非孪生的同胞兄弟的遗传素质差异将会更大。所以对同卵孪生子、异卵孪生子、非孪生同胞兄弟三者的犯罪一致率进行比较，便有可能得到遗传与犯罪之间的关系。而所谓的"犯罪一致率"是指双方进行类似犯罪行为的组数在总组数中的比例。

最早进行孪生子研究的是德国精神病学家朗格（Lange，1891—1938）。他于 1929 年出版了著作《犯罪与命运：犯罪孪生子研究》，发表了他的研究成果。朗格研究了 30 对男性孪生子，其中 13 对是同卵孪生子，17 对是异卵孪生子。研究发现，在 13 对同卵孪生子中，双方都有监禁记录的有 10 对，犯罪一致率为 77%；在另外的 3 对同卵孪生子中，只有一方有过犯罪记录。而在作为对照组的 17 对异卵孪生子中，双方都有监禁记录的只有两对，犯罪一致率仅有 12%，在另外的 15 对中，只有一方有犯罪记录。此外，为了研究遗传与犯罪的关系，朗格还研究了 214 对年龄等方面比较接近的非孪生同胞兄弟。结果发现，在这个对照组中，犯罪的一致率仅为 8%。因此朗格得到结论："在目前的社会条件下，遗传在制造犯罪人方面起着最重要的作用；遗传肯定比许多已经确认的作用都要大得多。"

朗格的研究在当时产生了广泛的影响，使孪生子的研究掀起了一个高潮。但是他的研究也受到了一些批评，如他的研究样本数量过少，而且他的研究样本是从精神病学诊所中选取的，可能一些人本身具有一定程度的精神异常，而精神异常可能是导致他们犯罪的更重要的原因。此外，孪生子的生长环境基本类似，所以他们的犯罪一致率也不能排除是相同的环境因素造成的，等等。"近年来，西方学者发表了数篇关于这类研究的元分析（即对已有的种种研究的重新统计分析）论文，这些论文重新分析了20世纪60年代以来诸多经验研究，就反社会行为的遗传基础得出了较为一致的一般性结论，即反社会行为的可遗传性值大约为0.50，即个体之间在反社会行为上的差别有大约50%能够被遗传因素解释。研究也表明，较为严重的反社会行为受遗传的影响更大。"①

（三）养子女研究

养子女研究就是比较养子女与生父母或养父母的犯罪一致率，进而研究遗传或环境对犯罪性的影响的研究方法。如果出生后不久被领养的儿童与生父母的犯罪一致率超过与养父母的犯罪一致率，那么可以说明遗传比环境对人的影响更大。

丹麦学者梅德尼克（Mednick）等人在1984年的《科学》杂志上发表论文，报告了他们对1924—1947年在丹麦被收养的14427名养子女犯罪状况的研究结果。调查研究发现：在生父母和养父母都是犯罪人的时候，24.5%的养子女变成了犯罪人；当只有生父母是犯罪人时，只有20.0%的养子女变成了犯罪人；当只有养父母是犯罪人时，只有14.7%的养子女变成了犯罪人；当生父母和养父母都不是犯罪人的时候，13.5%的养子女变成了犯罪人。研究的结论是：遗传因素在犯罪中起一定作用；生父母的犯罪行为，是预测他们的被别人收养的子女的犯罪行为的重要因素；多次

① 罗力群：《现代生物社会犯罪学：西方犯罪学研究的新取向》，载《犯罪研究》2022年第5期。

进行犯罪或进行严重犯罪的生父母，对养子女的犯罪影响更大；生父母的遗传因素对女性子女犯罪的影响作用更大，对男性子女犯罪的影响作用相对较小。

（四）性染色体研究

一般而言，人有 23 对染色体，其中只有一对是性染色体。女性的正常性染色体为 XX，男性的正常性染色体为 XY。把性染色体异常与犯罪联系起来进行犯罪生物学研究开始于 20 世纪 50 年代，并且在 60 年代后期达到顶峰。其中最为著名的研究结果应该是英国学者雅各布斯（Jacobs）等人在 1965 年的《自然》杂志上发表的《攻击行为、精神亚正常与 XYY 型男性》。

XYY 型性染色体异常是性染色体研究中最被重视的异常状况之一，一些研究表明 XYY 型男性由于多了一个 Y 性染色体，大大增加了其攻击性，使其更加容易犯罪，特别是进行暴力型犯罪，因此有人将这个多出的 Y 性染色体称作"犯罪染色体"；此外，具有 XYY 型性染色体异常的人通常比一般男性高大而强壮，所以也将这种性染色体异常称作"超雄性"。

雅各布斯等人通过对曾经因为暴力行为而受到刑罚处罚的 315 人进行检查，发现其中 197 人是所谓的"低能儿"，对这 197 人进行染色体检查，其中有 12 人有染色体异常，并且 7 人为 XYY 型性染色体异常。雅各布斯等人的研究结果表明：XYY 型性染色体异常的发病比例比人们预想的要高得多；XYY 型性染色体异常人初次犯罪年龄比一般的人的初次犯罪年龄要小 5 岁左右；XYY 型性染色体异常的人的家族并未发现有明显过多的精神病史和犯罪史。

此外，性染色体异常的情况还包括 XXY 型、XXYY 型、XYYY 型等。

二、体质生物学的研究[①]

犯罪体质生物学研究主要从犯罪人的身体素质等方面探讨生理、体质或身体构造与犯罪的关系。其中较有代表性的研究包括：

（一）体型与犯罪的研究

体型，即体格类型，是指人的身体的外形特征。将体型与犯罪联系起来进行研究，具有代表性的人物包括德国精神病学家克雷奇默和美国犯罪学家谢尔登。

克雷奇默（Kretschmer，1888—1964）是德国著名精神病学家，其代表著作《体型与性格》于1921年首次出版，之后不断再版，到1955年出版了"第21版和第22版"的德文版。

在1955年出版的《体型与性格》一书中，克雷奇默专门设置了"体质与犯罪"一章，指出体型与人格特征的关联性。根据他的分类，人的体型一般可分为"肥胖型""瘦长型"和"健壮型"三类，这三类体型又和人格的"循环性""分裂性"和"粘结性"三种气质相互联系。由于犯罪和人格有着不可分割的关系，所以犯罪和体型也必然存在着因果联系。克雷奇默又指出，人格的形成有两个主要因素：一方面与体质有关，另一方面又与社会环境相关联。因此，犯罪的原因绝不是单一的，试图对犯罪进行一元化解释的理论是难以站住脚的。他的主要观点有：其一，犯罪人与一般人的体型分布基本相同。即大约有20%的人是肥胖型，40%～50%是瘦长型和健壮型，5%～10%是发育异常型。但是，在犯罪人中，肥胖型的比例略低。其二，不同体型的犯罪人的犯罪年龄分布不尽相同。肥胖型的人与瘦长型的人相比，犯罪高峰年龄更晚，一般到40～50岁肥胖型的人才达到犯罪高峰，而瘦长型的人在这个年龄段所实施的犯罪数量已经大为减少。健壮型的人在55岁之前的犯

---

① 参见吴宗宪：《西方犯罪学史》，警官教育出版社1997年版，犯罪生物学部分。

罪数量基本保持稳定。其三，犯罪人的体型与犯罪类型具有显著的相关性。瘦长型的人所犯罪行多为盗窃和欺诈；健壮型的人所犯罪行多为侵犯人身权利的犯罪或性犯罪；肥胖型的人较容易实施诈骗，发育异常型的人较容易实施性犯罪。

谢尔登（William Sheldon, 1898—1977）是美国的心理学家、犯罪学家。他的体型与犯罪的理论主要体现在三部著作中：《人类体型的多样性：体质心理学导论》（1940年）、《气质的多样性》（1942年）、《犯罪青少年的多样性：体质精神病学导论》（1949年）。谢尔登深受克雷奇默的影响，但是他注意到很少有人完全符合克雷奇默所划分的三种基本体型，即瘦长型、健壮型和肥胖型。为此，谢尔登将体型划分为内胚层体型、中胚层体型和外胚层体型三种，分别相当于克雷奇默所划分的肥胖型、健壮型和瘦长型，在三个维度上标记每个个体的体型（如表5-1所示）。

表5-1 谢尔登的体型划分

体型分类	内胚层体型	中胚层体型	外胚层体型
体型特征	消化器官发达；有发胖的趋势；身体各部分柔软而丰满；四肢短而呈锥形；骨骼小；皮肤光滑、柔软	肌肉、骨骼和运动器官发达；身躯高大；胸腔厚重；腕部和手较大	皮肤、感觉器官、神经系统发达；身体瘦弱；小脸尖鼻，毛发稀疏；躯干较小

谢尔登发现，在青少年犯罪人中，中胚层体型的人居多，而外胚层体型的人很少，即犯罪青少年与中胚层体型具有高度的相关性。除此之外，谢尔登对犯罪体质生物学的贡献还包括：他的体型分类方法更加精确，得到了普遍的认可和应用；他收集了每个观测对象的标准照片，为犯罪体质生物学的研究提供了大量的实证资料。

体质学说采用的是分类调查、集中测定、数理统计的方法。从结果的科学性角度分析，由于研究者取样中较强依赖主观意识，主观判断因素较大，采用的评定标准也不十分严密，方法论的错误使所得的结果缺乏整体性和普遍性，难以令人信服。比如，谢尔登的违法者群体确实更有中胚层体型者的特征，但是不能排除这样一种可能性，即这部分人拥有肌肉发达、运动性好的身体，也许会使那些管理青少年犯罪的官员感到担心，因而将他们进行制度化规训。由于这些问题的存在，同时也由于对大屠杀的影响，谢尔登关于犯罪人体学理论的流行度被降到了最低点。

（二）内分泌失调与行为障碍

人体的内分泌腺是分布于人体各处的一些腺体，它们没有导管，其分泌物称为激素，旧称荷尔蒙。激素直接进入血液或淋巴液，输送到全身各处。不同的激素对相应的器官和组织的活动具有促进和调节的作用。早在 1850 年，人们就已经开始识别出激素分泌的一些生理或心理效果。进入 20 世纪以后，特别是 20 世纪 20 年代和 30 年代，一些研究者用人的内分泌异常来解释犯罪现象，把内分泌异常看作犯罪的重要原因。许多国家的学者都进行了这方面的探索。20 世纪中期以后，有关内分泌异常与犯罪的关系的研究主要集中在以下几个方面：

1. 月经与犯罪

研究表明，妇女在月经前与月经期间更容易从事犯罪或其他不良行为。这些行为的发生，与妇女的激素分泌水平的变化有密切的关系。在月经前以及月经期间，由于妇女的分泌失去平衡，往往引起情绪波动，使得妇女容易激动、嫉妒等，这些因素与其他因素综合作用，就可能引起多种犯罪和不良行为。一些学者的研究表明，少女月经初潮、妇女怀孕以及生育前后、老年妇女在绝经期，都会产生类似的激素分泌失调，因而也有可能出现较多的犯罪行为或其他一些行为障碍。

2. 睾酮与犯罪

睾酮是一种雄性激素，它能够影响人的性特征和性功能。研究表明，睾酮的分泌情况与人的敌意、攻击行为和暴力犯罪有密切的关系。例如，长期具有某些暴力行为或有较多暴力行为的人，睾酮的分泌水平往往较高。因此，人们尝试利用雌激素降低暴力犯罪人特别是性暴力犯罪人的攻击性，结果表明，使用抗雄性激素的药物的确可以消除过剩的性欲和过于强烈的暴力欲望。在 20 世纪七八十年代，许多国家进行了类似的尝试，一般都取得了令人满意的效果。但睾酮水平与攻击性评定之间却没有关系，用来降低性犯罪人的睾酮水平的药物，对于与性无关的攻击性没有影响。

三、现有犯罪生物学解释①

20 世纪六七十年代，生物学取得了长足的进步——在进化生物学领域，威廉·汉密尔顿（William D. Hamilton）等提出了一系列可用于解释人类行为的新的进化理论；遗传学的重要组成部分，分子遗传学发展为一大新兴学科；神经科学学院化和制度化的一些里程碑式的事件，包括最早的神经科学实验室、神经生物学系、神经科学专业学会纷纷成立。现有犯罪生物学深受其影响，主要有进化犯罪学、生理犯罪学、神经犯罪学、行为遗传学及分子遗传学五种研究视角。目前科学进步并未达到可以确定犯罪行为或反社会行为的生物学根源的水平，在对犯罪原因进行解释时，更多的是揭示与犯罪行为产生相关的生物学因素，这也是犯罪生物学理论发展的立足点。

（一）进化犯罪学

进化犯罪学认为每个得以不断延续的人类行为都有其进化论基础。

---

① 本部分参见赵希：《当代西方犯罪学的三大发展趋势及对我国犯罪防控的启示》，载《国外社会科学前沿》2021 年第 7 期；罗力群：《现代生物社会犯罪学：西方犯罪学研究的新取向》，载《犯罪研究》2022 年第 5 期；李洋、刘洪广：《犯罪生物学的知识建构初探》，载《中国人民公安大学学报（社会科学版）》2023 年第 1 期。

邓特利（Joshua D. Duntley）和沙克尔福德（Todd K. Shackelford）认为，在人类祖先中，迫于与大自然灾害和凶猛野兽斗争的需要，给对手施加成本的行为策略以及相应的防卫性行为策略因为有利于繁衍，都会演化出来。这意味着，在人类早期，我们现在称之为"犯罪"的那些行为以及对它的防范，当时是社会的常态。把暴力犯罪等犯罪行为视为演化出来的行为策略，同时也意味着，现代社会中的犯罪倾向的分布频率要远远高于很多人的想象。

一些研究显示，在出生后的第一年，婴儿就会表达愤怒；从2岁到11岁，虽然儿童的身体攻击行为发生频率总体上呈现下降趋势，但仍有大约1/6的儿童持续地表现出高频率的身体攻击行为。综合考虑暴力和攻击在动物界和人类社会都广泛存在，个人在婴儿期就表现出暴力倾向，暴力能帮助个人在资源竞争中获胜从而促进繁衍成功，这就不难接受暴力和攻击是自然选择和演化的结果的推论。进化犯罪学并不是为这类行为辩护，而是找寻行为进化论的"根源"或因果机制。

（二）生理犯罪学

人体的机能系统中，有些是维持正常生命机能、完成行为的必要基础，有些则与犯罪行为密切相关。内分泌系统调节行为的发起、停止与行为动作程度，是机体内对生理功能活动调节起主导作用的系统之一，是听觉、视觉、思维等认知加工过程的机能基础。生理犯罪学关注人体生理性指标与越轨和犯罪行为之间的关联性，目前的研究多集中于特定激素水平、心率高低与反社会行为之间的关系。体液调节依托于内分泌系统，通过合成和分泌激素对人体靶细胞或器官进行调节；内分泌系统维持内环境稳定，在动作实施过程中，体内激素分泌的差异会影响行为后果。

内分泌系统激素分泌异常会影响某些犯罪行为的产生及其规律。各种激素含量及其比例和分泌速度与反社会行为之间存在关联，其交互作用在青春期达到顶峰，青少年比年长者更易体验到强烈的情绪波动和焦虑。例如，体内的睾酮素含量过高（前文的内分泌失调行为）——特别是在胎儿期的过度接触，会增加个体的行为侵略性、冒险性和冲动性，会影响自我控制能力和共情能力，从而与攻击等犯罪行为产生关联。从生物学角度看，激素变化对犯罪率的时空差异也有一定影响，比如在夏季和气候温暖的地区犯罪率较高，这可能与人体应对热应激而产生肾上腺素等应激激素的副作用有关。除传统犯罪类型外，睾酮和皮质醇水平也被证明与白领犯罪中金融风险承担和金融决策有关。

（三）神经犯罪学

1. 神经系统和反社会行为

探讨神经系统与反社会行为和犯罪行为之间关系的研究被称为"神经犯罪学"。神经犯罪学研究借助于成像技术认识脑的结构与功能，已有研究较为一致地发现两个脑区，即边缘系统（limbic system）和前额叶皮层（prefrontal cortex）与反社会行为相关联。

边缘系统负责识别、处理跟情感有关的刺激，并把信息传给大脑的前额叶皮层，由前额叶皮层控制情感。人脑额叶负责指导和控制人的行为。带有人类特色的行为，如作出计划、处理复杂的信息、发起一项行动、适应外部世界等，都要归功于它。对于多数人而言，如果其行为不会带来不利后果，就会把来自边缘系统的冲动付诸实施，但前额叶皮层会抑制住这些冲动，但一部分人的前额叶皮层却不能抑制住这些冲动。

例如，前额叶皮层与反社会行为存在密切联系，前额叶皮层功能的减弱可能是一个人走向暴力行为的前奏。因为前额皮层受损会在认知、性格、行为、情感等方面影响个体，使人的智力和解决问题的能力下降、失去自控能力、更易愤怒和暴躁并会导致违规逾矩、敢冒风险等多种不当行为。

2. 早期生活经历对脑和反社会行为的影响

人类的基因约有 50% 到 60% 参与脑的发育，确定脑的结构、建构神经细胞，合成各种神经递质和酶，确定脑的各部分相互连接的基本方式。环境因素也参与脑的发育，影响脑的结构和功能，进一步影响人的社会行为。

孕妇的身体状况、心理和行为会对胎儿生理、精神的方方面面产生影响。针对孕妇吸烟、喝酒对子女的影响的研究较多。孕妇吸烟会导致子宫供血量减少，胎儿接受的营养和氧气随之降低，很容易造成大脑损伤，婴儿的脑袋周长较小、长大成人后大脑皮层的某些部位异常；胎儿的自主神经系统受影响，出生后静息心率低、皮肤导电性能低，这两者都很可能与反社会行为和犯罪行为有关联。母亲孕期抽烟越多，儿童的认知能力就下降得越厉害；母亲孕期抽烟越多，孩子长大后犯罪的可能性就越大。母亲孕期饮酒有可能造成胎儿酒精综合征，表现在胎儿颅骨表面异常、中枢神经系统障碍等；对胎儿大脑造成损伤；长大后犯罪的可能也远远超过其他人。

各种后天社会环境因素，包括幼年时遭受长者在身体、情感、性等方面的虐待或忽视，都可能影响大脑的发育。有些人幼年时没受到虐待或忽视，但没能形成与长者的依恋关系，其大脑的结构和功能也会受到不利影响。幼年时有过受虐待或被忽视经历的人，其胼胝体（即大脑两半球的"连接器"）比幼年时没有受虐待经历的人小，即便这些人只是受到过语言上而非身体、性上的虐待。胼胝体较小意味着大脑两半球结合得不够好，这又会造成情感和个性上的重大差别。幼年时遭受过暴力虐待的人，其大脑杏仁核和皮层上的前脑岛的活动水平较高。这意味着，他们更容易感到恐惧和疼痛。上过战场的士兵也能发现大脑功能上的这种变化。

（四）行为遗传学及分子遗传学

行为遗传学犯罪学探讨越轨、犯罪等反社会行为是否以及在多大程度上受到遗传因素的影响。行为遗传学研究分为两大类：一是数量遗传学研究，即前述的遗传生物学研究（孪生子、养子女），这类研究可借助统计学方法评估遗传因素和环境因素对某种行为的效应大小，但无法明确到底哪个或哪些基因对某种行为有影响；二是分子遗传学研究，这类研究可能找到影响行为的具体基因。

最早对犯罪行为的分子遗传学研究是 20 世纪 60 代英国遗传学家雅各布斯等对 XYY 综合征的研究。

基因是分子遗传学的研究重心。人类有两万多个基因，试图找到影响反社会行为的个别基因无异于大海捞针。因此，多数研究致力于找到影响神经传递（即神经细胞之间和神经细胞与其他细胞之间的信息传递）的基因。其机理为某些基因影响神经传递过程，进一步影响个体的认知过程，再进一步会影响到反社会行为。基因关联研究主要涉及三类跟神经传递有关的基因：多巴胺能基因（dopaminergic genes）、血清素能基因（serotonergic genes）与神经递质代谢有关的基因。多巴胺能基因与吸毒、赌博、酗酒、青少年期受侵害、犯罪有关联；血清素能基因与冲动、赌博、行为失当、违法犯罪有关；MAOA 等与神经递质代谢有关的基因与犯罪和攻击行为有关，当前关于 MAOA 基因的研究文献是最多的。MAOA 基因负责指导 MAOA 酶的合成，MAOA 酶的作用在于分解某些分子，这些分子包括血清素、肾上腺素、去甲肾上腺素、多巴胺等神经递质，这些神经递质又负责在神经细胞之间或神经细胞与其他细胞之间传递信号，进一步调整各种生理、心理活动。

近年来，最前沿的分子遗传学路径的行为遗传学研究应当是全基因组关联研究（GWAS, genome-wide association studies）。这类研究往往要比较成千上万个个体的全基因组信息和后天行为表现，以发现后天行为与遗传因素之间的关系。

行为遗传学的相关研究关注遗传与环境的综合作用，主要考察遗传性、共享环境和非共享环境三个组成部分对特定表现型（即犯罪性）的影响。生物社会视角下对基因与环境、基因与基因交互作用的研究表明，遗传风险与不利的社会条件相结合，比单独存在时更有可能导致反社会行为，这是"基因与环境"（Genetics×Environment，简称"G×E"）生物社会分析的基础。

四、对犯罪生物学理论的评价

对所有的犯罪生物学研究，均有学者提出了质疑——或针对其研究方法的科学性，或针对其结论的科学性或推论性。尽管如此，犯罪生物学理论的研究使人们确信，生物学因素的确在某种程度上对犯罪具有一定的影响，探究犯罪原因时，不能对此忽略不计。犯罪生物学研究及其学科建设有 100 多年的历史，当今大多数学者已不再争论犯罪究竟起源于遗传还是环境，而是认为导致犯罪的原因非常复杂，犯罪是生物因素和社会因素相互作用的结果。

（一）社会学家对犯罪生物学的质疑

大多数研究犯罪的社会学家对生物学理论解释犯罪保持警惕并指出了这些理论中存在的一些问题。

其中一个问题在于犯罪的多样化。即使生物学因素可以解释一些暴力的侵犯行为，但是他们却无法解释大多数犯罪行为。此外，他们无法合理地解释越轨行为的相对性，也就是说，为什么有些具有生物学犯罪倾向体质的人会卷入街头犯罪变成一个罪犯，而有些则会参与如足球之类的含有身体暴力接触的活动变成一个英雄。因此，对暴力行为的生物学解释和对暴力犯罪的生物学解释并不是一回事。

第二个问题与方法论有关。一些方法论问题，包括犯罪样本较少和不具有代表性、控制组信息不充分、对犯罪与生物学因素之间的相关性的多种解释，使得我们很难从生物学研究中推断出什么坚实的结论。

第三个问题在于群体犯罪率差异。生物学解释无法很好地解释群体犯罪率差异。以美国自杀率比加拿大和西欧国家更高为例，如何从生物学来解释这种现象？美国人天生在生理上和加拿大人、英国人、德国人或者丹麦人不同因而导致了美国自杀率更高这样的解释是否可信？大城市相对农村地区更高的犯罪率可以用大城市居民生理的不同来解释吗？生物学解释可以用来说明为什么美国的街头犯罪在 20 世纪 60 年代升高而在 90 年代又降低了吗？即使它们可以解释为什么某些个体会犯罪，但它们却无法说明不同群体、不同地点的犯罪率差异以及这些差异的变化。

第四个问题来自生物学解释对社会政策的可能影响。根据生物学解释，想要减少犯罪那么就必须纠正引起犯罪的生物学缺陷。然而，我们无法轻易地改变生物特征。而如果我们无法改变生物特征，那么我们也就无法减少犯罪。例如，假定是生物化学因素造成了人们犯罪，那么我们该如何减少这些犯罪呢？执行某项基因工程？给犯罪者吃药以解决这些问题？考虑到科学方面的快速发展，这些措施中的一些已经变得可能，但这些措施还是令人感到害怕。

一些研究者开始强调生物社会的观点。这种观点认为生物学要素会和环境相互作用，并最终对引发犯罪产生影响，即生物学因素使某些人天生有犯罪倾向，但他们在何时以及犯何种罪行主要取决于周围的环境因素，因此，努力改变社会环境，对于减少犯罪更有希望。尽管这个生物社会的温和解释，与社会学的框架更为协调，但是此解释仍旧包含通过生物学因素来做点什么的想法，因此，有些学者建议对儿童进行可能会导致日后犯罪的生物学要素的检测。但是，此类提议涉及伦理及其他一些问题，如通过此种方式来定位的儿童可能会被贴上潜在犯罪者的标签，因而被以此方式对待。

（二）犯罪生物学发展展望

犯罪生物学的发展很容易受到各种因素的制约——大量的个体实验和准确数据；遗传学、生物学、心理学、精神病学、脑科学等学科与犯罪生物学研究相关的领域发展；研究方法的提升及关联；既懂得生物学、遗传学等自然学科，又懂得法学理论的专业人才缺乏等。上述社会学家的批判同样指出了犯罪生物学发展需要克服的法律、伦理问题。

早期的犯罪人类学告诉我们，这种观点会轻易将部分群体打入生物学劣等的思维框架中，并使他们接受特殊的甚至是非人道的对待。同时，这些群体往往都是穷人或者有色人种，因为对犯罪的生物学研究总是关注穷人在街头的犯罪，而忽略了富人进行的白领犯罪。基因的缺陷或体内荷尔蒙的不平衡，会导致公司主管从事价格操纵或销售不安全的产品，这样的论调听上去就很愚蠢。但是，由于我们社会的偏见，认为生物学问题导致穷人进行暴力犯罪听上去就很自然。很多早期的生物学研究都对穷人、移民或有色人种带有偏见，我们在解释当代对犯罪和生物学关系的研究结果时需要非常小心。这些既是挑战，也指明了犯罪生物学发展的出路。

第六章　犯罪的社会学解释

第一节　犯罪社会学理论概述

　　自20世纪初开始，犯罪学研究的中心逐渐从欧洲转移到了美国，自此，犯罪社会学长期占据着犯罪学的主导地位。尽管生物学、心理学、经济学等其他学科对于犯罪现象的解释也不容忽视，然而，相比之下，当代主流犯罪学家更多地具有社会学的教育背景，这在犯罪学研究最为繁荣的北美和欧洲地区尤其如此。例如，"美国犯罪学之父"萨瑟兰在自己的犯罪学著作中指出：犯罪学是将犯罪当作社会现象来进行研究的一个知识体系。这种将犯罪现象视为社会现象或社会问题的思想至今仍深刻地影响着当代犯罪学。

　　在犯罪社会学的视角下，犯罪行为主要是由社会环境所塑造的，而非单纯的个体选择。虽然从表面上来看，犯罪行为是个体行为人决策的结果，但是，在相应的社会条件下，这些表面上的个体决策却遵循着许多类似的规律，而这些规律通常需要通过社会学视角才能得到更加有效的揭示和解释。正如美国著名社会学家米尔斯（Mills，1916—1962）在其著作《社会学的想象力》中指出的："人们在各种局部环境里所经历的各种事情常常是由社会变化所引起的。因此，要理解个人局部环境的变化，必须超越局部环境来看问题。并且，随着各种社会构成的不断扩大，其间的联系越加错综复杂，社会结构变化的数量和种类也就日益增加。熟悉有关社会结构的有关思想并准确地运用它，意味着要有能力探索各种各样的生活环境之间的联系。这就意味着要具备社会学想象力。"①

一、犯罪的个体原因与社会原因的关系

概括而言，在犯罪社会学视角之下，犯罪的个体原因与社会原因的关系通常可以表述为：

第一，犯罪现象是社会原因和个体原因相互作用的结果。犯罪的社会原因决定着作为社会现象的群体犯罪现象的存在性，但个体犯罪现象则以个体的具体犯罪行为表现出来。

第二，犯罪个体原因是个体犯罪行为的最直接原因。犯罪行为是犯罪个体原因外化的结果，是由具有一定程度的主观能动性的个体犯罪人实施的。产生个体犯罪行为的直接推动力来自个体方面的原因。

第三，犯罪的社会原因是群体犯罪现象产生的主导性因素。犯罪的社会原因是犯罪个体原因存在的基础，对人们的行为性质和行为方向起主导性的影响作用。

二、犯罪社会学理论的分类

当代犯罪社会学理论的规模宏大，内容庞杂，许多学者试图对其进行系统的梳理。通常而言，犯罪社会学理论可以分为以下四个类别：

（一）社会结构理论

这类理论主要解释了官方犯罪统计中所显示的下层阶级成员犯罪率较高这一"社会事实"。该类理论认为，下层阶级成员在社会结构中处于不利的社会经济地位，这种社会结构上的安排决定了下层阶级的成员，特别是青少年更容易出现犯罪行为。社会结构理论中的重要分支包括社会解组理论、紧张理论、犯罪亚文化理论等。

---

① ［美］赖特·米尔斯、塔尔考斯·帕森斯等著：《社会学与社会组织》，何维凌、黄晓京译，浙江人民出版社 1986 年版，第 12 页。

（二）社会过程理论

这类理论认为，各个社会阶层的人都有可能成为犯罪人，其中社会化过程是最主要的决定因素。个体的社会化过程的差异以及个体与不同的社会设置之间的社会互动过程导致了不同个体的犯罪性差异。社会过程理论不再将关注焦点放在下层阶级成员的犯罪问题上，而是认为各个阶层的成员都有可能犯罪。社会过程理论中的重要分支包括社会学习理论、控制理论、标签理论等。

（三）社会冲突理论

这类理论认为，阶级矛盾的无法调和是阶级社会中必然存在犯罪现象的根本原因，犯罪是对阶级社会中普遍存在的不平等现象的一种反映。在私有制社会中，社会冲突是不可避免的。刑法只是统治阶级意志和价值观念的表现，刑事司法制度只是统治阶级统治的工具。社会冲突理论又可以分为保守的冲突理论与激进的冲突理论两个类别。

（四）整合理论

在20世纪70年代之后，西方犯罪学理论出现了整合的趋势，即将各种具有相同或类似前提的犯罪学理论整合起来，以期提高犯罪学理论的解释力。这种趋势将是犯罪学理论未来发展的主要方向。

限于篇幅以及考虑到本书作为入门级教材的定位，本章在介绍了犯罪社会学的重要先驱人物及其思想之后，将仅仅介绍社会结构理论与社会过程理论范畴中最具代表性的一些人物及理论命题，不再介绍社会冲突理论的各个学派。① 此外，由于整合理论通常需要

---

① 美籍华裔犯罪学家曹立群教授在其主编的《犯罪学》一书的"前言"部分指出："在美国留学的中国人和美国的华裔犯罪学者中，没有一个是从事后现代主义犯罪学研究的。"因而，他们也没有介绍在西方一度风行的后现代主义犯罪学以及作为其前身的激进犯罪学。参见曹立群、任昕主编：《犯罪学》，中国人民大学出版社2008年版。

将犯罪社会学理论以及其他学科的视角加以整合，其理论模型一般更为复杂，因而本书也不再介绍。

第二节　犯罪社会学的先驱

1884 年，意大利犯罪学派的代表人物之一菲利出版了《犯罪社会学》一书，明确提出了犯罪原因三元论的观点，并且认为社会因素是其中最为重要的因素。这通常被认为是犯罪社会学诞生的标志事件。

秉持社会学观点研究犯罪问题的先驱人物除了菲利之外，还包括德国刑法学家李斯特（Liszt，1851—1919）、法国著名的社会学家迪尔凯姆（Durkheim，1858—1917），等等。由于本书在第二章已经较为详尽地介绍了菲利的犯罪社会学思想，其中包括犯罪原因三元论、犯罪饱和法则，等等。因此，本节仅介绍其余两位学者的犯罪社会学思想。

一、李斯特的犯罪社会学思想

李斯特是德国著名的刑法学家，他不仅对刑法学理论进行了开创性的研究，而且对于通常不属于刑法学领域的犯罪原因和犯罪对策等问题，也进行了广泛而深刻的研究。因此，李斯特在犯罪社会学中也具有较高的学术地位。

李斯特继承并发展了菲利的犯罪原因三元论，提出了犯罪原因二元论的观点。李斯特认为，菲利所提出的自然地理因素实际上也是社会因素的一种，不能将二者并列起来。因此，李斯特将犯罪原因概括为两类：个体原因和社会原因。李斯特指出："犯罪一方面是犯罪人的个体特征的产物，另一方面，也是犯罪当时犯罪人周围的社会关系的产物。"这就是深刻影响我国犯罪学原因理论的犯罪原因二元论。

李斯特更加重视社会原因的作用，他认为，虽然犯罪的原因既包括个体原因又包括社会原因，但是，社会原因是主要原因。例如，李斯特提出："大众的贫穷，是培养犯罪的最大基础。"并且他认为，刑事政策只能消除犯罪的个体原因，而要消除犯罪的社会原因，必须依赖社会政策。因此，李斯特提出了一个著名的论断："最好的社会政策，也就是最好的刑事政策。"可以说，李斯特作为刑法学家能够摆脱刑法学的常规思维，提出刑罚之外的社会政策才是治理犯罪的治本之策，这是李斯特在犯罪社会学中有较高学术地位的重要原因。

二、迪尔凯姆的犯罪社会学思想

迪尔凯姆是法国著名的社会学家。他的社会学思想，特别是"失范"理论为西方犯罪社会学中的许多主流理论提供了重要的基础和借鉴。

迪尔凯姆首先在1893年出版的《社会劳动分工论》中提出了"失范"的概念，并且在4年之后出版的《自杀论》中推广了这个概念。所谓失范，即社会不能调整人们正确认识自己的需要并用恰当的方式满足自己需要的状态。也就是说，在失范状态下，由于社会规范的相对缺失状态，现存的社会结构没有能力继续维持对其成员的需要和欲望的有效控制，或者说规制社会成员自然欲望的社会力量已失灵或瓦解。迪尔凯姆认为，在失范的社会状态下，犯罪将急剧增多。

迪尔凯姆还提出了犯罪正常论和犯罪功能论等思想。在此特别需要提醒的是：作为社会学家的迪尔凯姆，他所说的犯罪是社会学意义上的，用他的话来说，"一种行为触犯了某种强烈的、十分鲜明的群体感情就构成了犯罪"。[①] 这比犯罪学意义上的犯罪含义还要宽泛，当然更不一定是刑法或刑法学意义上的犯罪行为。

---

① ［法］E. 迪尔凯姆著：《社会学方法的准则》，狄玉明译，商务印书馆1995年版，第85页。

在迪尔凯姆的犯罪正常论看来，犯罪不只是一种人们虽不愿意但又不可避免的现象，而且是社会健康的一个因素，是健康的社会整体的一个组成部分。① 迪尔凯姆认为，人类社会总是处在从机械社会向有机社会的转变过程之中，在此过程中，任何社会都正常地存在着某些犯罪行为。而在那些所谓的不存在犯罪或犯罪率明显低于正常水平的社会里，个体意识通常遭到了过分严厉的压制，以至于没有人有能力反对集体意识。这样的社会不可能有什么真正意义上的进步，因而是病态的。犯罪就像人在生理上能够感受的痛苦一样，虽然人们不喜欢它，但它是人类生理上的一部分，而且是有用的一部分。在迪尔凯姆看来，只有当犯罪的水平明显地超过了特定社会类型的标准时，才是不正常的。②

迪尔凯姆认为，犯罪不仅是社会中的正常现象，也是社会所需要的现象。犯罪在社会中发挥着重要作用，对社会进步具有某些益处。这就是迪尔凯姆提出的犯罪功能论。在他看来，犯罪的有益功能主要表现在以下五个方面③：

（1）推动法律发展。"没有犯罪，法律就不可能进化。"正是犯罪的不断涌现和发展，才促使法律不断进行修订和补充，从而不断完善起来。

（2）促进社会进步。要使社会进步，必须使每个人都能够发挥自己的才能和创造性。而许多天才的才能和创造性的表现往往背

---

① ［法］E. 迪尔凯姆著：《社会学方法的准则》，狄玉明译，商务印书馆1995年版，第84页。

② 迪尔凯姆特别警告说，从社会学来看，犯罪是正常的现象，但不能因此而认为罪犯无论从生物学观点还是从心理学观点来看都是身体素质正常的人。"这是两个各自独立的问题。"另外，不能因为犯罪是正常社会学所研究的事实就认为它不应该引起人们的憎恨。参见 ［法］E. 迪尔凯姆著：《社会学方法的准则》，狄玉明译，商务印书馆1995年版，第84-90页。

③ 参见吴宗宪著：《西方犯罪学史》（第1卷），中国人民公安大学出版社2010年版，第290-292页。

离了当时的社会规范，因而可能被当作犯罪行为。迪尔凯姆举例说，"根据雅典的法律，苏格拉底是一个犯罪人，并且对他的定罪是正当的。但是，他的犯罪，也就是他的思想的独立性，不仅帮了人类的忙，也帮了他的国家的忙"。就此而言，迪尔凯姆认为，犯罪是机械社会向有机社会的进化过程中不得不付出的代价。

（3）加强社会团结。任何社会的组成，都要求它的成员做出一定的牺牲，以取得一定程度的一致性。这些牺牲体现在集体意识的要求之中，它是个人取得社会成员资格的代价。这给社会成员带来一种集体认同感，这是社会团结的重要来源。犯罪人的存在恰恰满足了这些社会成员的归属感和优越感，促使他们加强团结，以便对付他们共同的敌人——犯罪人。

（4）明确道德界限。犯罪的存在以及对犯罪的惩罚可以在人们的心目中明确道德界限，明确是非标准。特别是通过法律明文地规定何种行为是犯罪，将会受到何种刑事惩罚，这可以使本来模糊的道德界限变得更加清晰明确。

（5）降低社会紧张。由于犯罪的存在，社会可以将本身存在的一些弊端而引发的社会问题归咎于个体犯罪人，将人们对社会和政府可能产生的不满和愤怒转移到个体犯罪人身上，从而将犯罪人作为社会问题的"替罪羊"。通过惩治罪犯至少可以暂时地缓解或消除由于社会问题而引发的紧张、压力和其他一些消极情绪，此时，对于犯罪人的惩罚具有类似于"降压阀"的作用。

第三节　社会结构理论

在西方犯罪学的语境下，社会结构理论范畴中最具代表性的理论包括社会解组理论、紧张理论、犯罪亚文化理论等。

一、社会解组理论

在20世纪之初，犯罪学的研究中心逐渐从欧洲转移到了美国。

芝加哥大学在 1892 年最早建立了社会学系，会聚并培养了一大批闻名遐迩的社会学家。因其具有相对一致的学术旨趣、长期的制度支持、占主流地位的出版物和"将社会作为一个整体来研究的经验方法论"而被称为社会学界的"芝加哥学派"。

（一）人类生态学理论

在具体介绍社会解组理论之前，有必要简要地介绍一下芝加哥学派的两位代表人物帕克（Park，1864—1966）和伯吉斯（Burgess，1886—1966）在 20 世纪 20 年代建立的城市社会学，尤其是其中的人类生态学理论。首先，人类生态学理论将城市看作一个有机体，不同的社区承担着不尽相同的城市功能，但它们之间存在着相互依存的共生关系；其次，某些城市区域的发展演变遵循着类似于自然生态区域发生的"侵入、统治、接替"过程，致使某些区域的功能和特征逐渐受到侵袭并最终产生巨大变化；最后，芝加哥市的扩张历程被概括为同心圆理论，即基于城市发展和社区功能将当时的芝加哥市划分为五个同心圆区域（如图 6-1 所示）：

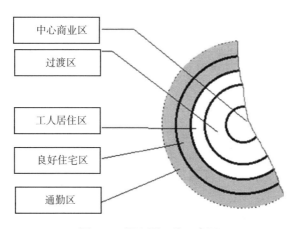

中心商业区

过渡区

工人居住区

良好住宅区

通勤区

图 6-1　同心圆理论示意图

居中的圆形区域是中心商业区，这是整个城市的中心，是城市商业、社会活动、市民生活和公共交通的聚集中心。在其核心部分集中了办公大楼、财政机构、百货公司、专业商店、旅馆、俱乐部以及各类经济、社会、市政和政治生活团体的总部等。

第二环是过渡区，是中心商业区的外围地区，是衰败了的居住区。过去，这里主要居住的是城市中比较富裕或有一定权威的家庭。随着商业、工业等设施的侵入，这类家庭降低了在此区域居住的愿望而不断向外搬迁，这里就逐渐成为贫民窟或一些较低档的商业服务设施基地，如仓库、典当行、二手店、简陋的旅馆或饭店等。

第三环是工人居住区，主要是由蓝领工人和低收入的白领工人居住的集合式楼房、单户住宅或较便宜的公寓组成，这些住户主要从过渡区中迁移而来，以使他们能够较容易地接近不断外迁的就业地点。

第四环是良好住宅区，这里主要居住的是中产阶级，他们通常是小商业主、专业人员、管理人员和政府工作人员等，有独门独院的住宅以及高级公寓和旅馆等，以公寓住宅为主。

第五环是通勤区，主要是一些富裕的、高质量的居住区，上层社会和中上层社会的郊外住宅坐落在这里，还有一些小型的卫星城，居住在这里的人大多工作在中心商业区，上下班往返于两地之间。

同心圆理论中特别关键的一点是，这些环并不是固定的和静止的，在正常的城市增长的条件下，每一个环通过向外面一个环的侵入而扩展自己的范围，从而揭示了城市扩张的内在机制和过程。

（二）社会解组理论的创制

社会解组理论是由毕业于芝加哥大学社会学系的两名犯罪学家肖（Shaw，1896—1957）、麦凯（Mckay，1899—1980）在 20 世纪

40 年代共同创制的。这是美国犯罪学第一个著名的犯罪社会学理论。[①] 这一理论基于前述的人类生态学理论模型，试图解释芝加哥市的不同社区之间的犯罪率差异，即哪些社区的青少年犯罪率最高，这样的社区具有什么样的特征。就此而言，社会解组理论实际上是社区层面上关于犯罪地点的理论，而不是关于犯罪人的理论。

肖和麦凯研究了芝加哥市自 1900—1933 年少年法庭记录的青少年犯罪数据集，并将这些犯罪青少年的家庭住址在芝加哥地图上标注出来。他们发现，在芝加哥市的五个同心圆区域中，"过渡区"的青少年犯罪率总是处于相对最高的水平。此外，他们调查了过渡区居民的种族或族群背景——在 20 世纪初期，这些地区的居民大多是来自英国、德国和爱尔兰的移民；到了 20 年代，这些地区的居民大多来自波兰或其他东欧国家；到了 30 年代，这些地区的居民大多是来自美国南部的黑人。肖和麦凯发现，尽管这些社区的居民的种族或族群特征发生了巨大变化，但是，这些社区的青少年犯罪率却稳定地保持在相对较高的水平上；而当这些社区的居民迁移到芝加哥市的外围社区时，这些外围社区的青少年犯罪率并没有显著增加。这种现象被他们称作"居民接替"，即尽管某一社区的居民完全被替换了，但是该社区的犯罪率却保持基本不变。肖和麦凯据此认为，过渡区的青少年犯罪率与社区居民的种族背景并没有显著的关联。也就是说，导致过渡区的青少年犯罪率总是处于相对最高水平的根本原因并不在于社区居民的个体特征，而是在于过渡区的社会解组特征。

具体而言，社会解组理论认为某些社区之所以存在着较高的青少年犯罪率，是因为这些社区处于慢性的社会解组状态，即表现为以下三个特征：低收入者众多、种族异质性高和居民流动性大。值得注意的是，尽管肖和麦凯将贫困人口比例较高当作社会解组的特

---

① Shaw C., Mckay H., Juvenile Delinquency and Urban Areas［M］, University of Chicago Press, 1942.

征之一，但是他们并不认为贫困是导致犯罪的直接原因。在他们看来，贫困只是通过剥夺应对犯罪所需的足够资源而间接地提高了社区犯罪率。他们指出，贫困的社区一般有着较高的居民流动性和种族异质性，而较高的居民流动性妨碍了非正式社会控制的形成；较高的种族异质性妨碍了居民组织起来应对共同问题。

概括而言，社会解组理论的主要发现及观点包括：（1）犯罪具有区域性差异，在过渡区犯罪率最高，并且存在着"居民接替"现象；（2）犯罪高发区域存在着较为严重的社会解组现象；（3）低收入者多、种族异质性高、居民流动性大是处于社会解组的社区所表现出来的三大结构性特征；（4）处于社会解组状态的社区缺乏有效的社会控制，并容易形成犯罪亚文化，因而导致了犯罪率的上升；（5）要降低社区的犯罪率，必须改变社区的社会解组状况，"改变居住区域，才能改变个人"。

（三）社会解组理论的发展

社会解组理论首次将犯罪学的关注点从犯罪人转移到社区上，后者是与个体的日常生活最为接近的微观社会环境之一，这使得犯罪原因理论逐渐摆脱了既往以生物学因素、心理学因素等个体层面原因为主流的局面，进而使得犯罪社会学逐渐占据了主导地位。然而，社会解组理论的局限性也是较为明显的。例如，它过度依赖了官方犯罪统计对于犯罪分布的描述，因而有可能忽略了大量的中上阶层的青少年犯罪。此外，在社会解组理论的原始叙述中，肖和麦凯并未给出其核心概念——社会解组的定义，从而没有能够厘清社区的结构性特征以何种具体的因果机制导致了较高犯罪率。鉴于这些局限以及时代变迁等因素，社会解组理论一度陷入了沉寂状态。

自 20 世纪 70 年代末期以来，社会解组理论出现了复兴势头。限于篇幅，此处仅简要地介绍基于社会控制视角的系统模型，更为全面的综述可参阅相关文献①。

在系统模型之下，社区被视为一个由根植于家庭生活与继续社会化过程的友情和亲情网络、正式和非正式的交往性联结而构成的复杂系统。进而，社会解组的概念被定义为社区没有能力实现其共同价值和有效的社会控制。这样，社会解组理论的基本因果机制就变得较为清晰了——社区的某些结构性特征通过削弱社区内的社会联结进而削弱了社区对其居民维持有效的非正式社会控制的能力，最终导致了社区犯罪率的上升（如图6-2所示）。例如，伯斯克（Bursik）& 格瑞思米克（Grasmick）（1993）提出了如下的一个系统模型②：

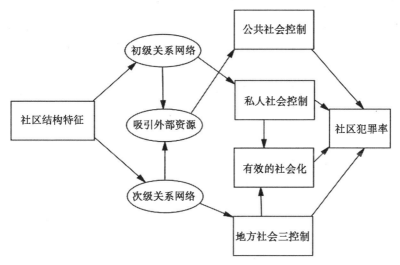

图6-2　社会解组理论的系统模型

---

① 参见杨学锋：《社会学想象力推动下的社会解组理论成长》，载赵秉志主编：《刑法论丛》（2021年第2卷），法律出版社2022年版。

② Bursik R., Grasmick H., Neighborhoods and Crime: The Dimensions of Effective Community Control [M], NY: Lexington Publishing, 1993: 39.

在系统模型之下，如今出现了一个重要的概念——集体效能。按照桑普森（Sampson）等（1997）的观点，既往的系统模型更多地关注了社会控制的能力，而这种能力通常并不会自动地外显为介入社区事务的实际行动，它还需要某种激发机制，这就是所谓的"集体效能"。按照桑普森等的定义，集体效能是指"社区居民之间的相互信任以及介入社区公共事务的意愿"[①]。用他们的话来说："总之，正是相互信任和愿意为了共同利益而出面干预的意愿之间的联系确定了集体效能的社区环境。就像不同的个体进行效能行动的能力有所不同一样，不同的社区在实现其共同目标的能力方面也有所差异。"可以看到，相比于最初版本的系统模型更加关注非正式控制的能力，集体效能模型则更加关注社区居民集体性地施加非正式社会控制的意愿。简言之，集体效能概念进一步为系统模型填充了实质内容，进一步揭示了社区结构特征与犯罪率之间的复杂因果机制。

概括而言，经过几十年的理论发展和实证检验，社会解组理论获得了许多重要的进展，从而为如今的社区警务、热点警务等新兴警务模式奠定了犯罪学意义上的理论基础[②]。

二、紧张理论

（一）默顿的结构性紧张理论

美国著名的社会学家默顿（Merton，1910—2003）发展了法国社会学家迪尔凯姆提出的"失范"概念，并将其应用于分析美国

---

① Sampson R. , Raudenbush S. , Earls F. , Neighbourhoods and Violent Crime：A Multilevel Study of Collective Efficacy [J] , Science , 1997 , Vol. 277 , pp. 918–924.

② 参见杨学锋：《犯罪学视角下社区警务的理论基础及效果评估》，载《江苏警官学院学报》2018 年第 2 期；杨学锋：《热点警务的犯罪学理论基础及实践评估》，载《中国人民公安大学学报（社会科学版）》2018 年第 3 期。

社会，创立了最为重要的紧张理论版本①，用以解释在较为稳定的社会状态下，美国官方犯罪统计所显示出来的下层阶级的犯罪率较高这一现象。

默顿认为，任何社会的文化都有两个共同的特征：（1）确立"文化目标"。任何社会文化都会确立一些所谓的"成功"目标，鼓励每个社会成员为追求这样的"成功"而奋斗。默顿认为，尽管不同的社会可能有着不尽相同的文化目标，但是，在一个特定的社会之内通常存在着某种高度一致的文化价值目标。根据默顿的观察，在美国社会中，最重要的文化目标就是获取财富。人们通常把财富的多少看成个体是否成功的指标，并且给拥有更多财富的人以更高的社会声望和社会地位。相反，那些缺少财富的人，即使有着其他美德，但是，其社会地位通常并不高。（2）规定"制度性手段"。任何社会文化都以规范、制度等形式规定了实现文化目标的合法手段，并至少在理论上期望每个人都利用这样的合法手段去达到目标。这些手段是以文化中的价值观为基础的，一般不包括达到目标的"捷径"。例如，获取财富的最直接途径可能是劫掠或盗窃，但是，这些手段显然不被主流社会文化所接受，因而被称作非制度性手段。

默顿认为，尽管被社会文化所认可的成功目标在整个社会中是基本一致的，但是，利用制度性手段实现目标的机会并不是均等地分布在各阶层中；当个人难以利用制度性手段实现文化目标，或者对文化目标不感兴趣，甚至对二者均不感兴趣的时候，就会产生所谓的"结构性紧张"，它是指文化目标和制度性手段之间的失衡或

---

① Merton R., Social structure and anomie［J］, American Review of Sociology, 1938, 3（4）：672-682. 亦可参见［美］罗伯特·K. 默顿著：《社会理论和社会结构》，唐少杰、齐心等译，译林出版社 2008 年版，第 223-295 页。

断裂。① 根据默顿的观点，文化目标普遍性适用于所有社会成员，但是，制度性手段则并非同样平等地分布于各个社会阶层。更加形象地说，尽管成功的目标是几乎一致的，但是，不同阶层的社会成员与目标之间的距离则天差地别。显而易见的是，下层阶级将面临更为严重的结构性紧张。因为在下层阶级中，获得财富的能力不仅受到个人才能和努力的限制，而且会受到社会结构本身的限制。这个阶级中只有那些最有才能和最努力的人，才有可能通过制度性手段获得财富；而对于下层阶级中的大多数人来说，这种可能性几乎没有实际意义。相反，对于上层阶级的人而言，只要他们具有中等的才能，经过一般的努力，就可以通过制度性手段获得财富上的成功。

然而，默顿认为，紧张并不必然地引发犯罪行为。具体而言，默顿提出了五种适应方式，其中包括：（1）遵从。遵从意味着接受传统的文化目标和制度性手段。在稳定的社会环境中，大多数人都会选择这种适应方式。（2）创新。此处的创新并不含有褒义色彩，只是一个中性词汇。创新意味着接受社会认可的成功目标，但是拒绝使用制度性手段去实现这些目标，转而采用自己认为合适的、更快的达到目的的手段。然而，这样的手段往往是非法的、犯罪的。绝大多数犯罪采取了这种适应方式的结果，因而"创新"通常是犯罪的典型适应方式。例如，商人会发现售卖假冒伪劣商品的利润更大；工人会发现偷窃工厂的财物更容易致富；穷人会发现偷盗或抢劫更加直接。在这些情况下，尽管行为人仍然信奉着传统的成功目标，但是，使用的手段却不被主流社会认可。创新这种适

---

① 如今，犯罪学家们普遍认为存在着两个不同层面上的"紧张"理论。其一是宏观社会层面上的紧张，即整体上的社会结构无法平等地为其成员提供实现文化价值目标所必需的合法手段。默顿的紧张理论即属于这一层次，一般被称作结构性紧张理论或失范理论。为了与法国社会学家迪尔凯姆的失范理论相区分，在此我们将默顿的理论称作结构性紧张理论，在不引起混淆的情况下，也简称为紧张理论。其二是个体层面的紧张，即主要聚焦在当事人与其微观社会环境的负面关系。

应方式特别适合揭示由于贫穷而产生的犯罪，但是，默顿认为，单纯的贫穷本身并不会引起犯罪。但是，"当贫穷和与之相联系的在竞争所有社会成员都可竞争的文化价值中的相应劣势，同对金钱成功作为主要目标的文化强调联系起来时，犯罪率高就是正常的后果了"①。（3）形式主义。这是指人们拒绝传统的文化目标但是却接受社会认可的制度性手段。根据默顿的观点，这种适应方式并不意味着真正的越轨行为，更不会产生犯罪行为，但是，它显然是对要求人们积极奋斗，特别是使用制度性手段在社会等级中实行向上流动的文化模式的一种背离。（4）退却主义。这是指有意识地拒绝社会中文化目标和制度性手段，疏远社会，退出正常社会生活的适应方式。用默顿的话来说，"采取（或错误地采取）这种适应方式的人只是在社会里，而不属于社会"②。采取这种适应方式的人把逃避作为解决内心冲突的方式，当逃避完成后，这种冲突就消失，个人也就会得到解脱。（5）反叛。这是指用新的价值观来取代现行社会的价值观的适应方式。采用这种适应方式的人，拒绝现有社会中的文化目标和制度性手段，用其他的目标和手段来代替，试图建立一种新的社会秩序（如表 6-1 所示）。

表 6-1　适应方式的类型及表现

适应方式	文化目标	制度性手段
遵从	+	+
创新	+	−
形式主义	−	+
退却主义	−	−
反叛-/+	−/+	

---

① ［美］罗伯特·K. 默顿著：《社会理论和社会结构》，唐少杰、齐心译，译林出版社 2008 年版，第 242 页。
② ［美］罗伯特·K. 默顿著：《社会理论和社会结构》，唐少杰、齐心译，译林出版社 2008 年版，第 249 页。

在默顿看来，除了第一种方式外的四种方式都可能被定义为越轨或犯罪行为。当然，作为社会学家的默顿总是在社会学意义上使用着越轨或犯罪的概念。换言之，尽管作为社会学家的默顿把除了遵从之外的所有适应方式都看成是越轨的，但是，它们并不必然地引起犯罪行为。例如，形式主义的适应方式通常并不会被视为犯罪学意义上的犯罪行为。此外，只有社会用反流浪法、反酗酒或使用毒品等法律将退却主义的适应方式规定为犯罪时，这种适应方式才会与犯罪行为相关联。反叛的适应方式只有当它具有政治内容时，才可能与暗杀、爆炸、煽动叛乱等犯罪行为相关联。即使是创新的适应方式也并不必然地引起犯罪，因为非制度性手段尽管有可能是违反了法律或道德的，但这个可能性并非百分之百。

默顿的紧张理论在20世纪中期的美国犯罪学研究中一度占据核心地位，并对当时的美国社会政策产生了重大影响，如为20世纪60年代的"扶贫战"提供了重要的理论基础——为底层群体提供更多的合法机会实现经济上的成功目标，保障底层群体向上流动渠道的畅通。

然而，到了20世纪70年代，默顿的紧张理论逐渐失去了光环。常见的批判意见包括：第一，默顿的紧张理论仅关注了官方犯罪统计所显示的下层阶级犯罪率较高这一现象，没有充分注意到官方犯罪统计的局限和缺陷，因此忽略了对于上层阶级的犯罪行为的解释。第二，默顿的紧张理论没有解释个体在适应方式上的选择机制。也就是说，在面临着类似的紧张状况时，为什么有些人选择了退却主义，有些人选择了形式主义，还有些人选择了创新或反叛的适应方式呢？第三，更为致命的是，当时的许多经验研究试图检验人们的理想目标与现实目标的差距与其犯罪行为的因果关系，然而研究结果与紧张理论的预期并不吻合。

在沉寂了20余年之后，紧张理论获得了犯罪学家的重新关注。最新的发展包括了两个分支：其一是美国犯罪学家阿格纽（Agnew，1953— ）在 1992 年创制并逐渐完善的"一般紧张理论"[1]；其二是美国犯罪学家梅斯纳（Messner，1951— ）与罗森菲尔德（Rosenfeld，1948— ）在 1994 年初创并逐渐完善的"制度性失范理论"。[2] 限于篇幅，本书不再详细介绍。

（二）相对剥夺理论

许多思想家很早就注意到犯罪与经济因素的密切联系。正如马克思所说："违法行为通常是不以立法者的意志为转移的经济因素造成的。"[3] 然而，经济因素与犯罪的关系远比一般想象中复杂得多。例如，人们通常认为贫困是犯罪的重要原因，而且这一因果联系似乎不断地得到了官方犯罪统计的印证。可以看到社会解组理论及默顿的紧张理论均将下层阶级的贫困状况作为其犯罪率较高的解释因素之一。

然而，随着社会经济的发展，某些国家或地区内处于绝对贫困状态的人口比例在不断降低，但是其犯罪率不但没有同步下降，甚至出现了急剧上升的趋势。例如，有学者研究了我国香港在 1971—1991 年的经济发展与犯罪率的关系。研究表明，香港经过 20 年的发展，其绝对贫困问题越来越小，但是由于相对贫困问题突出，贫富差距被拉大，犯罪的数量不仅没有随着香港经济发展而降低，相反越来越突出。[4] 一些非官方犯罪调查也发现了经济状况

---

① 最新的评述参见杨学锋：《一般紧张理论的成长》，载《晋阳学刊》2016 年第 5 期。

② 较为详尽的引介文献参见吴宗宪、张威：《制度性失范理论述评——美国梦与犯罪的理论阐释》，载赵秉志主编：《刑法论丛》（2016 年第 4 卷），法律出版社 2017 年版，第 498−522 页。

③ 《马克思恩格斯全集》（第 13 卷），人民出版社 1972 年版，第 225 页。

④ 张越华：《香港的变迁与罪案》，载郭翔等编著：《越境犯罪与控制对策："95 香港"越境犯罪与控制对策研讨会论文集》，中国社会科学出版社 1995 年版。

较好的阶层也不同程度地存在着犯罪或青少年犯罪现象。相对剥夺理论为此提供了更加有效的解释。

　　社会结构层面上的经济不平等状况造就了大量人口处于相对贫困的状态，而相对贫困似乎比绝对贫困更容易使人犯罪。马克思曾经形象地描述了相对贫困的状态："一座小房子不管怎样小，在周围的房屋都是这样小的时候，它是能满足社会对住房的一切要求的。但是，一旦在这座小房子近旁耸立起一座宫殿，这座小房子就缩成可怜的茅舍模样了。这时，狭小的房子证明它的居住者毫不讲究或者要求很低；并且，不管小房子的规模怎样随着文明的进步而扩大起来，但是，只要近旁的宫殿以同样的或更大的程度扩大起来，那么较小房子的居住者就会在那四壁之内越发觉得不舒适，越发不满意，越发被人轻视。"①

　　衡量一个国家或社会的相对贫困状况的常用指标是基尼系数。按照国际通行标准，基尼系数在 0.3 以下的为最佳，在 0.3～0.4 为正常，在 0.4～0.5 为轻度警戒区，在 0.5～0.6 为重度警戒区，在 0.6 以上意味着处于严重危险的状态。进入 21 世纪以来，我国大陆的基尼系数一直处于 0.4～0.5，处于轻度警戒区的偏高水平。

　　美国的两位犯罪学家布劳夫妇（Judith Blau & Peter Blau）在 1982 年发表的论文中检验了贫困、经济不平等和种族不平等等因素对于都市区暴力犯罪率的影响。他们发现，尽管贫困、黑人人口的比例等变量与都市区的暴力犯罪率密切相关，但是在引入了经济不平等、种族不平等等因素之后，以上的相关关系就变得不再显著了。据此，布劳夫妇写道："显然是由于不平等而产生的相对剥夺而不是由于贫困而产生的绝对剥夺为暴力犯罪提供了最肥沃的土壤。"②

　　① 《马克思恩格斯选集》（第 1 卷），人民出版社 1995 年版，第 367 页。

　　② Blau J., Blau P., The Cost of Inequality：Metropolitan Structure and Violent Crime ［J］，American Sociological Review，1982，47（1）：114-129.

相对贫困之所以与犯罪密切相关，其中的主要中介就是社会心理学范畴里的一个重要概念——相对剥夺感。所谓相对剥夺感，就是在与参照群体比较的过程中产生的主观上的不公平感。正如美国当代犯罪学家谢利（Shelley）在其著作《犯罪与现代化》一书中引述的："贫困不会产生犯罪，但是因贫困而不满却会而且奇怪地足以产生犯罪，在富裕国家的相对剥夺的人们中间比在贫困的真正被剥夺的人们中间更有可能因贫困而不满。"[①]"相对剥夺感"描述了相对贫困引起犯罪的心理机制，从而进一步补充解释了社会结构层面因素与犯罪率之间的因果链条。

三、犯罪亚文化理论

文化与犯罪是犯罪学研究的一个大问题。我国老一辈社会学家和犯罪学家严景耀先生（1905—1976）早在 20 世纪 30 年代就曾经对此问题予以了极大关注。1934 年，他在美国芝加哥大学完成了题为《中国的犯罪问题与社会变迁的关系》的博士论文。他在其开篇指出："为了了解犯罪，我们必须了解发生犯罪的文化；反过来，犯罪的研究又帮助我们了解文化及其问题。如果不懂发生犯罪的文化，我们也不会懂得犯罪。"[②]

文化是一个复杂的、包容度极大的概念。广义而言，文化指人类在社会发展过程中所创造的物质财富和精神财富的总和，即是由物质文化和精神文化两大部分组成的统一体；狭义上说，文化一般是指人类社会的精神文化，包括科技、教育、文学艺术、道德风尚、思想观念、风俗习惯等内容。本节主要指狭义的文化。

特定时空下的一个社会文化中既包括主文化，也包括某些亚文

---

① ［美］路易丝·谢利著：《犯罪与现代化》，何秉松译，中信出版社 2002 年版，第 127 页。

② 严景耀著：《中国的犯罪问题与社会变迁的关系》，吴桢译，北京大学出版社 1986 年版，第 2-3 页。

化。主文化是反映统治阶级根本利益，在社会文化中占主导地位，起支配作用的文化。亚文化是社会亚群体在其社会活动和人际交往中形成的与主文化不尽一致的一种文化。犯罪文化是一种亚文化，通常被称作犯罪亚文化。相对于一般亚文化来说，犯罪亚文化与主文化的冲突更加严重。在犯罪亚文化理论看来，犯罪或越轨行为实际上是遵从了另一套价值标准和行为规范的结果，而这些价值标准和行为规范恰恰是主文化不能接受和坚决反对的。

所谓的犯罪亚文化，是指犯罪亚群体在犯罪活动过程中逐渐形成并一体信奉和遵循的，与主文化相对立的价值标准、行为方式及其现象的综合体。犯罪亚文化的表现形式包括：（1）反社会意识；（2）犯罪亚群体及其规则、禁忌和仪式；（3）黑话、文身、手势、图像等语言或非语言符号；（4）专门的犯罪技能与技巧等。

（一）塞林的文化冲突理论

塞林（Sellin，1896—1994）是瑞典裔的美国犯罪学家。塞林在 1938 年出版的代表作《文化冲突与犯罪》① 中提出了具有批判主义色彩的"文化冲突理论"。所谓文化冲突，就是指两种或两种以上的文化相互接触时产生的竞争、对抗状态。

塞林的文化冲突理论认为，刑法是大量存在的行为规范的一部分，它禁止某些特定行为，并规定了相应的处罚。这些行为规范的特征、它们所禁止的行为类型、制裁的方法等，都取决于能够影响立法的那些群体的利益和特征。在一些国家中，这些群体可能由多数人组成；在另一些国家里，这些群体可能由少数人组成。无论怎样，受刑法保护的价值观，必定是占据统治地位的利益群体认同的价值观。也就是说，刑法是主流文化行为规范的表现，犯罪则是与主流文化相冲突的下层阶级和少数民族群体文化的产物，由于下层阶级和少数民族群体文化与主流文化相冲突，所以遵循下层阶级和

---

① Sellin T. , Culture Conflict and Crime ［M］, New York：Social Science Research Council, 1938.

少数民族群体的文化就容易导致违反刑法的犯罪行为。

同时，塞林指出，由于价值观念和行为模式的冲突，不同的文化和群体可能有不尽相同的行为规范。也正是由于这个原因，"犯罪"的概念在不同的文化中可能有不尽相同的定义。迄今为止，不存在被所有文化或群体所接受的犯罪定义。而犯罪学的研究不能完全建立在犯罪的刑法定义基础上，而应该有自己界定研究对象的学术自由。

塞林的文化冲突理论特别适合于解释中下层阶级、少数民族群体、移民或流动人口的犯罪原因。例如，塞林认为，来自欧洲社会的白人以欺骗和暴力手段推行的文化殖民政策导致了与当地的印第安人之间的文化冲突。印第安人被迫遵守白人的法律，而原有的部落习俗却受到了削弱和破坏。此外，塞林还列举一些具体的文化冲突例证。例如，来自意大利西西里地区的一名男性移民杀死了诱奸其女儿的 16 岁美国少年，在他被警察逮捕时，他感到非常震惊。因为在这名意大利移民的文化里，他是在用一种传统的方式捍卫自己家庭的尊严和名誉。

日本学者间庭充幸在《文化与犯罪》一书中也提到了文化冲突的一个案例。1985 年，一名美籍日本母亲携带两个年幼的孩子跳海自杀，但是她本人获救。对此，美国洛杉矶检察厅认定这是一起恶性的一级杀人案。按照美国的法律规定，这名母亲应被判处死刑。然而依据日本文化，这是一起母子集体自杀事件，一定是家庭发生了严重的不幸，她为了避免自己死后孩子更加不幸才被迫选择携带孩子一起自杀。因此，母亲不但没有罪，而且非常值得同情。后来，在许多日本移民的抗议和声援下，洛杉矶检察厅撤回了一级谋杀的指控，最终法院判处了相当于缓刑的处罚——"保护观察 5 年"。

（二）沃尔夫冈和费拉柯蒂的暴力亚文化理论

美国犯罪学家沃尔夫冈（Wolfgang，1924—1998）和意大利犯罪学家费拉柯蒂（Ferracuti，1924—1992）在 1967 年合著的著作

《暴力亚文化：犯罪学中的一种整合理论》① 中提出了暴力亚文化理论。他们认为，暴力是某些群体的亚文化中的一个重要组成部分，它已渗透到这些群体成员的心理品质之中，并成为人们日常生活方式的组成部分，犯罪就是使用暴力作为手段来解决日常生活问题的结果。

沃尔夫冈及其合作者从美国的官方犯罪统计资料中发现在美国黑人群体以及在美国南方地区有着更高的暴力犯罪率。他们推断其中的原因可能是在这些群体或地区中普遍地存在着一种赞成或鼓励暴力行为的价值观和行为规范，并将其称作暴力亚文化。

根据暴力亚文化理论，在某些地区或群体中存在着一种崇尚暴力的亚文化。也就是说，生活在暴力亚文化之中的人们经常对暴力行为报有赞赏、鼓励或英雄化的态度，而嘲笑、排斥那些没有使用暴力来回击他人的行为。因而，受到暴力亚文化影响的人更加倾向于用暴力手段解决日常生活中的冲突，如不小心的碰撞，不恰当的言辞、眼神或表情等，而且生活在暴力亚文化中的人们并不会将暴力看作严重的犯罪行为，因而他们并不会对自己的暴力行为感到自责或产生罪恶感。

可以看到，暴力亚文化理论为解释某些地区或群体中的暴力犯罪率稳定而显著高于其他地区或群体提供了一种有益的视角。

第四节　社会过程理论

尽管犯罪社会学理论起源于社会结构的视角，但是由于各种社会结构理论存在着自身无法克服的局限性，所以社会过程理论的重要性在最近几十年里显得越发突出。然而，在犯罪的社会学解释中，社会结构与社会过程两个视角都是必不可少的。两者是互相补

---

① Wolfgang M., Ferracuti F. The Subculture of Violence: Towards an Integreated Theory in Criminology [M], New York: Tavistock, 1967.

充的关系，而不是非此即彼的关系。

社会过程理论强调社会化的作用，特别强调社会化在儿童和青少年时期的重要性。社会化是社会学中的一个基础概念，它是指个人从"生物人"向"社会人"转变的过程，同时也是个人内化社会价值标准、学习角色技能、适应社会生活的过程。社会化包括了社会教化和个体内化两个环节。家庭、学校、工作单位、同辈群体、大众传媒等都是常见的社会教化主体，对个体的社会化过程和结果有着重大影响。

在西方犯罪学的语境下，社会过程理论范畴中最具代表性的理论包括学习理论、控制理论、标签理论等。

一、学习理论

学习理论包括了多种版本，并且相互之间存在着一些细微差别。其中在 20 世纪最具代表性的学习理论当属"美国犯罪学之父"萨瑟兰（Sutherland，1883—1950）提出的"差别交往理论"。

差别交往理论共有九个命题[①]：

（1）犯罪行为是习得的。萨瑟兰批判了当时普遍存在的认为犯罪人在生物学或心理学意义上具有某种缺陷或低劣特征的那些观点，进而提出了犯罪行为与说话、走路、写字、绘画等非犯罪行为一样都是行为人通过某种学习机制而逐渐学会的。

（2）犯罪行为是在与他人的交往过程中通过相互作用而习得的。萨瑟兰认为，犯罪性和犯罪行为的习得并不是一次性完成的，而是在与他人的交往过程中不断地通过相互作用、相互影响逐渐习

[①] 萨瑟兰最早于 1939 年在他的著作《犯罪学原理》中提出了差别交往理论。在该著作的后续修订版中，萨瑟兰不断地完善着差别交往理论的各个命题。犯罪学界通常将萨瑟兰去世前的最后一个版本中的九个命题视为差别交往理论的完整表述。参见：Sutherland E., Principles of Criminology [M], PHI: Lippincott, 1947: 6-7。

得的。这种交往在许多方面是言语性的，但是也包括"身体语言交流"。

（3）对犯罪行为学习的主要部分发生在与亲密群体的亲身交往之中。萨瑟兰认为，家庭成员、朋友、同伴等亲密群体的作用更为直接和重要，相比之下，电影、报刊等非人的交往媒介的影响则是间接的、次要的。

（4）犯罪行为的学习内容主要包括两部分：一是实施犯罪所需的技术和技巧；二是动机、内驱力、合理化理由和态度的特定方向。也就是说，犯罪学习的内容包括了行为和认知两个方面，即行为技巧和思想观念。

（5）动机和内驱力的特定方向是从（交往群体）对于法律规定所持的赞成或不赞成态度中习得的。通常而言，一个人的周围既有赞成法律的人，也有质疑法律的人，因此一个人的犯罪动机和内驱力的特定方向取决于在其交往群体中哪种态度占据上风。

（6）一个人之所以成为犯罪人，是因为在他的交往群体中对违法的赞成态度超过对守法的赞成态度。

（7）与他人的交往在频率、持续时间、优先性与强度方面有所差别，这意味着与犯罪行为和非犯罪行为的交往在这些方面是存在差别的。

（8）通过与犯罪的或非犯罪的榜样的交往来学习犯罪行为的过程，包含了在其他学习过程中所有的机制。

（9）尽管犯罪行为是人的一般需要和价值观念的表现，但却不能用这些一般需要和价值观念加以解释，因为非犯罪行为也是同样的需要和价值观念的表现。

萨瑟兰的差别交往理论深刻地揭示了犯罪学习的内容和学习的过程。概括而言，差别交往理论的基本观点就是：在社会组织性和规范冲突程度有所差别的条件下，个人在犯罪性或犯罪行为上的差异是由于与他人的差异交往造成的。这实际上仅仅是近朱者赤、近墨者黑的另一种表述而已。① 然而，在萨瑟兰生活的时代，犯罪学被从生物学和心理病态方面探讨犯罪原因的医学家和精神病学家所主导。萨瑟兰的差别交往理论扭转了这一状态，初步奠定了犯罪社会学的主导地位；并促成了人们逐渐接受犯罪人是生理和心理上的正常人、犯罪行为与其他行为一样是后天习得的现代观念。

美国犯罪学家埃克斯（Akers，1938—　）借鉴了行为主义心理学的学习机制研究，重新表述了萨瑟兰的差别交往理论，并进一步提出了社会学习理论，其中除了保留萨瑟兰提出的差别交往、定义比率等概念之外，还补充了差别强化、模仿等概念，并更加深入地阐释了典型的学习机制。这是当代犯罪学中最新版本的学习理论，但是限于篇幅，本书不再详细介绍，有兴趣的读者可参阅相关文献②。

二、控制理论

控制理论也有着许多不同的版本。在这类理论中，犯罪学研究的基本问题不再是"某些人为什么犯罪"，而是变成了"某些人为什么没有犯罪"。在控制理论看来，由于每个人都是动物，因此所有的人都可能自然而然地出现犯罪行为，所以并不需要用特别的动机来解释人的犯罪行为；而大多数人之所以没有犯罪，是由于受到了某种外在的或内在的抑制因素的影响。

在各种版本的控制理论中，20 世纪中后期最著名的要数美国犯罪学家赫希（Hirschi，1935—2017）在 1969 年出版的《少年犯

① ［美］乔治·B. 沃尔德等著：《理论犯罪学》（原书第 5 版），方鹏译，中国政法大学出版社 2005 年版，第 203 页。

② 参见杨学锋：《学习"学习理论"：从差别交往到社会学习》，载《晋阳学刊》2018 年第 6 期。

罪原因》（Causes of Delinquency）① 一书中所提出的“社会纽带理论”。该理论认为，每个人都是潜在的犯罪人，只有个人与传统社会的纽带才可能阻止个人进行违反社会准则的越轨或犯罪行为。当这种社会纽带比较脆弱时，没有受到有效约束的个人就会出现犯罪行为。总之，犯罪就是个人与传统社会的联系薄弱或受到削弱的结果。

社会纽带理论中最核心的概念就是“社会纽带”，即个人与传统社会之间的联系。社会联系一般通过社会设置表现出来，主要包括以下四个成分：

（1）依恋。依恋是指行为人对传统的他人，特别是亲密群体意见的敏感性。如果行为人对他人，特别是亲密群体有着强烈的依恋，他就会在做出某种决定或实施某种行为之时，考虑这些人或群体的意见与感情。在社会纽带理论看来，这种感情联系是犯罪或越轨的重要抑制因素之一——这种感情联系越强烈，个人在实施犯罪或越轨行为之前，就越有可能考虑到犯罪或越轨对这种感情联系的伤害。赫希进一步将依恋分为以下三个方面②：对父母的依恋；对学校的依恋；对同辈朋友的依恋。相比于社会学中的社会规范内化以及精神分析学中的超我或良心等抽象的概念，赫希提出的依恋概念更加符合当代社会学对于可操作性的要求，更加便于实证检验。

（2）投入。投入是指行为人在传统活动中已经拥有的或者未来很有希望获得的各种利益。这类似于其他控制理论家曾经提出的“遵从奖赏”概念。在赫希这样的控制理论家看来，犯罪是一种理

① 该书的中文版为：［美］特拉维斯·赫希著：《少年犯罪原因探讨》，吴宗宪等译，中国国际广播出版社 1997 年出版。

② 由于赫希的社会纽带理论在提出之初主要是为了解释未成年人的犯罪或越轨行为，因此赫希在其著作的实证研究部分将依恋进一步操作化为对父母的依恋、对学校的依恋、对同辈群体的依恋等三个方面。但是对于社会纽带理论的大量实证研究发现该理论也可以适用于解释成年人的犯罪行为，因而依恋的对象会相应地有所扩展。

性的行为——行为人不会甘冒不合理的风险，也不想付出不合理的
代价。对于一个传统意义上的成功人士来说，"为了十元钱去拦路
抢劫是愚蠢的"，而这是一种普通的常识。赫希认为，行为人一旦
犯罪或越轨就会失去那些通过遵守社会规范已经或可以获得的各种
利益，而当这些现实的或潜在的利益损失远远超过了犯罪或越轨带
来的收益时，行为人就会抑制自己的犯罪行为。"不仅个人已经拥
有的东西，而且那些个人有希望得到的东西，都会迫使个人遵从社
会规范。"①

（3）参与。参与是指由于将有限的时间和精力用于传统活动
因而没有机会进行犯罪和越轨行为。赫希指出，"无所事事是罪恶
的温床"，那些积极参与传统活动的人，总是与按时进行某种活
动、限期完成一定任务、遵守工作时间、执行有关行动计划等联系
在一起的，因而没有进行犯罪或越轨行为的机会。也就是说，参与
传统活动可以将个人从犯罪活动的潜在诱惑中隔离开来，使得个人
没有时间和精力感受犯罪的诱惑、考虑和从事犯罪活动。因此，许
多旨在预防青少年犯罪的项目都包括了建造娱乐设施、避免辍学、
鼓励参军等措施。

（4）信念。信念就是指对共同的价值观念和行为规范的认可
程度。与犯罪亚文化理论认为社会中存在着多种冲突的甚至是对立
的价值观念和行为规范有所不同，赫希认为在社会或群体中存在着
单一的价值观念和行为规范。但是，"一个实施了盗窃行为的人怎
么会同时认为盗窃是错误的呢?"赫希的社会纽带理论对此的解释
就是人们对社会中共同的价值体系和行为规范的认可程度有着很大
的差异——"个人对他应当遵守的社会准则的相信程度越低，他

---

① ［美］特拉维斯·赫希著:《少年犯罪原因探讨》，吴宗宪等译，中国
国际广播出版社 1997 年版，第 15 页。

就越有可能违反社会准则"。①

一般而言，社会纽带的四个成分之间存在着正相关关系，即在某一方面表现得越强，也会在另外的方面表现得更强一些；反之亦然。赫希特别论述了依恋与投入、投入与参与、依恋与信念三对关系的重要性。在具体的实证研究中考虑这些可能的相关关系是非常必要的，然而本节的关注焦点仅仅在于介绍理论观点，因而不再赘述。

1990年，赫希与合作者共同提出了另一种版本的控制理论——自我控制理论。该理论认为，犯罪的一般原因在于行为人自身的自我控制水平较低——"他们倾向于选择短期利益而不考虑长期代价"。此外，美国著名犯罪学家桑普森与劳布（Sampson & Laub）在1993年提出的"逐级年龄非正式社会控制理论"已经成为发展犯罪学领域内的基础性理论之一。它更加关注社会纽带的动态性质及其对犯罪生涯的重要影响。限于篇幅，本书不再详细介绍，有兴趣的读者可参阅相关文献②。

三、标签理论

标签理论的主要关注点有两个：给行为人贴上罪犯标签的过程、罪犯标签对于行为人的影响。

---

① ［美］特拉维斯·赫希著：《少年犯罪原因探讨》，吴宗宪等译，中国国际广播出版社1997年版，第19页。

② 前者的中译本已于2009年出版，参见［美］戈特弗里德森、赫希著：《犯罪的一般理论》，吴宗宪、苏明月译，中国人民公安大学出版社2009年版。相关的理论评述和本土检验可参见杨学锋：《从社会纽带到自我控制：两种控制理论的竞争与调和》，载《中国刑警学院学报》2017年第6期；杨学锋：《自我控制理论的发展及本土化视域下的普适性检验》，载《公安学研究》2018年第3期。后者的中译本已于2006年出版，参见［美］桑普森、劳布著：《犯罪之形成——人生道路及其转折点》，汪明亮等译，北京大学出版社2006年版。

首先，标签理论坚信犯罪定义上的相对性。在标签理论看来，犯罪并不是某种行为固有的属性，而是被掌握着定义权和执行权的阶层贴上标签的结果。某些行为以及某些人更容易在立法、执法和司法过程中被贴上犯罪及犯罪人的标签。简单来说，掌握着权势的人通常会将自己的行为合法化，而将越轨或犯罪的标签强加给那些没有权力的人所出现的行为上。也正是由于这样的理由，有些犯罪学家认为，标签理论应该归类于社会冲突理论的范畴，但是本书认为，标签理论重点阐释的是刑事司法措施如何给行为人带来一些事与愿违的负面影响，而不特别强调这种矛盾的不可调和性，因此，将标签理论作为一种社会过程理论更加符合其本意。①

其次，标签理论家们更多地关注了罪犯标签对于行为人的负面影响。在有些情况下受到过刑罚处罚的人反而会出现更多的犯罪行为。在解释这一现象时，标签理论认为，这是由于刑罚措施带来的污名会影响行为人的自我认知，因而会诱发他们继续实施犯罪行为。社会处罚犯罪人的本意之一是想预防、控制他们的犯罪行为。但是，由于社会的负面评价给行为人带来了不好的名声，因而使得他们更加难以回归或融入传统的社会关系，继而促使他们产生了进一步的犯罪行为。刑事司法措施的污名化事与愿违地使得行为人产生更多犯罪行为的现象被美国犯罪学家坦南鲍姆（Tannenbaum，1893—1969）称作"邪恶的戏剧化"。

美国犯罪学家利默特（Lemert，1912—1996）进一步阐述了邪恶的戏剧化过程。他首先区分了"原生越轨行为"和"衍生越轨行为"这两个概念。原生越轨行为是指初次越轨或犯罪行为。标签理论并不关注原生越轨行为的原因，而重点关注对于原生越轨行为的社会反应如何激发衍生越轨行为。所谓衍生越轨行为，就是指行为人被贴上罪犯的标签后，逐渐认同自己的罪犯身份进而实施的

---

① 持类似观点的犯罪学教材包括：Siegel L. J.，Criminology：Theories，Patterns and Typologies（13th edition）［M］，MA：Cengage Learning，2018。

进一步越轨或犯罪行为。

按照利默特的解释，在原生越轨行为出现之后，行为人将面临两种可能的处境以及进一步的四种结果：（1）没有被别人发现或者被发现但没有被正式地贴上越轨的标签，那么行为人就是名义上的"守法者"。此后可能进一步出现的两种结果分别是：第一，如果不再出现越轨行为，那么行为人就变成真正意义上的守法者；第二，如果行为人继续实施越轨行为并且未被发现或没有被贴上标签，行为人实际上变成了秘密越轨者。（2）被别人发现并被贴上了越轨者的标签，那么行为人就变成了一个名义上"越轨者"。此后可能进一步出现的两种结果分别是：第一，如果不再出现越轨行为，那么行为人可能重新获得守法者的身份；第二，如果行为人逐渐认同了自己的"越轨者"身份，就很有可能出现衍生越轨行为。

标签理论的集大成者当属美国第二代芝加哥学派的著名社会学家贝克尔（Becker，1928— ），他在 1963 年出版的《局外人：越轨的社会学研究》中论述的观点适逢当时美国社会的时代背景，因而相比于标签理论的先驱人物获得了更多的学术关注和社会认可，进而被视为标签理论最主要的标志性人物。

贝克尔将犯罪生涯的发展划分为三个阶段：第一个阶段是初始违法行为，它们既可能是故意的也可能过失的。类似于其他标签理论家，贝克尔的关注点并不在于初始违法行为的原因。第二个阶段是行为人被贴上犯罪人的标签。标签效应将严重地影响着他人如何看待行为人（即行为人的公共认同）、他人如何与行为人互动、行为人如何看待自己（即行为人的自我认同）。根据贝克尔的观点，犯罪人的标签之所以会影响到他人与行为人之间的互动方式，是因为犯罪人标签在传统社会中有着相当大的污名化作用，以致这一标签将会逐渐演变为行为人的"首要身份"，行为人所具有的其他身份或地位则变成从属的了。简而言之，一旦行为人被贴上犯罪人的标签，那么无论行为人还具有哪些特征，犯罪人将长期地成为他的第一身份。第三个阶段是被标定为犯罪人的行为人加入到了某个越轨群体中。贝克尔认为，这个阶段进一步影响了行为人的社会认同、社会互动和自我意象；加入越轨群体将进一步强化行为人在未来越轨行为上的合理化理由、动机和态度。

贝克尔的标签理论还涉及另外两个重要的问题。第一，某些行为是怎样被确定为越轨或犯罪行为的？第二，某些行为人是怎样被确定为越轨者或犯罪人的？在这些过程中，存在着两种类型的"道德企业家"——规则制定者、规则执行者。规则制定者关注的重点是规则的内容，他们会竭力争取公众支持进而将他们自身的关切转化为普适性的规则或法律；相比之下，规则执行者并不一定关注规则的具体内容和制定过程，他们更加关注的是如何将自己对现有规则的执行过程加以正当化。贝克尔认为，由于规则的具体内容并不是由执行者们确定的，因此他们可能会根据自己的观点来确定哪些规则是更为重要的，而且他们也会根据自己的理解在所有违反了规则的人群之中选择性地执行规则。也就是说，在执行层面上存在着两种选择性——选择性地执行规则、选择性地对越轨者执行规则。贝克尔的这些论述为我们理解法律的产生及差别化执行等问题提供了一个批判性的视角。

概括而言，标签理论从批判性的视角重新审视了刑事司法部门的角色，进一步论证了犯罪行为的性质可能是由社会所决定的，进而对刑事政策的改革提出了一些建设性的意见，如除罪化、转处、非监禁化等。

然而，标签理论没有解释原生越轨行为的原因，也在很大程度上忽略了刑事司法措施可能具有的预防犯罪功能。此外，即便有些犯罪人在受到刑事司法处罚之后重新出现了犯罪行为，也未必就能够归咎于贴标签的过程。重新犯罪的原因更为复杂，标签理论尽管具有一定的启发性，但是也有可能将这一复杂的原因机制过于简单化了。

近些年来，标签理论出现了许多发展，[1] 其中，最为引人关注的是澳大利亚犯罪学家布雷思韦特（Braithwaite，1951— ）在 1989 年提出了重整性羞耻理论及其以此为理论基础的恢复性司法实践。他区分了"排斥性羞耻"和"重整性羞耻"的概念，并认为只有前者才会产生标签效应，而后者则有利于行为人回归社会，进而减少其重新犯罪的可能性。限于篇幅，本书不再详细介绍。有兴趣的读者可参阅相关著作。[2]

---

[1] 参见杨学锋：《标签效应的衍生与整合理论之引介》，载《中国刑警学院学报》2020 年第 1 期。

[2] ［澳］布雷思韦特著：《犯罪、羞耻与重整》，王平、林乐鸣译，中国人民公安大学出版社 2014 年版。

第七章 被害人学初步

有犯罪就必然存在犯罪的被害问题。早期的犯罪学研究很少涉及被害人问题。随着犯罪学研究的深入推进和对犯罪行为发生要素的全面思考，犯罪学家认识到无论是在犯罪的发生（犯罪原因），还是对犯罪的防控过程中，被害人都是不可或缺的角色，对犯罪被害人的研究为进一步认识犯罪现象、犯罪进程，提出有效的犯罪防控对策提供了新的视野。犯罪被害人的研究已经日臻成熟，包括但不限于以上内容，至今已经发展成为一门学科，在刑事领域中极大地推动了被害人权利的提升。本章对犯罪被害人的一些基本知识进行初步介绍。

第一节 犯罪被害人概述

被害人的概念及分类是了解被害人的基础。

一、与犯罪被害人概念相关的问题

被害人（victim）一词，源于拉丁文中的 victima，其原意表示：（1）宗教礼俗仪式上对神的祭品；（2）因他人行为受伤害或阻碍的个人、组织、道德秩序或法律秩序。后来在理解"被害人"时，凡是因外力而遭受损害或承受不利后果者，都可称之为受害人或被害人。我们认为对以下几个问题的思考会对犯罪被害人概念的形成有帮助。

（一）犯罪被害人中的"犯罪"

犯罪学研究被害人的目的是充分保护被害人权益，促进司法效率、司法的人性化与公正，以及实施被害预防，这一目的区别于刑法学的研究目的。犯罪学研究的犯罪是在刑法学和社会学中对犯罪的界定基础之上产生的，有着比刑法学中的犯罪更为广泛的行为体系，所以犯罪学中的犯罪被害人应该是犯罪学意义上犯罪的承受者。

这个界定可能产生的问题包括：（1）如果我们以刑法规定的犯罪为起点，就可以官方统计资料判断犯罪水平和发展趋势。然而，官方犯罪统计资料在确定犯罪水平和发展趋势方面具有明显的缺陷，造成"犯罪暗数"的存在。在官方统计之外，还存在大量的犯罪被害人未予以举报的犯罪。（2）延伸到其他层次的犯罪的数量，我们连官方统计都依靠不上，尤其是涉及一些随着社会发展而产生的越轨行为。

这一思考启发我们，对犯罪现象量的认识是十分困难的，但是这并不能成为我们驻足不前的借口，相反，它让我们意识到非官方犯罪统计的重要作用，借助其尽量客观全面反映犯罪的被害人方面的情况。

（二）犯罪被害人与刑事（犯罪）被害人的关系

对于被害人的概念，由于研究角度的不同，会出现犯罪被害人和刑事（犯罪）被害人两种称谓。前者是从犯罪学意义上的犯罪出发，将被害人定义为犯罪学意义上的广义的犯罪行为侵害的被害人；后者则是从刑事法律的规定出发，将被害人定义为刑事犯罪中的被害人。这两种界定是学者们基于不同的研究目的、不同的理论基点而形成的不同认识，两者并无对错之分。在进行被害人的刑事法治研究时，往往采用刑事被害人的概念；当进行犯罪学事实学方面的研究时，则往往采用犯罪被害人的概念。

不过，在目前的研究中，由于更侧重被害人的诉讼权利、被害人援助、被害人补偿等方面，以及从刑法学的角度对被害人的责任、被害人承诺等内容进行研究，所以学界更多的还是以刑事犯罪被害人为研究对象。

（三）犯罪被害人中的"被害人"

在确定被害人的概念时，还涉及这一概念的外延问题。就世界范围有关被害人学的著述来看，成为被害人学研究对象的被害人有广义和狭义之分。广义的被害人包括本义上的一切被害人，从被害主体上讲，包括国家、机关、企业、事业、团体、个人等；从被侵害的利益上说，包括国家利益、社会利益、公共利益、团体利益和个人利益等。

在我国对被害人进行专门探讨的文献中，专家、学者们都毫无例外地赞同狭义的被害人概念，即在未特别说明的情形下，犯罪学中所指的被害人，是指合法权益遭受犯罪行为侵害的人。最初，犯罪学只研究暴力犯罪的被害人，其范围很狭窄，后来研究范围逐步扩展到其他类型的犯罪被害人。随着被害人学研究的深入发展，犯罪学学者们不仅研究被害个人，而且开始研究被害法人甚至社会被害问题。自然人、法人、国家是被害人已得到多数学者的认同，但对于社会以及抽象的道德、法律秩序是否可以纳入被害人学的研究范围，则存在较大争议。

（四）直接被害人与间接被害人之争

这个问题看起来好像是对被害人类型的划分，但是在确定被害人范围时却是一个非常关键的问题。直接被害人毫无疑问是研究的对象，可是间接被害人就成为争论的焦点。因为考虑到"犯罪行为危害后果的间接担受者会让被害人的范围漫无边际，不利于保护真正的被害人，不利于刑事诉讼的进行，还会导致扩大犯罪人的罪责，侵害犯罪人的一些正当权益，不符合我国刑法罪刑相一致的原则"[①]，所以有些学者持"直接被害人观"。这一争论并非解决不了，只有当间接被害人没有任何限定条件时，被害人范围才有漫无边际的可能。如何对间接被害人予以限制，这种研究对进一步提高刑事司法的公正与效率以及密切公众与刑事司法机关间的关系将有重要意义。

---

① 王建民：《被害人概念及其分类》，载《政法论坛》1989 年第 1 期。

二、犯罪被害人的概念

通过对上述问题的分析，犯罪被害人可以界定为"犯罪行为所造成的被害后果的承受者"。

具体地说，犯罪学中的被害人包含了以下几层含义：

第一，被害人是遭受了一定的损失或损害者，其合法权益的损失表现为物质和精神两个方面。

第二，被害人是危害结果的直接或间接承受者。

第三，被害人是犯罪行为的侵害对象或犯罪行为所侵害的社会关系的主体。被害人受侵害的途径包括侵犯人身的犯罪，如伤害、虐待、杀人等，此时被害人与犯罪对象重合；另外，还包括侵犯有形的物质实体和无形的非具体的权益犯罪，如盗窃和诽谤等，前者侵害的对象是某种财产，被害人应该是财产的所有者，后者侵犯的是非具象的人格尊严、名誉权，就不能说被害人是"犯罪行为所侵害的对象"，所以阐释为"犯罪行为所侵害的社会关系的主体"才适宜。但是无论犯罪侵害对象是否为被害人自身，危害后果都是由被害人承担的。

第四，从外延来说，既然肯定被害人是受害结果的承受者，则一切遭受犯罪侵害而承担危害结果的人，均属被害人。因此，被害人的外延包括自然人、法人以及一定条件下的国家与社会整体本身、抽象的制度、信念等。当然，目前的研究主要还是围绕自然人展开的。

三、犯罪被害人的分类

被害人分类是根据一定的目的和原则，按照不同标准对被害人所做的群属划分。对被害人进行分类，有助于我们探求被害的真正原因，确定侵害和被害双方责任的大小及过错程度，为预防犯罪与被害提供有效的方法，为准确定罪量刑提供有力保证。

（一）根据犯罪被害人的人口统计学特征分类

犯罪被害人的人口统计学特征，是指犯罪被害人的人口统计变量的表现。这些人口统计变量一般包括性别、年龄、婚姻状况、受教育程度、职业、经济收入等方面，但是被害人在上述诸方面的特征，因犯罪类型的不同而有所差异。

（二）按被害人在犯罪形成动态过程中有无责任进行分类

通过区分被害人与犯罪人的责任大小和性质，意义在于以被害人的责任性质为入手点，寻求有责性被害人的被害因素，以采取针对性的被害预防措施。此外，可为公正的司法裁判和被害赔偿提供依据。

1. 无责任过错的被害人

这是一种"理想型被害人"，这类被害人是指对于使自己受害的犯罪行为的发生没有任何道义或法律过错的被害人。首先，这种无责任的被害人在整个犯罪过程中处于一种全被动的地位，其被害完全是因为偶然的原因或他人的原因引起的。其次，这种被害人无论是从心理还是生理上讲，本身均不具有被害的特征，纯粹是偶然地被犯罪人纳入了犯罪的情境之中。最后，这类被害人无法预见和制止犯罪行为的发生，也无法有效地防止犯罪结果的发生，更没有诱惑犯罪发生的任何举止。

2. 负有一定责任的被害人

负有一定责任的被害人，即对自己被害结果的发生具有一定的过错，本身实施了违法行为或违背道德、违反纪律或其他社会生活规范行为或过失行为，而这些行为的实施与犯罪人犯罪行为的发生有一定直接关系的被害人。根据责任的大小可以分为以下几种情况：

（1）罪责小于犯罪人的被害人。也就是说，犯罪行为的发生主要罪责在于犯罪人一方，被害人一方的不当行为和心理状态程度较轻，犯罪事件是否发生和被害结果主要取决于犯罪人的个性特点、主观恶性或其他外部条件，即犯罪行为的发生具有一定的偶然性，或者被害结果主要是由被害人意志之外的原因决定的。在这种情况下，被害人的某种不良行为或不道德行为，虽不决定犯罪行为的发生，但它可能成为诱发犯罪行为的主要因素和条件。如果没有这些因素或条件，犯罪发生的可能性较小或者不发生。

（2）被害人的罪责等同于犯罪人的罪责。这种情况多发生在团伙斗殴和互相伤害的流氓犯罪中。参与的人既可能是罪犯，也可能是被害人，而流氓犯罪的真正受害者是社会公共秩序。

（3）被害人的罪责大于犯罪人的罪责。被害人具有很大责任，一般包括被害人积极制造冲突或对后果完全放任，被害人的行为与犯罪行为之间往往具有直接的因果关系，作为一个主要的原因而导致犯罪事件发生和被害后果的可能性非常大，对外界其他条件的依赖性相对较少。被害人在这一程度的责任主要表现为积极地挑衅或制造事端，严重刺激犯罪人，进入非常危险的情境，故意进行违法或犯罪行为侵犯犯罪人的利益，参与明显对犯罪具有传导作用的犯罪活动。

3. 负有完全责任的被害人

这种"被害人"不是真正的被害人，而是真正的犯罪者，是指犯罪人在实施犯罪的过程中，受到被害人的反抗（正当防卫）而被害。

负完全责任的被害人源于本杰明·门德尔松（Benjamin Mendelsohn）对被害人的划分。在他看来，负完全责任的被害人包括首先动手进行攻击的被害人、被害妄想者以及伪装被害的虚假被害人。显然这三种被害人都不是真正的犯罪被害人。当代西方的一些研究认为负有完全责任的被害人，从定义上来讲，根本不是真正的被害人，他们没有遭到犯罪人的侵害，而实际上是以别有用心的被害人面貌出现的犯罪人。在财产犯罪中，伪被害人通常是从私人保险那里获得赔偿或是虚构损失从政府那里得到救助的人。他们提出虚假理赔要求，其行为本质上是在诈骗。伪被害人的动机不只是金钱利益，一些人假装被害人可能是为了掩饰真相，比如，赌输了薪水的丈夫可能会告诉妻子和警察他被抢了。① 所以，把负完全责任的被害人作为被害人的一种分类在很大程度上超出了犯罪被害人的概念和犯罪被害人学的研究范畴。

对被害人责任的研究实质上也是从事实的另一端揭示犯罪人的行为及罪责问题，在司法层面上，对被害人的责任研究有利于更公平公正地对犯罪人进行定罪量刑，对犯罪人有个客观而真实的评价。而对于犯罪学而言，对被害人责任的研究必然有利于提高犯罪预防的效力，从"有则改之，无则加勉"入手，做好犯罪预防工作。

（三）按犯罪被害人被害的可能性向现实性转化的过程分类

将被害人划分为已然犯罪被害人和潜在犯罪被害人，是为了区别针对两类被害人的预防措施。已然犯罪被害人是指被害已成为事实的犯罪被害人。实践中，进入司法系统或者社会救助系统的基本是已然被害人，被害人学和犯罪学研究的主要是这样一些被害人。对于已然被害人我们主要的应对措施是通过公正的裁判、恰当合理的刑事赔偿、被害补偿和被害服务，降低犯罪行为带来的危害后果，避免被害人的恶性转化和重复、多次被害。

潜在的被害人，又称为状态性被害人、生来性被害人，他们或是有受害的现实可能性，或是由于本身的性格、素质或行为的某些倾向性而具有持续性的、现实可能的潜在被害倾向者。对于潜在被害人的对策是改变、防范其被害因素和条件，减少和避免犯罪行为的发生。针对潜在被害人的预防是被害前预防，以潜在被害人为对象的被害预防比针对已然被害人的预防更具有积极作用。

---

① ［美］安德鲁·卡曼著：《犯罪被害人学导论》（第6版），李伟等译，北京大学出版社2010年版，第130页。

（四）按犯罪被害人被害的真实性分类

根据这种分类方式可以划分为真实的犯罪被害人和虚假的犯罪被害人。真实的犯罪被害人是指确实遭受了犯罪侵害，并承受了损失或损害的犯罪被害人。根据报案与否，又可将其分为已知的犯罪被害人和未知的犯罪被害人两种。

比较常见的被害人分类标准还有根据犯罪性质将被害人分为暴力犯罪的被害人、财产犯罪的被害人、性犯罪的被害人、经济犯罪的被害人等；亦可根据被害人被害倾向性的有无划分为状态性被害人和机会性被害人。状态性被害人即潜在的被害人；机会性被害人是指并非因为自身的性格、素质或行为的某些特点或者倾向而受害，而是纯粹因为某种偶然的、突发的不幸事件而受害，被害人本身对此并无任何被害的倾向性和受容性。

有的学者将被害人分为共同被害人与个体被害人，复合被害人与单一被害人，无名的被害人与有形的被害人，习惯性被害人与非习惯性被害人，积极的被害人与消极的被害人，人为环境的被害人、技术环境的被害人、社会环境的被害人、贫穷的被害人等。还有的学者根据被害人同犯罪的关系将被害人分为三种：特定被害人、非特定被害人和偶然被害人。按被害人受害程度和性质分为被剥夺生命的被害人、受到严重伤害的被害人、受一般损害的被害人和无损害的被害人。按被害人心理特点可分为抑郁型被害人、贪婪型被害人、轻浮型被害人、孤独型被害人、暴君型被害人和轻信型被害人。

四、研究犯罪被害人的意义

被害人学对犯罪与被害的现象、被害性及犯罪人与被害人的互动进行深入的分析。研究被害人是社会发展的需要，对于完善犯罪综合治理具有重要的意义。

（一）被害调查有助于客观准确地评估犯罪水平和趋势，科学揭示犯罪现象

准确地评估犯罪水平和趋势是制定犯罪对策的基础。在犯罪被害人调查出现以前，官方统计资料是判断犯罪水平和发展趋势的唯一依据。然而，官方犯罪统计资料在确定犯罪水平和发展趋势方面具有明显的缺陷，造成"犯罪黑数"的存在。在官方统计之外，还存在大量的犯罪被害人未予以举报的犯罪。通过对被害人的调查研究，可以发现犯罪的暗数、被害人在地域上的分布、各种类型犯罪中被害人的情况、易受侵害的被害人情况等。这样就能够全面地了解犯罪的真实现状，真正掌握一个国家或地区犯罪的水平和发展趋势及犯罪现象的各方面规律，为正确地制定打击犯罪与预防犯罪的对策奠定真实、可靠的基础。实践证明，犯罪被害人调查是各国研究和解决犯罪黑数的有效手段。

（二）分析被害原因有助于全面认识犯罪的发生过程和犯罪原因

犯罪包括犯罪人、被害人和犯罪行为三个要素。犯罪被害人和加害人在犯罪过程中总是处在相互对立而又相互作用的状态。被害人自身的特性，被害人在犯罪过程中的言论、表现和行为等，对犯罪行为的实施与否、完成与否以及犯罪的危害程度，具有直接的影响。因此，要全面地了解与认识犯罪的发生过程及其原因，切合实际地认识具体的犯罪现象，仅仅研究犯罪人及其行为是远远不够的，而必须在研究犯罪人及其行为的同时，也要研究被害人及其在犯罪行为实施过程中的表现，研究被害人的特性和行为对犯罪生成过程的促成或抑制功能。只有这样，才能更加全面、客观地认识犯罪，也才能采取更加有效的犯罪对策。

（三）有助于刑事司法的进展

首先，在刑事审判实践中，人们往往只重视对犯罪人方面罪行的调查，而有意无意地忽视或不重视对被害人方面的调查。在这种调查中，重要的是查清犯罪事实，而对为什么会产生这种犯罪事实

研究颇少。为了正确适用刑罚，教育和改造罪犯，查清被害人对犯罪发生是否有责任以及责任大小是非常重要的。对被害人问题的研究，也正是为了从理论上和实践上说明被害人是否应当对犯罪和被害负责，区别其有无责任和责任大小，以便对犯罪人正确定罪量刑。研究被害人对刑事审判的合理性和公正性能提供帮助，成为正确判决的客观依据。

其次，被害人在犯罪过程中所遭受的物质上的损失或精神上的伤害，如果在刑事诉讼的结果中得不到最低限度的补偿，被害人往往会采取个人复仇乃至犯罪的方式来寻求自我补偿。因此，在刑事诉讼中，犯罪被害人的权益应当受到高度的重视和充分的保护。随着被害人学的产生和发展，被害人的损害补偿问题引起学者和各国政府的重视。一些国家相继制定了专门的被害人补偿法，有的国家还针对刑事判决往往不足以补偿犯罪被害人所受损失的现实，对犯罪被害人，由国家代替加害人来补偿犯罪行为给其造成的物质损失，帮助其恢复正常的社会生活。

（四）有助于完善预防犯罪的对策体系

被害人学产生之后，从另一个角度提出了预防犯罪的对策，即预防犯罪被害。被害预防强调通过个人和社区消除招致受害的因素而预防被害，进而预防犯罪。这类措施具有最大限度地调动预防犯罪的主体参与预防的潜能。提倡预防犯罪，人们常常意识不到自己的责任。而提倡预防被害，人们则会意识到如果不积极预防被害，自己就有可能受到犯罪侵害。这样，人们通过预防被害而减少了自己遭受犯罪侵害事件的数量，也就减少了犯罪的总量，实现预防犯罪的目标。

第二节　被害分析

在被害人学产生之前，在犯罪学界，基本上将犯罪人与被害人相割裂，认为在犯罪的发生中，犯罪人始终处于主动地位，被害人则是完全被动的。被害人学产生后，应当将犯罪与被害置于社会互动过程中加以研究，明确在犯罪的发生及其控制的社会过程中，加害与被害双方都是作为主体而进行着各自的活动并融入互动过程中的。这一观点逐渐为研究者所接受，相关的研究陆续增多。

一、早期的研究

被害人与犯罪人的关系已为很多学者所研究，有人认为被害人与犯罪人的相互关系，在犯罪活动的全过程中，总是处于动态关系。

20 世纪 40 年代初，德国学者汉斯·冯·亨蒂（Hans von Hentig）认为，被害人与犯罪人的相互关系是"互补的合作者"。在犯罪人和被害人、杀人者和被杀者、欺骗者和受骗者之间，经常会观察到一种真正的相互关系。只认为犯罪人是积极主体，而被害人是消极客体，还不能说明他们之间实际存在的相互关系，因为在被害人被害时存在着一种积极因素。按照亨梯的观点，甚至在很多场合被害人"影响并塑造了"对他的犯罪。他认为，犯罪人和被害人之间的勾结是犯罪学的一个基本事实。当然，这并不意味着犯罪人和被害人之间达成了或故意犯罪或被害的协议，但彼此确实存在着互动关系，互为诱因。

1968 年，美国犯罪学家斯蒂芬·谢弗（Stephen Schafer）在阐述他的"能动责任"概念时指出，行为责任是一个变化性的概念，对它的解释是特定时代的社会、文化和政治条件的真实反映……刑事责任的概念经常会表明，权力结构中统治集团的社会关系和意识形态。许多犯罪并不是碰巧发生了，而被害人的疏失、被害人的主动促成行为或是挑衅行为都会对犯罪的发生做出贡献……潜在的被害人对于预防自己的被害即预防犯罪，也负有一定的责任。在一定意义上，被害人有责任不去引诱他人实施犯罪。

20 世纪 70 年代末，德国犯罪学家汉斯·约阿希姆·施奈德（Hans J. Schneider）甚至认为"无被害即无犯罪"。他认为，"某人或某物注定要受到侵害、危害或破坏，罪犯也有招致自己被害的可能性"。但问题在于，"谁实际上确已成为某罪的被害人取决于社会和个人的犯罪或被害的过程，在这种过程中，无论是罪犯还是被害人都没有被特别标明或不标明"。

被害人学的创始人门德尔松则进一步认为，所有的被害人都对自己的被害亦即犯罪的发生负有责任。被害人的作用虽然有从首先使用暴力到仅有一些引诱性的语言等各种不同的情况，但如果没有被害的作用就不可能产生罪犯与被害人这一刑事关系，因此，门德尔松称被害人与犯罪人的关系是"伙伴"关系，提出了著名的"刑事伙伴"范畴。①

综上所述，被害人学产生时期，被害人在犯罪的发生和控制过程中的作用和地位问题得到全面的重视和审查，揭示出犯罪人和被害人的关系是相互作用和相互转化的互动关系。

二、被害与加害的互动关系

互动关系是被害人与犯罪人关系研究的最初内容和重点内容。互动论从辩证唯物主义的发展观出发，认为犯罪人与被害人之间是既相互依存，又相互影响和相互作用的关系。

（一）被害人与犯罪人的互动模式

被害人与犯罪人的互动模式，是指被害人与犯罪人各自以其被害原因或加害原因为作用力，相互影响、彼此互动，对推动互动进程共同发挥作用的模式。在这里，"被害"与"犯罪"均是动态概念，被害人与犯罪人均是积极主体，以"互相影响、彼此作用"的方式推进其互动过程。

（二）被害人与犯罪人互动模式的类型

从临床研究来看，被害人与犯罪人互动的具体形态一般表现为

---

① 魏平雄等主编：《犯罪学》，中国政法大学出版社1998年版，第195-203页。

以下四种模式。

第一，可利用的被害人模式。也称为"单向利用"加害模式，即犯罪人单方面地利用被害人某些无意识的致害因素实施其犯罪行为，或者被害人是在自己毫无察觉的情况下实施了某些令犯罪人感到系属诱惑的行为的作用模式。

这种模式的最大特点在于被害人无意于或根本没有意识到自己行为的诱惑性或过失性，在一种自己并不自觉自省的情境下被罪犯"利用"而成为被害人。因此，这种互动模式中，其被害人的责任较小，甚至没有责任。

第二，被害人推动模式。也称为"单向诱发"模式，是指被害人一方首先实施了具有激化、推动作用的某些行为，从而诱发犯罪人对其实施犯罪行为的作用模式。

在这一模式中，被害人因实施了某种或某些行为而促使、诱引罪犯实施了针对自己的犯罪行为，犯罪行为不过是对于被害人推动行为的一种还击或不够恰当的反应。被害人的推动行为包括引诱、挑衅、辱骂、殴打等足以刺激对方不适当地采用侵害行为作为反应的行为，在这一模式中，被害人负有相当程度的责任。在该模式所适用的犯罪类型上，除了传统的杀人、伤害等犯罪外，经济犯罪和职务犯罪也可以得到解释。

第三，冲突模式。指双方均实施了加害行为又均有被害状态，并发展到一方最终被害为止的作用模式。

在这种模式中，犯罪人与被害人之间曾经有过相当长时期的社会互动关系，并在互动过程中常常互换角色，即出现被害人易位现象。可以说，互动的结果，使得双方在一定程度上既是犯罪人又是被害人，共同构成一个不断冲突着的并发展到一方最终被害为止的社会互动过程。在这一模式中，很难分清双方的责任，更不能以最终的互动结果来确定谁是犯罪人谁是被害人。在家庭暴力和邻里间的冲突中常存在该种模式。

第四，斯德哥尔摩模式①。斯德哥尔摩模式，是指被害人基于生命、安全、前途、声誉等方面的严重威胁而出现了创伤性的心理倒退，从而使其与犯罪人之间的关系由敌对转为融洽的一种"不打不成交"的特殊的作用模式，又称"变敌对为融洽"模式。

这是一种极其特殊的被害人与犯罪人之间的互动模式，体现了彼此作用关系的错综复杂性。其特点是被害人与犯罪人之间彼此产生了赞赏、喜爱的情感并结成融洽、友好的关系。被害人以一种非常态的方式来对待和认识犯罪人和被害过程。但这种模式并不意味着抹杀了互动过程的加害与被害的性质和界限，更不等于犯罪人免予罪责或为抹杀被害人互动过程的作用提供了事实依据，而是反映了互动的错综复杂性。人质、祭祀仪式上的虔诚信徒、被殴打的妇女以及其他遭受了长期身体和精神上虐待的人，有时会表现出这种倾向。

研究被害人与犯罪人的互动关系，对于正确认识被害人在刑事诉讼中的法律地位，完善被害人要求恢复原状和赔偿损失的合法权益的理论与具体途径，具有重要启示意义。

（三）犯罪人与被害人的角色转化（换）

被害人与犯罪人之间的角色转换，是指在一定条件下被害人转化为犯罪人，或者犯罪人转化为被害人的现象。

在犯罪人与被害人的互动中，被害人推动模式中的犯罪人和被害人发生了角色互换，即被害人向犯罪人的转化和犯罪人向被害人的转化。这种互动中的转化往往限定于同一犯罪事件中，但是有一些情形中，被害人角色转化的指向对象并非原有的施暴者，而是其

---

① 这一模式起源于1973年斯德哥尔摩发生的一起银行抢劫案。在这起抢劫案件中，两名恐怖分子将银行4名雇员扣押在银行金库内，令人惊讶的是，在这与世隔绝的6天内，人质中的一名女性竟然与一名恐怖分子产生了爱情。此后，把被害人与犯罪人之间由开始的敌对、冲突转为积极地结成联盟的情况统称为斯德哥尔摩模式。

他个体或群体。这样的一些转化说明转化并不局限于互动中的转化，所以有必要在互动关系之外探讨转化关系。

1. 正向的角色转化

这种被害人向犯罪人转化的形态是广受研究者关注的一种角色转化形式，也被称为被害人的"恶逆变"，指被害人在其合法权益受到犯罪行为侵犯后，在不良心理的支配和其他因素的推动下，导致的被害人的逆向变化。也就是说，被害是继而发生的攻击行为的直接促成因素和必要条件，被害人向犯罪人转化周期不尽相同，包括代际转换、中长期转换和即时转换。"恶逆变"的主要发生机制包括：

（1）被害可能是被害人暴力行为的直接起因。由于报复动机是被害经历所产生的重要后果之一，因此，当报复是暴力的一个关键组成部分时，被害在暴力犯罪中作为原因要素的重要性变得相当明显。在以攻击行为对抗攻击行为、以暴力对抗暴力的情况下，犯罪人与被害人的角色简单地逆转了。

（2）被害经历可能是产生暴力犯的间接原因。人是社会的产物，生活经历对于违法者的态度和行为具有塑造作用。暴力犯产生的过程之一就是残忍化的过程，即被害经历或他人的虐待对其之后的生活过程产生了持久和深刻的影响。"被虐儿童综合征"① 的循环性特征即表明了儿童时期经常被殴打的人，长大成为父母之后也会对孩子实施过分的体罚。另一个过程是麻木的过程。例如，曾目睹或参与战争恐怖行为的人常具有麻木不仁的表象。这种经验可能说明了他们生活的其余部分的态度和行为。残忍化、麻木、报复、学习、模仿、认同犯罪人，有助于解释由被害人向犯罪人转化的心理机制。

（3）对"被害感"的反应可能是被害人向犯罪人转化的理性

---

① ［美］安德鲁·卡曼著：《犯罪被害人学导论》（第6版），李伟等译，北京大学出版社2010年版，第233页。

基础。对犯罪人的临床研究表明，犯罪人所认为"不公平"的事件数量，远远高于非犯罪人。并且犯罪人对这类不公正（加害）事件的反应通常更持久、更频繁，并更加具有暴力色彩。无论被害是直接的还是间接获得的，是实际的还是想象的，是个人的还是共同的，"已经成为被害人"这一意识不仅为犯罪提供了诱因和借口，还提供了必要的合理性和中立性，从而使潜在的犯罪人可能克服任何正式的和非正式的社会控制，把被害人转化为一个毫无怜悯之情的犯罪人。个人或群体还可能从一起或多起他人实际被害的事件中，不仅产生了具体"被害感"，或许还会有不公的情绪以及与任何特定事件均无关的模糊感，这就可能进一步影响社会控制的水平。被害人对被害的反应具有不同的方式。其中，一些人会使对被害的暴力反应外化，另一些人则会使暴力倾向保持在内心。而被害人是否通过伤害他人或自身做出反应，取决于大量的变量，包括年龄、性别、社会团体、文化习惯等。

2. 逆向的角色转化

这是指犯罪人向被害人的转化。这种现象产生于人们的侵害和攻击行为导致或促成自身死亡，或者其掠夺性的、非法的、不诚实的行为是其自身被害的促成因素。当然其被害不仅得不到法律保护，还要受到法律制裁。当代多学科的研究结果表明，被害与犯罪、被害人与犯罪人之间并不是截然对立的，在特定的情境、特定的个体和特定的社会关系中具有明显的逆转的可能性。

（四）通过调查说明的其他关系

美国《统一犯罪报告》的报告指南要求警官对发生在其辖区内的每一宗杀人案都要填写一份《杀人案补充报告》。由此得到的《杀人案补充报告》数据库提供了被害人的年龄、性别和种族等信息，如果嫌疑犯被捕，则还包括被告人的年龄、性别、种族、武器、动机以及与死者之间的关系等信息。被害人和杀人者之间的具体关系可以分为三大类别：二者是同一家庭（无论是核心家庭还是大家庭）的成员；熟识关系、邻里关系或悲剧发生前是密友

（包括男朋友和女朋友）；二者在犯罪发生前完全陌生。根据 20 世纪 90 年代到 2004 年警察的调查数据，在所侦破的案件中，由朋友或熟人造成的死亡是最为常见的情况（29%～38%）。每年来自同一家庭的一位成员杀死另一成员的案件占到 12%～14%；由陌生人制造的杀人案占到 12%～15%。由于未破获的杀人案件占据了 35%～45%，前述的三种关系各自的比例未必反映事情的本来面目，但是就已破获的案件来说，非常有利于说明杀人案件的特定模式——"不要和陌生人说话"在杀人案件中不适用（如图 7-1 所示）。但是，如果考虑到许多未被侦破的案件可能由陌生人如抢劫者实施的，那么这将是一种可怕的情形，因为要防范陌生人的攻击更为困难。①

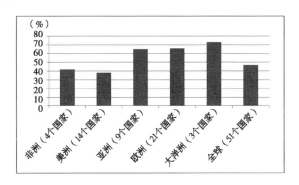

图 7-1　2012 年或最近一年按区域分列的亲密伴侣或家庭相关
凶杀女性受害人占凶杀女性受害人总人数的百分比
数据来源：联合国毒品和犯罪办公室凶杀统计。

---

① ［美］安德鲁·卡曼著：《犯罪被害人学导论》（第 6 版），李伟等译，北京大学出版社 2010 年版，第 75-77 页。

三、被害性

所谓被害性，是指在一定社会历史和自然条件下，由被害人的生理因素和心理因素，如性格、气质、素质、能力、人格倾向等诸多主观条件所构成的，恰恰足以使其受害的总体内在倾向性。

被害性是被害人首要的基本特性，是多数被害人共同具有的一般特征。这一特性首先意味着被害人确实是危害结果的担受者，包括被害人的被害的倾向性、受容性、敏感性及其被害意识。

第一，被害的倾向性。被害的倾向性，是指被害人所具有的足以使自己陷入被害情境的那种心理或生理、内在或外在的趋力、趋向或可能。被害的倾向性几乎为一切被害人所具有，落实到具体的被害人，只不过存在着程度、类型和显隐之别；具有被害倾向的人便具备了步入被害情境而具有成为犯罪被害人的可能，但是，只有当外在的加害因素发现、利用这一特性时，被害的倾向性才会转变为被害的现实。

第二，被害的受容性。被害的受容性，是指被害人心理和气质上对于自身被害角色的认同和容忍，或者放任其被害隐患而不加控制的特性。一些被害人在被害前即有一种将被害人这一角色自我内化的倾向，将被害人的角色预先内化，而产生了被害的受容性。一些被害人在被害后对既定受害事实持认同或容忍的态度，如果长期重复被害的话，则有可能成为"习惯性被害人"，被害人对于自身的被害就会产生一种无知无觉、麻木不仁的状态，视被害为理所当然。另一极端则是如果毫无提防的话，则又使自己具备了被害的倾向性。这说明，被害性是人的一个普遍属性。

第三，被害的敏感性。被害的敏感性，是指被害人对于可能的被害或已然的被害事实的感知和自觉。一般来说，被害人对于被害均有明晰的感知或预感，但也有一些被害人对于即将来临或可能发生的被害毫无感知，陷于被害情境而不自觉。直至被害已经发生，仍无感知，而成为所谓的"无意识的被害人"。通常来说，"习惯性被害人"的被害敏感性已完全消失。因此，提高被害人对于被害的敏感性，是发现、预防、消除被害，增强被害人的自律、自卫能力，从而有效保护被害人的途径之一。

在研究被害人的被害性方面应注意四个问题：第一，造成被害的根本原因是犯罪行为，犯罪与被害具有因果关系，无犯罪行为即无被害；第二，犯罪行为人与被害人是一对矛盾的两个方面，两者存在某种互动关系；第三，研究被害性的目的是更好地预防被害，而非为犯罪人开脱罪责，更非对被害人加以谴责；第四，某些犯罪，被害人有一定的过错，甚至有些被害人本身的行为成为自己被害的原因。

第三节　被害化与被害救济

犯罪发生必然会侵害一定的社会利益，作为犯罪行为的承受方，刑事被害人不得不忍受犯罪带来的物质与精神方面的损失与痛苦。另外，遭受犯罪行为侵害的刑事被害人，在生理与心理上都处于弱势地位，为了恢复、维持乃至提高其尊严，国家和社会都有责任给予支持，使被害人从不利状态转向正常状态。

一、被害化

一般观念认为，犯罪行为的实施过程是犯罪化过程与被害化（victimization）过程的有机统一。其中，犯罪化过程是指犯罪人受各种内外因素的影响形成了犯罪意识从而实施犯罪行为的过程；被害化过程是指个体从非被害人成为被害人或被害人受到的"被害程度进一步加深"的状态或过程。"被害化"已经成为被害人学的核心术语。

（一）"被害化"的特点

被害人所受到的伤害绝非仅仅由犯罪直接带来的物理性伤害，而是一个多角度、长期性、多元加害主体的渐进式和阶段化的复杂过程。第一，被害化不仅是指被害人的身体受到的物理性损伤或其财产遭受的物质性损失，更包括人格权意义上的人格尊严受损，以及心理学意义上的精神折磨和心理伤害。第二，被害化并非仅指犯罪行为时的被害状态，更可能涵盖犯罪后的长期被害过程。第三，造成被害化的主体绝非仅仅是犯罪人。犯罪人是造成被害化的前提和主要原因，是首次被害的催生者。但是当犯罪行为被追究之后，加深的被害化进程（二次、三次被害）是由其他主体诱发的。这包括刑事诉讼中警察、检察官、法官等相关主体，也涵盖了媒体、亲戚朋友等社会因素。

（二）被害化的三个阶段

犯罪学按照被害化的性质及减轻被害化的对策不同，可将其划分为三个阶段。

首次被害（Primary Victimization），是指因为受到犯罪的直接侵害而遭受的身体物理性损害、财产的物质性损失以及心理的精神性损伤。首次被害在犯罪时即已经发生，事后减轻被害程度的方式多通过民事救济和国家补偿手段。

二次被害或再次被害（Secondary Victimization），是指在首次被害之后，由于负面的社会或群体反应而造成的对被害人的进一步侵害。这些负面的社会或群体反应包括亲戚、朋友羞辱性或冷漠的表达，媒体对案件的公开、反复重现，以及公权机关对被害人进行的强制性被害重述。其中刑事司法程序所造成的"被害人的二次被害"尤为显著，已成为二次被害的主要表现——警察为尽快侦破案件强迫被害人反复重述被害过程、对被害人陈述的怀疑、检察官和辩护人在庭审中对被害人受害过程反复公开再现与质疑、刑事诉讼各方对被害人"揭伤疤"式的采证质询。刑事司法进程中的二次被害和司法程序后的精神创伤，会进一步延伸被害人的被害化状态。

第三次被害（Tertiary Victimization），是指前两次被害化的力量加之于被害人之后，使得被害人产生自我否定、自我谴责和摧残的心理障碍，形成自我伤害的心理趋势，更在极端情形下由于心理愤恨、扭曲而转化为犯罪人（恶逆变，前述的正向的转化），进而受到第三次伤害。第三次被害的理论说明，被害化有可能是一个长期的过程，并不会随着刑事司法程序的终结而终结。因此，刑事程序后的被害人保护处遇措施同等重要。

被害人学的研究表明，如果对被害人缺乏关切、被害人权利未能得到妥善保护，被害人第一次受到的犯罪侵害不仅得不到弥补，反而会继续受到第二次（犯罪后再被害）和第三次侵害（程序后精神损伤），被害人将可能成为被害标签诱导犯罪或干脆转化为犯罪行为人，而这些都会进一步助长犯罪。被害化研究提示我们，降低被害人的被害化程度，不仅需要建立国家刑事被害人补偿机制、增加被害人诉讼权利保护，更需要建立专门的包括社会力量在内的被害人救助机构和组织。考虑多次被害的可能性，在诉讼程序之外对被害人这一弱势群体进行倾斜性保护，这是一个社会系统工程。

二、被害救济

1985 年 11 月 29 日，联合国制定了《为罪行和滥用权力行为受害者取得公理的基本原则宣言》（以下简称《联合国被害人人权宣言》），号召各国应减少被害，援助处于困难状态中的被害人，积极推进社会政策、卫生保健、教育、经济、犯罪预防等各种政策，同时应创造条件，利用民间的力量，使之完善。从而明确了被害人可以取得公理和公平待遇，得到犯罪人的被害赔偿、国家补偿、社会性援助等四项原则。① 也就是说，犯罪被害人损害救济的途径，包括犯罪人赔偿、国家补偿、社会性援助以及被害人的诉讼地位和权利。

---

① 转引自周东平著：《犯罪学新论》，厦门大学出版社 2006 年版，第382 页。

（一）犯罪人赔偿

犯罪人赔偿是救济被害人损害最基本和最重要的途径，体现了司法"罪责自负"的基本原理，符合最根本的法律正义。犯罪人赔偿可以通过两种程序得以实现：一是在刑事诉讼程序中通过作为刑事处罚方法的刑事赔偿予以实现；二是在民事诉讼（包括独立的民事诉讼和刑事附带民事诉讼）程序中通过主张侵权损害赔偿来实现。

西方法学家普遍认为，刑事附带民事诉讼制度不仅具有诉讼法上的效益、便利、减少累诉的价值，而且从程序法保障实体法的角度看，同时还具有及时满足被害人损害赔偿需求的功能，这对于惩罚犯罪也有重要意义。① 世界上大多数国家，特别是大陆法系国家，在立法上都采用了刑事附带民事诉讼制度。

（二）国家补偿

1963年，新西兰颁布了《犯罪被害人补偿法》，建立了第一个刑事损害补偿法庭，成为第一个对犯罪被害人进行补偿的国家，该法也成为世界上第一部关于国家补偿犯罪被害人的法律。目前，全世界共有四十多个国家建立了犯罪被害人国家补偿制度。②

被害人国家补偿制度已成为现代法治文明的标志性实践之一。以恢复性司法为主导的现代刑事司法强调以被害人为中心和以"恢复性"为其核心特征，主张对犯罪的正确反应首要的不是惩罚，而是如何救济犯罪造成的损害，强调整体性和平衡性，最终实现"无害的正义"。在恢复性司法理念下，对被害人因犯罪行为而遭受的损害进行救济，首先应当选择的途径是犯罪人赔偿。但是当犯罪人死亡或下落不明时，或当犯罪人无力赔偿时，被害人仍需要

---

① 陈光中著：《外国刑事诉讼程序比较研究》，法律出版社1988年版，第399页。

② 参见田思源：《犯罪被害人的权利于救济》，法律出版社2008年版，第83页。

物质补偿以减轻犯罪对其带来的侵害，维持基本生活。此外，国家对公共秩序的维护实质上先于对私权的救济，为了保障国家对犯罪追诉权和刑罚权的实现，通常在犯罪人还未来得及赔偿被害人之前就已经锒铛入狱，被剥夺了自由权或生命权的犯罪人自然部分甚至全部丧失了赔偿被害人的能力。由于对被害人损害的救济让位于国家对刑罚权的实现，如果国家不以公共资源对无法从犯罪人处获得赔偿的被害人给予补偿，就容易形成公共利益与个人利益的失衡，磨损犯罪被害人以及其他社会成员对国家的信心，并最终损害公共利益。因此，由国家来补偿未获赔偿的犯罪被害人是恢复性司法对犯罪被害人损害救济关注下的必然要求，是"恢复性"司法理论的必要逻辑前提。

据《中国统计年鉴》的数据显示，我国 2012 年发生刑事案件 6551440 起，破获 2807246 起[1]，破案率为 43% 左右。杀人、抢劫、伤害、强奸、拐卖妇女儿童等严重刑事犯罪为 40 万起左右，这意味着该年度有相当多严重暴力犯罪（虽然严重暴力犯罪的破案率要高于平均水平）的被害人没有得到任何赔偿，这还不包括犯罪人无足够赔偿能力的情况。这个庞大的被害队伍对于社会稳定来说影响不可谓不巨大。近年来，一些具有严重社会影响的重大案件发生后，政府采取了相应救济措施，可以看作被害人补偿在实践中的尝试。例如，1990 年"5·22"乌鲁木齐爆炸案、2008 年西藏"3·14"事件、2009 年 7 月 5 日新疆暴乱后，政府都对暴乱中受伤的被害人或其亲属给予救助。

我国尚不存在系统的被害人国家补偿制度，但是我国的刑事被害人救助制度产生于 21 世纪初并获得了较快发展，可以看作准被害人国家补偿制度。2013 年，党的十八届三中全会通过《中共中央关于全面深化改革若干重大问题的决定》，要求完善人权司法保障制度，健全国家司法救助制度，为进一步加强和改进司法救助工

---

① 参见中华人民共和国国家统计局：《中国统计年鉴 2013 年》。

作指明了方向。

1. 理论上的探索

西方国家普遍设立的被害人国家补偿制度，是被害人研究推动法制完善的重要成果。我国理论界从补偿对象、补偿范围、补偿标准和限制、补偿金来源、补偿机构与补偿程序等方面对我国犯罪被害人国家补偿制度提出了构建设想。

2. 立法上的探索

《关于对经济确有困难的当事人予以司法救助的规定》（2000年）（2005年修订为《关于经济确有困难的当事人提供司法救助的规定》）、《关于开展刑事被害人救助工作的若干意见》（以下简称《被害人救助意见》，2009年）、《关于建立完善国家司法救助制度的意见（试行）》（以下简称《司法救助意见》，2014年）的相继出台，开启了在全国范围内开展刑事被害人国家救助工作的大门，实现国家司法救助工作制度化、规范化。

随着《司法救助意见》的发布实施，我国司法救助制度的内涵发生了重大变化，概括起来有以下两大变化：（1）司法救助的内涵和外延发生了重大变化，大司法救助的格局得以建立。根据《司法救助意见》，司法救助的概念从2000年最高人民法院《关于对经济确有困难的当事人予以司法救助的规定》中规定的狭义司法救助概念扩展为广义的司法救助概念，即从此以后司法救助不仅包括诉讼费用的缓、减、免，还扩展到了对刑事被害人、侵权受害人的救助，以及执行程序中的救助等。（2）《司法救助意见》实际上吸纳并修改了2009年中央政法委等八部门印发的《被害人救助意见》，刑事被害人救助的内容被纳入了广义的司法救助制度之中。对受到侵害但无法获得有效赔偿的当事人，由国家给予适当经济资助，帮助他们摆脱生活困境，既彰显党和政府的民生关怀，又有利于实现社会公平正义，促进社会和谐稳定，维护司法的权威和公信。

《司法救助意见》对开展刑事被害人救助工作的重要意义、指导思想、总体要求、基本原则，以及救助对象、救助标准、组织机构及职责分工、救助的决定、资金的发放、救助资金筹集和管理、与相关制度的衔接工作等基本问题做了全面规定，为各地制定具体实施办法提供了指导意见。此后，各省、自治区、直辖市纷纷结合本省、自治区、直辖市的实际情况出台了实施该制度的办法，最高人民法院以及最高人民检察院分别制定了本部门的工作细则。在上述一系列国家政策文件的引导下，刑事被害人救助工作得以迅速地在全国各地启动和展开。

3. 救助实施情况

从 2010 年 1 月至 2013 年 7 月，全国有 24149 名被害人及其家属得到检察机关的救助，共发放救助金 1.765 亿元；从 2009—2011 年，全国法院向刑事被害人累计发放救助金 2.3377 亿余元，12978 名刑事被害人获得救助；从 2009 年 3 月至 2010 年 10 月，全国公安机关共救助刑事被害人 1497 人，发放救助金 2377 万元。

2014 年《司法救助意见》实施以来，2014 年、2015 年中央分别拨款 7 亿元用于司法救助金发放，地方配套金额为 17.7 亿元、22.4 亿元。2015—2018 年法院系统救助案件为 16.65 万件，2015—2019 年共发放司法救助金 48.67 亿元，2021 年救助 4 万人，发放救助金 9.2 亿元；检察系统 2014—2021 年救助人（件）数为 13.1 万人（件），救助金额为 18.9 亿元，2018—2022 年救助 19.9 万人，救助金额为 23.2 亿元。

（三）社会性援助

我国已基本建成中国特色社会救助体系。这个体系以基本生活救助、专项社会救助、急难社会救助为主体，社会力量参与为补充，覆盖全面、城乡统筹、分层分类、综合高效。低保和特困供养这两项基本生活救助制度成熟定型，医疗救助、教育救助、住房救助、就业救助、受灾人员救助等专项救助制度及时帮助困难群众解决相应问题，临时救助、流浪乞讨人员救助等急难社会救助为临时遇困人员排忧解难。但是对被害人的救助没有明确规定，仍需要进行优化。

2014年5月1日起施行的《社会救助暂行办法》中，我国没有对因犯罪被害而需要临时救助的人员给予专门的规定；2003年7月21日国务院发布的《法律援助条例》的法律援助范围也仅仅覆盖了家庭暴力、虐待等受害事件；社会上，为被害人提供帮助的民间社团寥寥无几。借鉴国外成熟的被害社会救助措施可以使我国逐步建立起一个援助被害人的体系。

发达国家通过建立固定的被害人救助机构、数量众多的被害人援助组织、刑事被害人的跟踪保护制度来为被害人提供心理咨询和治疗、精神鼓励和互助以及生活援助等，以期最大限度地减少被害化的可能性。这些民间组织在政府缺位的空间里为被害人提供了及时、有效的援助。

一是介入危机，即在被害发生数日至两周以内，根据一定的基准并通过一定的手段，帮助被害人解决因被害而带来的诸如社会的、精神的、心理的问题，使其脱离由被害产生的危机，最终达到回避危机的目的。例如，被害人方面的律师支援。

二是生活辅导（随后辅导），即帮助总结过去，并对未来的生活予以指导。此项工作在介入危机告一段落后即需展开。其援助范围包括治疗伤害、修理或重购被毁损财物、恢复工作或学习、抚平精神创伤等。由于被害人的精神创伤较大，持续时间较长，故需要投入较长时间，这是被害人援助的核心工作。

三是防止胁迫，即为人身仍受威胁的被害人提供保护，以防止侵害人及其家族、朋友等方面对被害人一方施压。

四是公共教育，即为使社会成员能够正确理解被害、被害人教育，也包括正确接待被害人的各种职业教育。

五是建立为被害人服务的志愿者机构。

六是防止再被害化，如从警察那里得到救济、保护；阻止第二次、第三次的被害化和媒体的侵害；提供短期避难所；提供有关的防范被害的常识乃至防范器材等。[①]

（四）被害人的诉讼地位和权利

被害人的诉讼地位和权利研究是被害人研究的重要内容。这是因为从社会历史形态发展来看，被害人的诉讼地位和权利经历了"V形反转"，地位较封建社会有所上升。但是与犯罪人所受到的保障比较，这种进步就微不足道了。所以近年来被害人运动的成果之一，就是充分注意到被害人在司法制度中的法律地位问题，为被害人恢复正常状态减少障碍。

有关被害人诉讼地位和权利的研究非常之多，国际被害人学会的建议[②]可以看作集大成者。首先，在诉讼程序上，应明文规定被害人的以下权利：（1）知悉刑事司法程序中所有的重要阶段的意义；（2）对有关司法程序，不是用专业术语，而是用通俗易懂的语言说明之；（3）刑事司法程序中所有的重要阶段，被害人均应在庭，应接受其咨询；（4）抗辩、决定判决等庭外的交涉，应与法官坐在一起商量。

其次，关于被害人隐私的保护问题，应采取以下措施：（1）警察、检察、法院等机关，除非审判上的需要，不得公布被害人的姓名、住址；（2）刑事审判中，在适当情况下，应承认不公开采集的被害人调查笔录的证据效力；（3）针对被害人的特定信息、资料，被害人如希望保密时，应尽量予以保密；（4）对侵害被害人的隐私，妨碍其回归社会的人，可以科处刑事处罚或行政处罚。

再次，在诉讼程序的设计上，应注意：（1）决定审判日期时，也应考虑被害人的具体情况；（2）法庭应设有被害人专用的通道和休息室；（3）应就刑事处罚或民事处罚何者优先、刑事处罚的

① 以上引自周东平著：《犯罪学新论》（第2版），厦门大学出版社2006年版，第400—402页。

② 周东平著：《犯罪学新论》（第2版），厦门大学出版社2006年版，第405页。

大致的严厉程度、被害人是否获得侵害人为弥补被害而做的努力等，征求被害人的意见；（4）判决的内容应在一定的程度上通报给被害人。

最后，除了上述法律地位的提高外，为保障被害人的权利，国家、社会也应考虑对被害人在刑事司法阶段的援助，主要措施包括：提供法律上的辩护以及个人的辩护，证人经费的援助，出庭方面的指导，到达审判地以及到庭的护送，证人的接纳，雇主、户主的介入、调解。

世界各国在被害人诉讼地位和权利方面已经付出的努力都是这份建议的现实写照，希冀不久的将来，犯罪被害人能充分得到真正公平的待遇。

第八章　犯罪预防概述

　　犯罪给国家、社会、家庭及个人所带来的危害难以估量，也正因如此，人们对犯罪深恶痛绝，要求加大处罚力度或扩大犯罪圈的声音不绝于耳。但是，尽管刑法的规定越来越严密，处罚力度不断加大，犯罪率却并未出现人们所期待的大幅下降，人们不得不逐渐"习惯犯罪"。即使在犯罪学界内部，犯罪学家们对于犯罪的态度也发生了明显的变化。中国犯罪学研究会创任会长康树华教授在1998年出版的《犯罪学——历史·现状·未来》一书中指出："犯罪学是研究犯罪现象的发生、发展、变化规律，寻求犯罪原因，探索预防、减少以至消灭犯罪之对策的一门综合性学科。"这个定义认为，寻求消灭犯罪的对策也是犯罪学的学科任务之一。中国犯罪学研究会的第二任会长王牧教授在2005年出版的《新犯罪学》中则明确地将犯罪现象存在论作为其"新犯罪学"的基本起点。

　　本书不纠缠于"犯罪能否被消灭"这样的纯粹思辨性命题，而将重点放在究竟什么策略和措施可以在一定程度上减少犯罪数量或犯罪的危害程度，抑或可以降低人们对于犯罪的恐惧感。

第一节　犯罪预防的概念

　　从语义上讲，"犯罪预防"与"犯罪控制"是两个略有不同的概念。严格来说，犯罪预防（crime prevention）是指对犯罪的事先防范活动，具体而言，是旨在消除犯罪原因，避免犯罪发生的各种社会组织与管理、建设与发展活动。它致力于在犯罪行为的复杂因果链条中的较早介入，从而使得最终的犯罪行为无从发生。相比之下，犯罪控制（crime control）则是指在犯罪行为发生过程中或发生之后采取的不使犯罪行为继续发生或再次发生，并防止犯罪现象的数量和质量超出社会所能容忍的范围的抑制手段。例如，公安机关实施的社会治安管理，司法机关对犯罪和犯罪人的刑事惩罚、威慑和改造，社会团体、组织以及公民个人的自我防卫活动等。

实际上，仅仅将预防理解为"预先防止"是一种狭义的理解方式，因这在犯罪预防的理论和实践中实无必要。在西方犯罪学的语境下，经常把"预防犯罪"与"控制犯罪"交叉使用，或者是在概念上相互包容。联合国一向使用"预防犯罪"一词或将"预防犯罪"与"控制犯罪"并用。总而言之，本书将在广义上使用犯罪预防这一概念，它包含了犯罪控制以及与之相对的狭义的犯罪预防活动和措施的总和，其特点是不限于犯罪发生之前的预防，还包括犯罪中的遏制措施和犯罪发生之后的惩罚与改造方法。

如本书第一章所述，现代犯罪学理论已经明确区分了犯罪和犯罪性的概念，并且认为犯罪性和机会因素均是产生犯罪行为的必要条件。因此，为了预防犯罪行为的发生或发展，可能的措施既可以针对行为人的犯罪性，也可以针对犯罪机会。此外，犯罪预防和被害预防亦是同一问题的两个方面，本书并不特别加以区分。

不同的学者对于犯罪预防这一概念的内涵和外延的认识和定义有所不同。例如，犯罪学家冯树梁在《中国预防犯罪方略》中认为："预防犯罪乃是一个综合多种力量，运用多种手段，采取各种措施，以防止、控制和减少犯罪及重新犯罪的举措体系。"[①] 康树华教授主编的《犯罪学大辞书》中将"犯罪预防"这一词条定义为"为消除犯罪的原因和条件，防止和减少犯罪发生而采取的社会性和专门性的犯罪防治措施"[②]。联合国2002年通过的《预防犯

① 冯树梁：《中国预防犯罪方略》，法律出版社1994年版，第3页。
② 康树华：《犯罪学大辞书》，甘肃人民出版社1995年版，第296页。

罪准则》认为，"就本准则而言，犯罪预防是指通过干预那些影响着犯罪的各种原因，谋求降低犯罪行为发生的风险及其对个人和社会的潜在有害影响包括犯罪恐惧感的各种策略和措施。执法、审判和改造尽管也有着预防的作用，但不在本准则的范围之内，联合国其他文书对这些主题有更全面的论述"。美国犯罪学家拉布（Lab）将犯罪预防定义为"旨在降低实际的犯罪水平和（或）认知的犯罪恐惧感的一切行动"①。

概括而言，本书将在广义上来使用犯罪预防的概念，它既包括了狭义上的预先防止犯罪的意义，也包括了犯罪控制的含义。因此，公安机关打击犯罪的行动乃至整个刑事司法机关的刑事司法活动在一定程度上也具有预防犯罪的作用，不应将其与犯罪预防完全对立起来。

此外，从中外犯罪学家对于犯罪预防的定义中可以看出，本土犯罪学界往往忽视了对于犯罪恐惧感②的研究。虽然从实际运行着的某些犯罪预防措施的结果来看，犯罪或被害的实际水平并未发生明显的变化，但是如果这些措施改善了居民对于刑事司法机关或犯罪等社会问题的理性态度，降低了居民对于犯罪的过度恐惧感，从而在一定意义上提高了居民的生活质量，这样的犯罪预防措施也应当被视为产生了有益的效果。

总之，对应于本书在第三章对于犯罪学研究主要关注的三类结果变量，我们将犯罪预防定义为"旨在降低或控制犯罪的实际数量、危害程度、过度的犯罪恐惧感的策略与措施"。

---

① Lab S., Crime Prevention: Approaches, Practices, and Evaluations (9th edition) [M], NY: Routledge, 2016: 39.

② 在我国大陆的语境下，对应的概念为"公共安全感"。

第二节　犯罪预防体系的构成分析

为了分析研究以及实际执行的需要，我们既要理解犯罪预防在水平方向上的四个要素：主体、客体或对象、措施、目的，也要理解犯罪预防在垂直方向的三个层次：针对未然犯罪的第一层次预防、针对将然犯罪的第二层次预防、针对已然犯罪的第三层次预防。

犯罪预防主体就是犯罪预防策略或措施的施加者。例如，逮捕作为一种执法活动，它可以使得犯罪嫌疑人丧失犯罪能力，从而具有预防犯罪的作用。这种措施的实施者或曰主体应当是公安机关、安全机关或具有法律授权的其他刑事司法机关。犯罪预防主体是犯罪预防能否取得预期效果的重要环节，在我国经常见到的一句标语就是"社会治安，人人有责"。这似乎是在说每个人都是社会治安的主体，但是由于责任无法切实落实，再加上责任无限分散，从而使得主体不清，"人人有责"不免沦为空洞的口号。应该说，不同的犯罪预防措施需要相应的犯罪预防主体，如何调动犯罪预防主体的积极性，并切实落实他们的能、责、权、利，成为犯罪预防取得实效的首要问题。例如，家庭和学校在预防青少年犯罪方面起着举足轻重的作用，但是在现实状况下，这些犯罪预防主体通常缺乏相应的能力，而且不同主体间的责、权、利的界限和衔接均不明晰，因而严重影响着犯罪预防的效果和效率。

犯罪预防的客体或对象就是犯罪预防措施的承受者[①]。基于犯罪原因理论的基本划分，犯罪行为的出现需要犯罪性和犯罪机会这两个必要条件。因而，粗略地可以将犯罪预防的客体分为犯罪性和犯罪条件（机会）两类。例如，道德或法制教育有助于人们正确

[①]　在刑法学中，客体和对象是两个相互联系但又有重要差别的概念。在犯罪预防中一般并不特意加以区分。

认识自己的需要，辨别行为的对错，从而降低行为人犯罪的倾向性，此时犯罪预防所针对的客体就是犯罪性。再如，足球比赛时将主客队的球迷分隔在球场的不同位置，这就降低了他们发生冲突的机会和条件。此时犯罪预防所针对的不是行为人的犯罪性，而是犯罪发生的机会和条件。青少年犯罪预防的对象显然是青少年；职务犯罪预防的对象显然是掌握相应权力、具有一定职务的工作人员。但是，为了使得犯罪预防措施落到实处，需要更进一步增强其针对性，也就是尽量缩小犯罪预防客体或对象的范围。一般而言，犯罪预防的客体或对象越具体，犯罪预防越容易落到实处，因而也更容易取得实效。

犯罪预防的措施是犯罪预防构成的核心内容，也是最为丰富多彩的部分。例如，联合国 2002 年通过的《预防犯罪准则》提出的预防犯罪措施包括：

第一，通过社会、经济、卫生和教育方面的措施提高人民的福利并且鼓励亲社会行为，特别关注儿童与青少年，并重视与犯罪和被害有关的风险和保护性因素（通过社会发展或社会犯罪预防来预防）。

第二，通过社区成员的各种活动、专门知识和承诺来改变居民点中那些对犯罪与被害具有影响的条件以及犯罪所导致的不安定情况（以社区为基础的犯罪预防）。

第三，通过减少机会，提高被捕风险和使获利最小化，包括通过环境设计和向潜在的和实际的被害人提供援助和信息来预防犯罪的发生（情境犯罪预防）。

第四，通过帮助犯罪分子融入社会和其他预防机制来预防再次犯罪（融入方案）。

如前所述，刑事司法机关的执法、审判、监禁等活动也具有预防犯罪的作用，因而也属于犯罪预防方法的范畴。

犯罪预防的目的似乎不言自明，但实际上许多犯罪预防项目并不能达到事先宣称的效果。因而，如何实事求是地明确犯罪预防的目标，并从理论和实践两个方面论证并检验犯罪预防的实际效果成为犯罪预防能否获得支持或推广的重要环节。如前所述，犯罪预防的目的一般包括降低实际的犯罪水平、危害和降低犯罪恐惧感。犯罪预防是否取得成功的标志应该是犯罪预防是否达到了事先确定的预期目的，而不仅仅是召开了多少次动员会议，与会的领导达到了什么样的级别，参与人数达到了什么样的数量级等。如何客观准确地测量犯罪预防的实际效果并与犯罪预防的目的加以比较分析，则是评估研究中的重要课题。

第三节　犯罪预防的分类

　　基于犯罪预防不同构成要素的分类标准，犯罪预防可以分为不同的类型。按照犯罪预防的主体进行划分，犯罪预防措施可以分为家庭预防、学校预防、个体预防等；按照犯罪预防的措施手段进行划分，则可以分为人防、物防、技防等；按照犯罪预防的客体或对象进行划分，则可以分为职务犯罪预防、青少年犯罪预防、暴力犯罪预防、财产犯罪预防等；按照犯罪预防的目的划分，则可以分为降低或控制犯罪数量或危害程度的预防措施以及降低或控制犯罪恐惧感的预防措施等。实际上，在各国的犯罪预防实践中，通常的做法是各类犯罪预防措施构成了复杂的犯罪预防体系，如我国实行的社会治安综合治理措施。因此，对犯罪预防进行分类更多是为了分析研究的需要，对犯罪预防项目进行评估研究时更是如此。下面对较具代表性的划分方法做一简要介绍。

一、根据犯罪预防措施的作用水平划分

　　一些本土学者认为，根据犯罪预防措施的作用水平，可以将犯

罪预防划分为社会预防、心理预防、治安预防和刑罚预防四个
层次①。

（一）社会预防

社会预防，是指以减少或控制犯罪为目标而进行的政治、经
济、制度和文化建设以及社会组织管理的活动与过程。社会预防强
调的是社会大环境以及家庭、学校、社区等微观环境的建设、发展
与完善，其目的在于创造一个有助于减少或控制犯罪的宏观和微观
社会环境。从宏观上看，它主要表现为国家在政治、经济、文化、
教育、道德法制等方面营造的宏观社会环境；从微观上看，它主要
表现为以社区、家庭、学校、社会组织等自治性的犯罪预防措施。
实际上这是依据犯罪预防的主体而划分出的一个类型。

（二）心理预防

心理预防，是旨在增强人的社会适应能力和自我控制能力，使
人能够在特定的社会背景和具体情境下做出符合社会法律和伦理规
范的行为选择，而对人的健全人格的社会培养和自我修养的过程。
心理预防强调的是人的完善，使个体在具体的情境下能够做出正确
的行为。从内容上看，心理预防包括社会对个人的培养教化和个人
的自我修养两个方面。实际上这是依据犯罪预防的客体或对象而划
分出的一个类型。

（三）治安预防

治安预防，是指以公安保卫等正式社会控制力量为主体，针对
特定人口、行业、场所和行为的管理和执法措施。治安预防的主体
为具有执法权力的公安保卫部门，当然为了实现治安预防的目标，
需要民众的积极参与和大力支持。可以看到，治安预防的主体具有

---

① 康树华教授则从宏观和微观两个层次对犯罪预防进行了分类。他认
为，社会预防、心理预防、治安预防、刑罚预防属于宏观预防的范畴，微观
预防则包括家庭预防、学校预防和社区预防。详见康树华：《犯罪学：历史·
现状·未来》，群众出版社 1998 年版，第 191–196 页。

专业性，治安预防的对象具有较强的针对性，治安预防的措施表现为公安保卫部门的治安管理工作。

（四）刑罚预防

刑罚预防，是指国家立法机关和刑事司法部门分别通过刑罚的制定、执行和适用来打击犯罪和改造犯罪人的活动。从理论上来看，刑罚预防的作用一方面体现为使得受刑人失去犯罪的能力或消除其重新犯罪的意愿，另一方面使得潜在的犯罪人意识到犯罪行为可能带来的刑罚后果而避免或减少犯罪。刑罚预防的主体具有高度的专门性，刑罚预防的对象具有相对更高的针对性，刑罚预防的措施表现为刑事立法、执法、审判、刑罚执行等工作。

可以看到，以上四个类别实际上是依据不同的分类标准得到的，因此，它们之间会存在一些重叠，如社会预防、心理预防、刑罚预防都可能针对犯罪人或潜在犯罪人的犯罪心理进行引导和矫正；社会预防、治安预防都可能针对犯罪机会和条件进行管理和控制。

二、根据犯罪预防的措施手段进行划分

犯罪预防的措施手段包括人防、物防、技防三种。

（一）人防

人防是人力预防的简称，是指依靠人力来发现及控制犯罪的相应措施。人防可以细分为个体预防、联防等形式。

人是犯罪预防各个要素中最积极、最活跃的要素。人是犯罪预防工作的执行者，又是犯罪预防的工作对象，犯罪预防工作的管理制度、防范措施都要由人通过行动去实施、开展，也需要人去具体落实。安全防范工作需要技术预防和人力防范相结合，而人力预防则是起着决定作用的；制度、设施、环境和技术是相对稳定的，只有人的主观能动性得到充分发挥，技术预防、物理预防才能形成体系，发挥整体功能。

（二）物防

物防，亦称物理预防，是指采用物理设施所进行的犯罪预防，是一种静态预防。凡是没有科技含量或科技含量很低的加固目标手段均可被视为物防措施。例如，汽车刚刚出现的年代通常只配备普通的门锁，由于其技术含量很低，因而通常被视为物防措施。然而，随着科技的进步，当今的某些类型的机动车配置了科技含量很高的防盗系统，此时这一系统则更应被视为技防措施。物防的外延涉及面相当广泛，在许多情况下物防与技防措施是浑然一体的，此时在实际工作中则没有必要刻意地区分它们。

（三）技防

技防是技术预防的简称，是指利用科学技术方法防范犯罪，如运用光学、声学、化学、电子等先进的科学成果，设计预防犯罪的设施，加以装备，预防犯罪。

技术预防一般包括加固安全保险装置、各种报警系统、电视监控系统、出入口控制系统、安全检查设备、防火防盗防爆装置、安全防范系统中的信息安全保护技术等。

在犯罪预防中，必须坚持人防、物防、技防相结合的原则。此外，亦须关注人防、物防、技防之间的关系：（1）人防同物防关系密切，自成系统。人们在同犯罪作斗争中，利用物质条件阻止犯罪的侵害，具有难以替代的重要作用，效果明显。人防是一种动态预防，物防则是一种静态预防。动态预防可能间断、缺位，易出现漏洞，如守护人因吃饭、睡觉或疲劳打盹儿，容易形成犯罪利用的空隙。而静态的物质预防过程始终不会间断，没有漏洞，不易给犯罪造成利用的间隙。比如，利用物资资料将需要保护的目标与外界隔离，可采用加锁、加固、安装报警器等，这些措施如果不受到破坏，犯罪人由于难以逾越而远离犯罪侵害的目标，犯罪就不能得逞。即使由于破坏而使犯罪得逞，也会留下破案所需的痕迹和罪证，为破案提供便利。作为人防的动态预防和作为物防的静态预防都是必需的。二者各有所长，各有所短，需结合使用，才能更好地发挥预防作用。（2）物防同技防既有密切联系，又有重要区别。物理预防措施中通常也包含一些简单的技术防范，但随着科学进步，这些技术早已变成了司空见惯的常识，已失去了原来的独立性，成为人们易掌握的一般操作手段，并与物防浑然一体，故仍属于物防的范畴，是物防的辅助成分。而在技防中，虽然离不开物质实体，但这种物质实体则是作为技术的载体运用的，二者在犯罪预防中，技术起关键主导作用，物质载体则起辅助作用。（3）在犯罪预防的各种措施手段之中，应该特别处理好人防与技防之间的关系。我们认为人防是第一位的，技防是第二位的，必须把人防和技防有机地结合起来。技防要为犯罪预防服务，要把各个单位内部的报警监控系统纳入公安机关的工作范围，重点要害的报警监控系统要直接与公安机关的报警中心联网。无论是哪一种形式，都要配备相应的人力防范力量，一旦出现犯罪，能保证快速反应。

三、根据犯罪预防措施的针对性划分

鉴于犯罪问题与公共卫生问题在诸多方面的一致性，20世纪70年代中后期以来，一些西方犯罪学家运用公共卫生领域中对疾病的三级预防模式，提出了"三级犯罪预防模式"[①]。

（一）初级预防（Primary Prevention）

与传染病的初级预防类似，犯罪的初级预防不针对具体的个体或特定群体，而是针对一般的犯罪性和犯罪机会采取的预先措施。初级预防旨在针对各种利于犯罪滋生和犯罪实施的社会及物理环境加以改善和控制。前文所述的社会预防大多属于初级预防的范畴，如促进就业政策、公平公正的政治经济制度、积极向上的文化等；从微观社会预防的层面来看，家庭、学校的道德法制教育也多属于初级预防的范畴。此外，刑事司法措施的一般威慑、社会教化等机

---

① Lab S., Crime Prevention: Approaches, Practices, and Evaluations (9th edition) [M], NY: Routledge, 2016.

制通常被归类为初级预防。

（二）二级预防（Secondary Prevention）

二级预防是指针对那些暴露于高犯罪风险因素或已显现出一定人身危险性的潜在犯罪人而采取的介入措施；除了针对特定的风险人群外，二级预防也可针对特定的场所、特定行业或特定行为。如对有不良家庭背景、屡次出现不良行为或越轨行为的个体或群体采取适当的教育、管理和处罚措施，以避免他们走向犯罪道路；对特种行业、特定场所进行较大力度的治安管理，以减少犯罪的发生。

相对于初级预防来说，二级预防增加了较强的针对性，因而更需要犯罪原因理论的具体指导。例如，现代犯罪学研究表明，早期的反社会行为与成年的犯罪行为之间具有高度的相关关系，而父母的养育方式不当是导致反社会行为或使其不断恶化的重要原因。基于这一研究结果，可以对特定家庭、特定的少年进行有针对性的辅导和治疗，这些措施属于二级预防的范畴。但是，二级预防是基于概然性的犯罪预测基础之上的，即有犯罪之虞的个体或群体更有可能，但不是必然会实施犯罪行为。迄今为止，还没有任何一种犯罪原因理论发现了犯罪行为的充分条件，更不用说充分必要条件了。因此，尽管二级预防增加了针对性，进而在理论上增加了成功的可能性，但是在一定程度上存在着伦理或法律上的风险。例如，在学校教育中，针对逃学、旷课的学生采取的一些处罚措施属于二级预防的范畴，但是处罚失当则会引起更多的问题行为，甚至会使学生更快地走向犯罪道路。

一般而言，基于行为人方面风险因素的早期干预、情境犯罪预防，以及前述的治安预防基本上属于二级预防的范畴。

（三）三级预防（Tertiary Prevention）

三级预防的针对性和专业性最强。一般而言，三级预防的主体是刑事司法机关，其针对的对象是已然犯罪人。三级预防的措施主要包括逮捕、公诉、审判、刑罚执行、治疗、改造等。三级预防主要通过刑事司法实践对犯罪人进行心理和行为矫正，或者使其暂时或永久失去犯罪能力，进而达到预防其重新犯罪的目的。

总而言之，三级犯罪预防的模式可以简要地概括为"防患于未然、防患于将然、防患于已然"这样三个层次，其中常见的预防措施参见表8-1①。

表 8-1　三级犯罪预防模式

初级预防	环境设计	建筑设计
		照明
		门禁
		财物识别
	邻里守望	监视
		居民巡逻
	一般威慑	逮捕和定罪
		审判方式
	公共教育	犯罪的实际水平
		犯罪恐惧感
		自我救助
	社会预防	失业
		贫困
		就业培训

---

① Lab S., Crime Prevention: Approaches, Practices, and Evaluations (9th edition) [M], NY: Routledge, 2016, pp.40-41.

续表

二级预防	识别与预测	问题行为人的早期诊断
		犯罪区域分析
	情境犯罪预防	问题识别
		特定情境干预
	社区警务	犯罪热点区域巡逻
	毒品滥用	预防与治疗
三级预防	特殊威慑	
	剥夺犯罪能力	
	改造与治疗	

第四节　循证犯罪预防的基本原理

犯罪预防作为一种实践活动，总是自觉或不自觉地处于犯罪原因理论的指导之下。遗憾的是，在犯罪预防的实践中，许多未经实证检验的或似是而非的"常识"似乎成了不言自明的"理论"基础，许多声称以预防犯罪为目的的犯罪对策往往缺乏久经实证检验的犯罪学理论的支撑，从而产生了许多事与愿违的后果。

例如，针对各种多发的、影响大、危害重的犯罪类型，如醉酒驾驶、生产销售有毒有害食品、贪污腐败等，加大处罚力度的呼声不绝于耳；而且从刑事司法实践来看，对这些犯罪的处罚力度不可谓不重。醉酒驾驶，无论其情节和后果，一旦被查实，驾驶人将被吊销驾驶证，并以"危险驾驶罪"被追究刑事责任：最高六个月的拘役，并处罚金；生产销售有毒有害食品、贪污腐败等犯罪最高可以科处死刑。但是此类犯罪的高发态势并未得到扭转。究其原因，试图以个案思维解决系统性的问题不可避免地会收效甚微。"发现一起，查处一起"听起来是很坚决、很响亮的口号，但是事后查处只是属于三级预防的范畴，如果前两个层次的预防工作没有真正落到实处，则最后一个层次的预防只能处于"防不胜防"的窘境。这就如同在公共卫生领域，如果没有强有力的措施避免人们长期呼吸污浊的空气、饮用不太卫生的水、食用有毒有害的食品，那么即使医院再多、医生再尽职尽责、医疗手段再先进，"看病难"的问题也不会得到根本性的解决；而且从成本效益的角度来看，最终会得不偿失。此外，由于严厉刑罚在执行过程中更加无法满足确定性、及时性等基本前提，因此，从长期来看，严厉刑罚的威慑效应不可避免地呈现衰减趋势，甚至产生更为严重的负面后果。

如本书第一章所述，犯罪学的主要内容包括犯罪现象论、犯罪原因论和犯罪对策论三部分。其中，犯罪原因论处于核心地位。从事实层面来说，犯罪原因的出现导致了犯罪现象的发生，并且应该决定着犯罪对策。另外，从认识角度来看，我们首先关注到了犯罪现象，之后利用常识或更加精细的研究方法逐渐认识到所谓的"犯罪原因"，并且自觉或不自觉地根据我们所认识的"犯罪原因"来应对犯罪现象。必须注意到，我们所认识到的"犯罪原因"和实际的犯罪原因之间可能存在着一定差异，甚至是方向性的差异。因此，犯罪预防的实践不仅需要犯罪原因理论的指导，也承担着验证犯罪原因理论的重要任务。迄今为止，人类正、反两方面的犯罪治理经验不断累积，从而使得越来越多的人认识到"预防犯罪比惩罚犯罪更高明"①。但是如何利用犯罪学理论指导犯罪预防实践，并反过来促进犯罪学理论的完善与发展仍然是犯罪学家孜孜以求的课题。只有自觉接受犯罪学理论指导的犯罪预防项目才能逐渐积累经验并取得积极成果；只有通过

---

① ［意］贝卡里亚著：《论犯罪与刑罚》，黄风译，中国方正出版社2004 年版，第 91 页。

犯罪预防实践的不断检验，犯罪学理论才会不断得到扬弃整合，进一步指导犯罪预防工作。

受到循证医学的启示，20世纪90年代以来，一些西方犯罪学家提出了"循证犯罪预防"的理念①。循证犯罪预防旨在对现有的犯罪预防项目进行严格而科学的系统评估，区分出有效的和无效的犯罪预防措施，并将其作为进一步改进实施犯罪预防措施的证据。循证犯罪预防研究不仅关注犯罪预防项目的理论基础，而且关注犯罪预防项目的背景及执行过程，从而了解犯罪预防项目有效或无效的"机制"。

与犯罪原因理论关注"为什么"有所不同，"机制"更多地关注"犯罪预防措施是如何发挥作用的"。我们不仅需要关注激活某种机制的具体方法，而且需要关注犯罪预防措施在实施过程中的具体环境。更加值得注意的是，犯罪预防措施不仅具有抑制犯罪的某种机制，而且可能具有促进犯罪的机制。任何一个犯罪预防项目的成效取决于项目运行的具体环境可以激活犯罪预防措施的哪些机制，并且是抑制机制与促进机制综合作用后的结果。

在1990年左右，英格兰和威尔士实施了"机动车项目"。该项目针对被法庭因盗开机动车判处缓刑的青少年，帮助他们改装和驾驶"老爷车"。该项目可以预防哪些人实施哪些犯罪并不能一目了然。英国犯罪学家蒂利（Tilley）在其著作中说明了该项目可能具有的抑制和促进机制②。

1. 抑制机制

（1）为那些青少年的驾驶机动车决意提供了合法的宣泄，否则他们会盗窃机动车以供自己驾驶。

---

① Sherman L., Farrington D., Welsh B., etc., Evidence-Based Crime Prevention [M], NY: Routledge, 2002.

② Tilley N., Crime Prevention [M], OR: Willan Publishing, 2009, pp. 4-5.

（2）为那些青少年提供了合法驾驶机动车的机会，否则他们会驾驶没有缴纳保险或道路税的车辆。

（3）为那些青少年提供了成年人的正确引导。为了避免使得师傅失望，青少年会避免越轨。

（4）为青少年在闲暇时间提供了学习技术、培养兴趣的机会，从而使得他们没有多余的时间实施越轨行为。

（5）使得青少年可以更好地了解自己行为的不利后果，如留下犯罪记录、造成行人伤亡等，从而做出更加理性的选择。

（6）威慑那些被法庭裁决强制进入项目的青少年，使其不再实施类似行为。

2. 促进机制

（1）刺激其他青少年为了获得进入项目的机会而盗开机动车。

（2）使得缺少经验的青少年有机会接触经验丰富的犯罪人，进而学到了更多的犯罪技能，实施更多的犯罪。

（3）成群结队的青少年更容易找到将自己的越轨行为正当化的理由。

（4）成群结队的青少年可能相互协作、相互信任，形成更紧密的团伙网络。

（5）刺激青少年对于机动车的驾驶兴趣，从而使得某些青少年为了满足增长的驾驶乐趣继续盗窃机动车。

以上这些机制在理论上都可以自圆其说，但在项目的实施过程中，究竟哪些机制被哪些方法成功地激发出来，这是同时具有重要的理论和实践意义的问题。

最后，犯罪预防措施不是在真空中实施的，因此社会宏观背景及项目实施的微观背景也决定了犯罪预防措施的成效。此外，犯罪预防需要大量的人力、物力和财力的投入，从经济学角度来说，这可以看作犯罪成本的一部分。为了使得犯罪预防变得"合算"，国家、社会或个人在犯罪预防上的投入无疑应该少于犯罪发生所带来的潜在损害犯罪的社会危害，以及需要考虑犯罪预防的成本和效益很难完全接受纯粹的成本-效益分析，因为其中的很多因素是难以量化的，更不用说量化为经济指标。因此对于犯罪预防的评估，不仅需要考虑到背景、机制、效果等问题，还需要考虑到成本效益的问题。

第九章　暴力犯罪

暴力犯罪通常被当作一种最原始的"街头犯罪"[①]。在现代社会，尽管暴力犯罪的分配率一般较低并呈现出日益降低的总体趋势，但是，暴力犯罪更加易于引起畸高的犯罪恐惧感，进而严重降低民众的日常生活质量。因此，犯罪学自诞生之初就一直关注着暴力犯罪。

第一节　暴力犯罪的概念

尽管暴力、暴力犯罪是司空见惯的常用词语，但是，包括犯罪学家、刑法学家在内的学者和一般民众对于它们的具体内涵和外延有着不尽相同的理解和界定。

一、我国《刑法》对于暴力犯罪的相关表述

从现行刑法的角度来说，我国《刑法》没有对暴力或暴力犯罪的概念作出直接的规定，而是未加明确界定地使用着相关表述。

首先，我国《刑法》在总则部分的 3 个条文中用列举方式使

---

① 传统犯罪学未加批判地基于官方犯罪统计数据发现，本章所述的暴力犯罪以及下章所述的财产犯罪主要是由下层社会成员在街头实施的，因此，将二者统称为"街头犯罪"。与此对称的称谓是中上阶层成员通常在办公室内实施的"白领犯罪"。需要注意的是，以当代犯罪学的视角来看，这种区分是较为粗糙的。

用了"暴力犯罪"或"暴力性犯罪"两种表述。具体而言,第 20 条第 3 款规定了正当防卫中的无限防卫(或曰特殊防卫[①]):对正在进行行凶、杀人、抢劫、强奸、绑架以及其他严重危及人身安全的暴力犯罪,采取防卫行为,造成不法侵害人伤亡的,不属于防卫过当,不负刑事责任。此外,第 50 条第 2 款规定了死缓变更的限制减刑情形:对被判处死刑缓期执行的累犯以及因故意杀人、强奸、抢劫、绑架、放火、爆炸、投放危险物质或者有组织的暴力性犯罪被判处死刑缓期执行的犯罪分子,人民法院根据犯罪情节等情况可以同时决定对其限制减刑。类似地,第 81 条第 2 款规定了不得适用假释的对象:对累犯以及因故意杀人、强奸、抢劫、绑架、放火、爆炸、投放危险物质或者有组织的暴力性犯罪被判处十年以上有期徒刑、无期徒刑的犯罪分子,不得假释。

其次,除了《刑法》总则的上述 3 个条文之外,我国《刑法》还在分则部分的 30 多个条文中明文使用了"暴力"一词,具体分为四种情况:

第一是以暴力作为唯一的行为手段的条文。例如,第 123 条对于暴力危及飞行安全罪及其刑罚的规定:对飞行中的航空器上的人员使用暴力,危及飞行安全,尚未造成严重后果的,处五年以下有期徒刑或者拘役;造成严重后果的,处五年以上有期徒刑。此条文将暴力规定为构成此罪的唯一行为手段,否则不会构成此罪。

第二是以暴力作为行为手段之一的条文。例如,第 236 条第 1 款对于强奸罪及其刑罚的规定:以暴力、胁迫或者其他手段强奸妇女的,处三年以上十年以下有期徒刑。再如,第 263 条对于抢劫罪及其刑罚的规定:以暴力、胁迫或者其他方法抢劫公私财物的,处三年以上十年以下有期徒刑,并处罚金……

第三是将暴力作为加重刑罚情形的条文。例如,第 240 条对于

---

① 高铭暄、马克昌主编:《刑法学》(第 8 版),北京大学出版社、高等教育出版社 2017 年版,第 135 页。

拐卖妇女、儿童罪及其刑罚的规定：拐卖妇女、儿童的，处五年以上十年以下有期徒刑，并处罚金；有下列情形之一的，处十年以上有期徒刑或者无期徒刑，并处罚金或者没收财产；情节特别严重的，处死刑，并处没收财产……以出卖为目的，使用暴力、胁迫或者麻醉方法绑架妇女、儿童的……

第四是将暴力作为转化犯的条件的条文。例如，第269条对于盗窃罪、诈骗罪、抢夺罪转化为抢劫罪的规定：犯盗窃、诈骗、抢夺罪，为窝藏赃物、抗拒抓捕或者毁灭罪证而当场使用暴力或者以暴力相威胁的，依照本法第二百六十三条的规定定罪处罚。

此外，我国《刑法》除了在总则或分则的相关条文中明文地使用了暴力、暴力犯罪、暴力性犯罪等词语之外，还在很多条文中隐含着对于暴力的规定。也就是说，尽管这些条文没有明文使用"暴力"一词，但是，从相关条文的具体表述中不难推定其中必然包含着暴力行为，诸如：行凶、殴打、虐待、体罚、暴乱、任意损毁、武装叛乱、暴动越狱、持械聚众斗殴、聚众持械越狱，等等。

除了《刑法》之外，还有一些法律对于特定类型的暴力犯罪进行了某种程度的界定。例如，根据《反家庭暴力法》第2条：家庭暴力，是指家庭成员之间以殴打、捆绑、残害、限制人身自由以及经常性谩骂、恐吓等方式实施的身体、精神等侵害行为。

二、犯罪学意义上的暴力犯罪概念与类型

在犯罪学领域之内，最早明确地论述了暴力犯罪的是意大利犯罪学派的代表人物之一加罗法洛。如本书的第二章所述，加罗法洛在1885年出版的《犯罪学》中提出了著名的"自然犯罪"的概念。加罗法洛认为，暴力犯罪伤害了人类普遍应当具有的怜悯感和正直感两种基本的利他情感，尤其侵害了怜悯感，因而属于自然犯

罪的范畴。①

如今，犯罪学主要从行为实施者、受到伤害的对象、暴力行为的目的等角度对暴力犯罪概念的内涵和外延进行界定。就此而言，暴力犯罪是指行为主体凭借自身的体力或具有物理杀伤力的工具非法地对特定他人的人身权利或社会的公共安全进行侵害或威胁侵害的行为。

为了更加准确地理解暴力犯罪的概念，一般需要注意以下三点：第一是行为主体非法地对侵害对象实施了某种程度的具有攻击性的强烈行动。因此，民众在正当防卫或见义勇为、军人在保护国家安全、警察在执行公务等类似的情境下尽管也实施了暴力行为，但是，这种暴力是必要的、有限度的、合乎法律的，因此，这些行为不属于非法侵害的范畴，进而自然地不属于暴力犯罪。第二是暴力犯罪一般是以作为的方式加以实施的；不作为方式通常只在较为特殊的情况下方能构成犯罪学意义上的暴力②。就此而言，日常生活中所谓的"冷暴力"一般不属于本书所说的暴力范畴。第三是应当对侵害对象造成一定的人身损害或公共安全损害，或者有引起人身损害或公共安全损害的实际危险。就此而言，尽管可能并未对侵害对象真正地实施暴力行为，而是利用了暴力威胁、恐吓等手段对侵害对象进行人身胁迫或心理强制，这也应该纳入暴力犯罪的范畴。例如，为深入贯彻落实扫黑除恶专项斗争的决策部署，最高人民法院、最高人民检察院、公安部、司法部联合发布了《关于办理实施"软暴力"的刑事案件若干问题的意见》。该意见自 2019 年 4 月 9 日起施行，其中的第 1 条规定："软暴力"是指行为人为

① ［意］加罗法洛著：《犯罪学》，耿伟、王新译，中国大百科全书出版社 1996 年版，第 49-50 页。
② 例如，母亲不给哺乳期的婴儿喂奶，导致婴儿饿死，这就是一种不作为的故意杀人罪。而故意杀人罪属于典型的暴力犯罪范畴。参见陈兴良：《口授刑法学》，中国人民大学出版社 2007 年版，第 503-504 页。

谋取不法利益或形成非法影响，对他人或者在有关场所进行滋扰、纠缠、哄闹、聚众造势等，足以使他人产生恐惧、恐慌进而形成心理强制，或者足以影响、限制人身自由、危及人身财产安全，影响正常生活、工作、生产、经营的违法犯罪手段。

就暴力犯罪的不同分类而言，有犯罪学家基于犯罪人的基本动机将其划分为表达型暴力、工具型暴力。① 表达型暴力是指为了宣泄仇恨、愤怒、失意等负面情绪或者行为人为了自以为是的"正义"而进行的暴力犯罪。在美国社会频发的仇恨犯罪、校园枪击案件通常属于表达型暴力犯罪。工具型暴力是更为常见的暴力犯罪，它是指为了获得经济利益或社会地位而进行的暴力犯罪。抢劫罪②、刑讯逼供罪是其中的典型例子。

还有犯罪学家基于组织性和政治性的程度将暴力犯罪划分为人际暴力、企业暴力、政治暴力等三种类型。③ 人际暴力是指普通的单人或多人针对他人的基本人身权利的暴力犯罪，常见的例子是杀人、伤害、强奸、抢劫等。人际暴力一般既没有组织性也没有政治性。企业暴力是指"任何因组织（犯罪组织除外）利益而由企业

---

① 英文表述分别为 expressive violence 与 instrumental violence。参阅 Siegel L. , Criminology：Theories，Patterns and Tyologies（13th edition）[M]，MA：Cengage Learning，2018，p. 346。

② 抢劫罪有时也被归类为财产犯罪。例如，我国《刑法》在第五章"侵犯财产罪"的总罪名之下，具体规定了抢劫罪及其刑罚。由此可以看到，某些犯罪分类之间并不是完全互斥的关系，而是存在着某种程度的交叉关系。或者说，本书所述的某些犯罪分类并不是毫无争议的。就此而言，尽管本书力求介绍在犯罪学界较少争议的通说，但是，并不排除其他学者或其他学科在相关问题上的异议。

③ 英文表述分别为 interpersonal violence，corporate violence，political violence。其中，corporate violence 也译作公司暴力或法人暴力。参阅 Barkan S. , Criminology：A Sociological Understanding（7th edition）[M]，NY：Pearson Education，2018，p. 184。

参与、纵容、刻意忽视的，在政府惩戒约束范围内的，具有物理损害风险的非事故行为"①。诸如环境污染、不合格产品、不安全工作场所等问题对企业员工和一般民众的生命健康和人身安全造成了现实的伤害和威胁，而这种类型的暴力行为并不能简单归咎于具体负责执行的某个自然人，因此，犯罪学通常将企业或曰法人当作此类暴力犯罪的主体。企业暴力具有较高程度的组织性，但一般没有政治性。与人际暴力、企业暴力相比，包括恐怖主义、种族屠杀、国家暴力等在内的暴力行为虽然也会对民众个体的生命健康造成巨大伤害，但是，由于这些暴力行为显而易见的政治性质，一般将其笼统地称作政治暴力。

一般而言，企业暴力通常被置于白领犯罪或法人犯罪的一般范畴之内；政治暴力通常被置于政治犯罪的一般范畴之内。鉴于本书作为入门级教材的定位，本章余下诸节仅关注人际暴力犯罪，而不再论及企业暴力和政治暴力的内容。

第二节　人际暴力犯罪的原因分析

对于人际暴力犯罪的原因，学者们历来存在争论。有人认为，暴力犯罪来源于犯罪人自身心理或生理的异常；有人认为，个人自身的特征会影响暴力犯罪；还有一些学者认为，暴力犯罪缘于社会中的暴力亚文化、枪支泛滥；等等。本节将对几个与暴力犯罪密切相关的因素进行简要分析。

一、个人特质

既有研究表明，很多深陷暴力犯罪泥潭的行为人有某种程度的精神异常。例如，一些心理学家发现，暴力犯罪的青少年往往患有

---

① 寿慧生：《企业暴力：理解转型社会中的监管与服从》，载《社会科学家》2021 年第 2 期。

一系列的精神疾病，如精神分裂等。另有一些研究发现，暴力犯罪人普遍智商偏低，或有精神不正常的直系亲属，并且自身会有偏执、无法进行逻辑思考等精神问题。此外，暴力犯罪的行为人通常具有反社会人格，如抑郁、冲动、习惯性撒谎、缺少同情心等。还有一些研究表明，虐待动物与暴力犯罪密切相关；具有暴力倾向的人往往在童年时期会有虐待或残忍杀死小动物的经历。

二、无力的家庭

家庭是重要的社会设置，它肩负着社会化的基础功能。功能完善的家庭可以为孩子提供良好的环境，帮助他们理解认知社会规范，加快孩子对于社会意识的理解，同时提高孩子融入主流社会的速度。然而，由于各种各样的原因，很多家庭并没有很好地完成其应有的社会功能。尤其对于孩子的教育问题，由于家长自身能力低下，或者婚姻关系混乱，很多家庭未能有效地完成对孩子早期的社会化和社会控制。因此，无力的家庭或曰低效的家庭与青少年的暴力犯罪息息相关。父母的不良行为、不一致的管教、缺乏对孩子的监管、对孩子的暴力行为等都会影响到孩子本身的暴力行为。那些不能有效地给孩子树立榜样、建立规矩的家长加剧了孩子的暴力倾向和暴力行为。不当的教养方式、对儿童早期的拒绝与漠视可能会引发孩子长大以后长期的暴力行为。

一些家长信奉"棍棒底下出孝子"的教育方法，或采用辱骂、指责等语言暴力的手段处理孩子的问题行为，在这种环境中长大的孩子，比起那些在正常环境下长大的孩子，更容易采取暴力手段解决日常生活中遇到的矛盾。被责打、辱骂的孩子通常会受到长期的精神、认知及社会功能不全等问题的困扰。他们将更容易暴力攻击他们的兄弟姐妹，长大以后也更容易采用暴力手段管教自己的孩子，或者参与实施其他暴力行为。

三、过度暴露于暴力环境

研究发现，青少年如果长期暴露在暴力环境下，则更容易采用暴力的方式解决问题。暴力环境可能源于家庭、学校、社区。美国学者研究发现，目击了枪战的孩子比那些没有这些经历的孩子高出2倍以上的可能性去实施暴力犯罪。即使一次性的枪战接触也会让青少年在以后实施暴力行为的可能性提高1倍。生活在犯罪率很高的社区的孩子比那些生活在正常社区的孩子更容易产生暴力倾向。这也解释了为什么在美国白人孩子比黑人或少数族裔的孩子不容易实施暴力犯罪——白人孩子大多数住在相对安全稳定的社区。如果生活在治安较差的社区，同时家中父母也经常有暴力行为，那么这样的孩子将在日后更倾向于参与暴力犯罪。

许多犯罪学家试图解释与日俱增的暴力电视节目、暴力电子游戏对于青少年暴力犯罪的影响。最为典型的是社会学习理论。著名心理学家班杜拉认为，青少年的成长过程中存在大量的模仿行为，他们需要找到一个学习的榜样，然后模仿该榜样的行为。这个榜样可以是家长、亲戚、朋友、老师、邻居等，也可以是电视节目中的人物，或者电子游戏中的角色。孩子们会模仿这些人的行为，尤其当某种行为受到了表扬或通过该行为而得到了奖励的时候，孩子们更愿意去模仿；但如果某种行为遭到了惩罚或批评，孩子们将减少模仿的可能。为了验证班杜拉的社会学习理论，犯罪心理学家设计了多种实验，比如让学龄前的孩子观看一段有大人猛烈击打玩具娃娃的视频，之后发现，观看暴力视频的孩子比那些没有看过这样视频的孩子更容易产生暴力行为。这个研究结果在当时产生了巨大的影响，媒体争相报道，并呼吁减少少年儿童观看暴力影视作品等。然而这个研究的结果一直受到质疑。在随后几十年的时间里，犯罪心理学家对这个基本实验进行了改良，如将实验内容拓展到媒体的暴力情节与具有暴力场景的电子游戏，得出的结论大体相似，即当给孩子更多的时间观察体验暴力行为，他们更可能模仿学习并最终实施暴力行为。他们在实验中不仅观察学习了暴力行为本身，更多地暴露于暴力环境下的孩子会变得更加激进并容易怀有敌意等不良情绪。但也有学者指出，影视作品对暴力的影响需要通过家庭环境等其他更直接的因素得以体现，如虽然观看了暴力视频，但如果儿童的家庭正常，那么他们并不会模仿视频所体现的暴力内容。

四、暴力亚文化

暴力犯罪高发的区域通常很集中。在深入研究之后，犯罪学家发现，这些暴力犯罪高发的地区往往存在着与主流文化相对立的暴力亚文化。在这些地区中，暴力亚文化影响了人们的生活方式、社会化过程、人际交往关系等多个方面。即使人们可能在某些方面遵从着与主流文化相一致的观念，但他们通常更倾向于使用暴力方式来解决冲突或矛盾。例如，在帮派或黑社会组织中，暴力亚文化被广泛认可，不同帮派之间的矛盾往往用拳头、棍棒、枪支等方式解决。暴力行为不仅为了保护帮派的毒品买卖、维护帮派的地盘等，也可以用来提升个人的威信。在很多帮派的暴力亚文化中，"能打"的人更容易受到尊敬。

暴力亚文化还经常存在于某些特殊地区或环境里。在一些地区，暴力亚文化更容易被人们所接受。比如，某些人认同"能动手就别吵吵"之类的观点，当有人侵犯了他们的利益，直接有效的方法是"打回去"。还有些群体更愿意用暴力来解决问题，他们认为有了矛盾从官方途径寻求解决办法是软弱无能的表现，或者官方途径效率过低等。这一点可以从中学生"约架"行为上得到印证。当中学生个体或群体间起了冲突，比如，被威胁、敲诈勒索、欺负等时候，他们往往不会去报告老师，更不会去报警，而是去叫上一些同学、朋友，将另一方约出来"谈谈"，双方见面之后，"谈判"不成功的情况下便拳脚相向、大打出手。

五、滥用药物

此处的药物不仅包括普通意义上的毒品，同时还包括合法的各种酒类。因此，这里所说的滥用药物主要指吸毒和酗酒两个方面。吸毒的危害已经被世人广泛接受，但酒精的危害却经常容易被忽视。实际上，从对大脑的影响上讲，酒精与很多形式的毒品并没有本质上的区别。犯罪学研究发现，滥用药物与暴力犯罪行为相关，它们的相关性主要体现在两个不同的层面上：第一个方面是在个人层面上，滥用药物的人更容易实施暴力行为。美国毒品使用与健康状况的一项调查中显示，在 12 岁至 17 岁的中学生中，过去一年内有过吸毒经历的人实施暴力行为的可能性比不吸毒的人高出 1 倍。第二个方面体现在社会层面上，滥用药品率与暴力犯罪率呈显著的正向关联。例如，吸毒率高的地区暴力犯罪率也偏高。那些吸毒高发的地区同时还伴有高失业率、高贫困率、社会失范等问题，这些因素进一步提高了暴力犯罪率。

滥用药物提高了暴力犯罪的可能性，可从以下三个方面加以解释：第一，可以从病理学角度理解滥用药物对暴力犯罪的影响。例如，酗酒与暴力犯罪呈正相关。酗酒会影响人们的感知能力、信息处理能力、反应能力等，因此，酒喝多的人容易对他人的语言和行为产生误解，这些误解很多时候导致了暴力犯罪的发生。比较直观的例子是大排档或酒吧更容易发生打架斗殴等行为。第二，滥用药物而带来的经济紧张往往促进了某些暴力犯罪的产生。比如，吸毒者可能会将抢劫作为获取毒资的手段。美国和欧洲的一些研究证明，吸毒者每年都会犯下成千上万起暴力犯罪。第三，毒品交易经常伴生暴力犯罪。毒品交易中的黑吃黑、黑帮火并等都伴随着大量的暴力犯罪；某些黑社会性质的组织为了控制毒品市场、保证毒品交易而实施杀人、抢劫、伤害、绑架等暴力犯罪。

最后需要指出的是，上述五种因素分别从不同的侧面解释了暴力犯罪的原因，但是，任何单一的因素至多只具有非常有限的解释效力，也并不是所有的暴力犯罪都可以通过这些因素得到完全的解释。在更多的时候，必须综合地考虑上述五种因素和本书在犯罪原因论章节介绍的各种原因，以及那些未被本书涵盖的其他原因因素，才能更加准确而深入地理解暴力犯罪的成因；此外，还需要针对具体类型的暴力犯罪进行更加具体的分析。

第三节　杀人犯罪

杀人犯罪是在各类小说、书籍、影视作品中最为常见的一种暴力犯罪形式，也受到公众、媒体及犯罪学家最多的关注。由于显而易见的原因，杀人犯罪的黑数规模通常最小，这让犯罪学家有了相对更加准确的统计数据进行深入研究。本节首先介绍杀人犯罪的概念与类型；其次分析目前杀人犯罪的整体趋势；最后对杀人犯罪的一些特点进行简要的讨论。

一、杀人犯罪的概念与类型

在定义杀人犯罪之前，我们首先需要明确，并不是所有的杀人都是犯罪。例如，我国《刑法》第 20 条第 3 款规定了正当防卫中的无限防卫权：对正在进行行凶、杀人、抢劫、强奸、绑架以及其他严重危及人身安全的暴力犯罪，采取防卫行为，造成不法侵害人伤亡的，不属于防卫过当，不负刑事责任。再如，战争期间敌对双方进行的杀戮也不属于犯罪学研究的杀人犯罪；相反，战士们会因为杀死更多的敌人而立功受奖。还有一种比较特殊的致人死亡的形式——"安乐死"，因为其实施过程通常需要医护人员的帮助，而这些医护人员的行为是否属于"故意杀人"在国际上一直存在争议。一些国家即使没有把"安乐死"合法化，对参与其中的医护人员通常也会采取较为轻缓的刑罚。由此可见，我们对不同情境下的杀人行为有着迥异的理解和界定。对于犯罪学家而言，故意的杀人犯罪是关注重点。

（一）故意杀人罪

故意杀人罪是指故意非法剥夺他人生命的行为。可以看到，非法剥夺他人生命是故意杀人罪的关键。各国法律对于故意杀人罪的界定基本保持一致，主要的着眼点是对被害人的死亡结果发生是否具有主观意愿。根据本土刑法学家的分析，故意杀人罪的构成要件包括以下四个方面：① 第一，犯罪主体为一般主体，具体是指年满12周岁且具有刑事责任能力的自然人。第二，犯罪客体是他人的生命权。所谓的他人生命权是指己身以外的自然人非经法律规定不得非法剥夺其生存的权利。在当代社会中，剥夺自己生命权的自杀行为一般不被视为犯罪，除非在极为特定的情况下。生命权是行使其他权利的客观基础和前提，故意杀人罪的成立不会因为被害人生理、心理或者身份的变化而有所区别。第三，犯罪的主观方面要求行为人具有非法剥夺他人生命的故意，包括直接故意和间接故意（在间接故意情况下，须有放任的被害人死亡结果发生）。故意杀人的具体动机是纷繁复杂的，但是，具体的杀人动机并不影响故意杀人罪的罪名成立，但可能影响具体量刑。第四，犯罪的客观方面表现为非法剥夺他人生命的行为。此时需要注意区分故意杀人罪的既遂和未遂。尽管从刑法学角度来说，未遂的情况一般不影响故意杀人罪的罪名成立，但是，很多犯罪学家认为，未遂的故意杀人犯罪应该归类为严重伤害罪加以研究。

（二）杀人犯罪的类型

一些国家的法律将杀人犯罪进行了分级。例如，美国刑法将杀人罪区分为一级谋杀（first degree murder）、二级谋杀（second degree murder）、过失杀人（manslaughter）等。分级的标准主要是犯罪人是否有预谋，是否有意为之。一级谋杀的认定标准是犯罪人对杀人情节预先谋划，实施过程经过深思熟虑。二级谋杀要求犯罪人

---

① 高铭暄、马克昌主编：《刑法学》（第 8 版），北京大学出版社、高等教育出版社 2017 年版，第 457–458 页。

有杀人企图，但没有一级谋杀中的事先设计。例如，一位愤怒的父亲打死了一名由于酒后驾车而撞死了他儿子的司机，这位父亲是有杀人预谋的，但并没有经过事先准备，因此一般被认定为二级谋杀。无预谋的杀人通常被认定为过失杀人。

对照之下，我国《刑法》没有类似的分级制度，而是根据杀人行为的主观故意性来区分故意杀人与过失杀人，进而规定了不同程度的刑罚。具体而言，我国《刑法》第 232 条规定了故意杀人罪及其刑罚："故意杀人的，处死刑、无期徒刑或者十年以上有期徒刑；情节较轻的，处三年以上十年以下有期徒刑。"之后，我国《刑法》第 233 条规定了过失致人死亡罪及其刑罚："过失致人死亡的，处三年以上七年以下有期徒刑；情节较轻的，处三年以下有期徒刑。本法另有规定的，依照规定。"

在犯罪学研究中，犯罪学家除了关注上述的刑法意义上的一般杀人犯罪之外，还关注了两种极端严重的多重杀人犯罪——连环杀人、屠杀。①

一般而言，连环杀人是指同一主体在时间间隔非常清晰的 3 起或更多的杀人案件中杀害 3 名或更多被害人的故意杀人犯罪。连环杀手通常可以在两次杀人犯罪之间的时间缓冲期内保持基本正常的生活状态。连环杀人可以分为不同子类：（1）"兴奋型"连环杀手试图借助时断时续的杀人行为来填补自己内心的空虚，降低自己的焦虑程度。他们通常期望在杀戮中得到刺激、性快感、控制欲以获得满足等；为此他们通常不会直接使用枪支，因为单纯的开枪射杀会很快地结束被害人的生命，因而降低了犯罪人从杀人过程中获得的满足，相反，被害人在折磨中慢慢死去增加了犯罪人的快感与满足。（2）"使命型"连环杀手通常认为他们在改造社会，或认为他

---

① 英文表述分别为 serial killing 和 mass murder。可参阅 Barkan S., Criminology: A Sociological Understanding (7th edition) [M], NY: Pearson Education, 2018, pp. 197–200。

们带着某种特殊使命来使社会变得更好，而杀死那些所谓的"垃圾人"是完成这些使命的唯一途径。例如，英国的连环杀手"开膛手杰克"认为通过杀戮妓女可以使社会重新变得纯净和美好。（3）"利益型"连环杀手通常从杀人行为中获取金钱收益、酬金或其他物质利益，很多职业杀手属于此类。

一般而言，屠杀通常指在一起或时间间隔极短的多起杀人案件中故意杀害 3 名或更多被害人。屠杀可以由一名犯罪人实施，也可以多名犯罪人或犯罪组织共同实施。屠杀可以分为不同子类：（1）"报复型"屠杀主要是犯罪人对社会产生不满，因为仇恨社会而迁怒、杀死很多人。例如，在美国频发的校园枪击案通常属于"报复型"屠杀。（2）"感情型"屠杀通常是由扭曲的爱恋导致。例如，绝望的母亲在自杀之前为了保证她的孩子们不受到虐待而先杀死孩子们。（3）"利益型"屠杀通常有黑社会性质组织参与，在实施诸如贩毒等犯罪行为的过程中，为了保证不被警方发现，而杀死目击者或敌对帮派成员等。（4）还有一种屠杀类型是与恐怖主义袭击相联系的"恐怖主义型"屠杀。在此类杀人案件中，恐怖分子或组织为了达到某种政治目的，在一些公共场所实施针对平民的屠杀以求造成极度的社会恐慌。

二、杀人犯罪的趋势

杀人犯罪一直是各国警方的关注热点，由于案件的特殊性，在官方统计数据中对于杀人案件的统计比较完善，犯罪黑数的规模一般是非常小的。

通过我国国家统计局近 20 年的全国公安机关立案的杀人案件数可以看出，我国近年来杀人案件的立案数在总体上呈显著下降的趋势（如图 9-1 所示）。数据显示，在 20 世纪 90 年代中后期，全国杀人案件立案数量呈现稳中微升的态势。此处需要注意的是，公安机关在 1996 年开始的新一轮"严打"可能对 1996 年和 1997 年两年的立案数量有一定影响。进入 21 世纪以后，我国杀人案件立案数量呈明显下降的趋势。除了在 2004 年的"严打"之年，杀人案件的立案数量同比微升之外，其余各年的杀人犯罪案件数量呈逐年下降的趋势。

尽管缺乏切实的实证研究，但是，直观地从宏观角度来看，全国杀人案件数量的减少趋势与很多因素密切相关，如经济的发展、社会生活水平提高、就业率提升、15~25 岁青少年人口比例降低等。此外，近年来我国对于黑社会性质的有组织犯罪的严厉打击也可能对遏制杀人案件有一定影响。

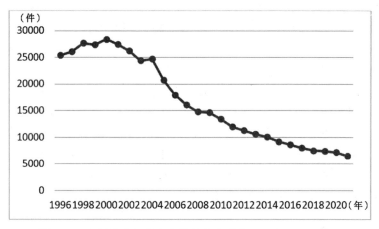

图 9-1　全国公安机关立案的杀人案件数（1996—2021 年）

数据来源：国家统计局网站相应年度的《中国统计年鉴》。

三、杀人犯罪的特点

（一）性别与年龄

总体来说，杀人犯罪的行为人多为男性。这一结论已经得到各国统计数据的支持。虽然在不同国家或社会之间，杀人犯的性别比例略有差别，但男性总是占据绝对多数，占比通常在 90% 以上。

另外，在我国，女性杀人犯罪有所上升。近年来，我国有些女性犯罪呈现出犯罪手段男性化的特点，即有由依附男性型犯罪向独立犯罪型转变，由一般盗窃型犯罪升变为恶性杀人犯罪的发展趋势。例如，湖北省女子监狱 1993 年新入监的 198 名罪犯中，杀人犯有 27 人；1994 年新入监的 359 名罪犯中，杀人犯共 45 人；在 1995 年新入监的 370 名罪犯中，杀人犯有 54 人。[①] 其中，因家庭矛盾引起的杀人越来越突出，因邻里纠纷引起杀人也呈上升趋势。

家庭暴力是导致女性杀人案件增加的一个重要因素，其中多是因为愚昧残暴的父权、夫权压迫而导致不堪忍受家庭暴力的女性恶逆变为杀人犯。从更深层次来分析，无论在我国农村或者城市都还不同程度地存在着男尊女卑、夫权至上等封建思想，因而促发了针对女性成员的家庭暴力行为。据《扬子晚报》报道，江苏省妇联权益部在 2000 年曾对南通监狱 1477 名女犯所做的问卷调查显示，在回收的 513 份有效问卷中，有 237 个家庭存在家庭暴力问题，其中 125 人的杀人犯罪直接与家庭暴力有关。有 93 人长期受丈夫殴打、虐待；有 62 人因家庭暴力问题犯故意杀人罪，制造了伤害、投毒、爆炸、纵火等危及社会安全的恶性案件多起；有 41 人被判死缓和无期徒刑。另据中国司法大数据研究院 2018 年发布的《司法大数据专题报告之离婚纠纷》显示，2016—2017 年，全国近 280 万件离婚纠纷案件中，约 15% 是因为家庭暴力，其中 91.34% 是由男性向女性实施家暴。河北省妇联一项调查显示，1999—2003 年初，河北省共发生女性以暴抗暴案件 72 起，其中 80% 以上都是忍受暴力多年、反抗无效、求助不成、离婚未果、走投无路、精神崩溃之下的无奈之举。辽宁省的一项女性犯罪的调查表明，女性犯下的重伤害罪和杀人罪，80% 是由家庭暴力引起的。[②]

此外，就年龄特点来说，杀人犯的年龄通常集中在 20～29 岁。有学者研究发现，超过一半的杀人犯的年龄在 25 岁以下。

① 康树华：《中外女性犯罪的现状与特点研究》，载《南都学坛：南阳师范学院人文社会科学学报》2005 年第 3 期。
② 腾讯网 https://new.qq.com/rain/a/20230216A0908P00。

（二）学历与社会经济地位

杀人行为的犯罪人通常学历较低，多数是初中以下学历。犯罪人的社会经济地位也较低，通常挣扎在贫困线上。生活在贫困中的儿童由于缺乏有效的社会支持，缺少改变贫穷的资本与机会，往往容易愤怒，容易加入帮派以寻求支持与保护，这些经历使他们更容易成为杀人案件的犯罪人。

（三）犯罪人与被害人之间的关系

由于故意杀人案件通常情节严重，性质恶劣，犯罪学家试图研究犯罪人与受害人之间的关系，希望通过解释两者的关系来更加深刻地理解故意杀人行为，减少普通人成为故意杀人被害人的可能性。国外的学者已经发现，大部分（超过 70%）的杀人案件是由熟人作案，即 70% 以上的杀人案件被害人死于自己认识的人之手，只有 20% 左右的被害人与凶手素不相识。①

我国这方面的研究相对较少，但似乎印证了类似的结论。例如，一些本土学者通过对 2002—2004 年人民法院网案例库中的400 份杀人案件的判决书研究发现，78.5% 的杀人案件发生在熟人之间，仅有 21.5% 的案件发生在陌生人之间，就此而言，熟人之间的杀人犯罪概率远高于陌生人之间的杀人犯罪。在熟人关系中，情人关系占 22.6%，夫妻关系占 22.0%，朋友关系占 17.2%，邻里关系占 16.9%，这四种关系占熟人关系的 78.7%，占整个样本案件的 61.8%。由此可以看到，熟人之间的杀人犯罪大多数发生在夫妻、情人、朋友、邻里之间。②

---

① Rosenfeld R., Fornango R., The Impact of Economic Conditions on Robbery and Property Crime: The Role of Consumer Sentiment [J], Criminology, 2007, 45 (4): 355-384.

② 高维俭、查国防：《故意杀人案件中加害人与被害人关系的实证分析》，载《中国人民公安大学学报（社会科学版）》2006 年第 2 期。

第四节 强奸犯罪

强奸犯罪是一种备受关注的、与性有关的暴力犯罪，然而，由于可以预见的某些理由，强奸犯罪的黑数规模通常较大，因此，人们基于所谓的"常识"或官方犯罪统计数据而形成了许多偏颇的认知或曰"强奸迷思"。本节首先介绍强奸犯罪的概念与类型；其次分析基于官方统计的强奸犯罪的整体趋势和基本特点；最后对强奸犯罪的一些原因因素进行简要的讨论。

一、强奸犯罪的概念辨析与一些特殊类型

（一）强奸犯罪的概念辨析

强奸犯罪的概念似乎非常简单。但实际上，对于强奸犯罪的定义存在着诸多争议，本书只简要地分析以下两个方面：

第一，对于强奸犯罪的被害人和行为人性别的争议。就传统定义而言，强奸罪的对象只能是女性，其中包括了成年妇女、未成年妇女、幼女。[①] 例如，我国《刑法》第 236 条规定：以暴力、胁迫或者其他手段强奸妇女的，处三年以上十年以下有期徒刑。奸淫不满十四周岁的幼女的，以强奸论，从重处罚。强奸妇女、奸淫幼女，有下列情形之一的，处十年以上有期徒刑、无期徒刑或者死刑：（一）强奸妇女、奸淫幼女情节恶劣的；（二）强奸妇女、奸淫幼女多人的；（三）在公共场所当众强奸妇女、奸淫幼女的；（四）二人以上轮奸的；（五）奸淫不满十周岁的幼女或者造成幼女伤害的；（六）致使被害人重伤、死亡或者造成其他严重后果的。从上述法条可以看到，在本土刑法语境之下，强奸罪的被害人

---

① 仅就我国的刑法规定而言，妇女是指年满 14 周岁的女性，其中包括未满 18 周岁的未成年妇女和年满 18 周岁的成年妇女；幼女是指未满 14 周岁的女性。

只能是女性。然而，有些犯罪学家特别是一些西方犯罪学家认为，男性也可以作为强奸犯罪的被害人。据一些西方犯罪学研究表明，约有 25% 的强奸行为的被害人为男性，其中有很高比例的被害人是未成年男性甚至男童。此外，传统定义认为强奸犯罪的主体通常是男性，① 但是，有些犯罪学家认为，女性也可以成为强奸犯罪的主体。实际上，一些本土刑法学家至少在部分上认可了这一观点。②

第二，对于强奸罪本质的认定。在传统的刑事司法视角下，强奸罪被认为是一种性犯罪，是由于性冲动或者释放被压抑的欲望等原因，导致男性违背女性意愿而实施性行为。然而，越来越多的犯罪学家将强奸罪归类为一种暴力犯罪，其中更加强调的是在强奸犯罪中表现出来的暴力强制、胁迫等方面。至少对于某些强奸犯来说，在强奸过程中的暴力强制或胁迫给他们带来的快感与满足可能远远超过了性行为本身，而且强奸犯罪的被害人经常被迫遭受着性侵害之外的巨大身心伤害。就此而言，将强奸行为归类为暴力犯罪日益成为国际犯罪学界的普遍共识，本书也采用这种归类方式，将强奸犯罪放在暴力犯罪这一章进行讨论。

简言之，一些西方社会开始借鉴犯罪学的研究结果，着手从法律层面上将强奸罪的相关条文进行去性别化，更加强调其暴力犯罪

---

① 更为规范的表述是：强奸罪的主体是年满 14 周岁并具有刑事责任能力的男性。参见高铭暄、马克昌：《刑法学》（第 8 版），北京大学出版社、高等教育出版社 2017 年版，第 466 页。

② 本土刑法学的通说认为，女性不能构成强奸罪的实行犯，至多可以成为强奸罪的教唆犯和帮助犯。但是，确有本土刑法学家认为，女性在特定情况下可以单独构成强奸犯的实行犯。参见赵廷光：《中国刑法原理》（各论卷），武汉大学出版社 1992 年版，第 515 页。

的属性。① 就此而言，可以将强奸犯罪简明地理解为以暴力、胁迫或者其他非法手段，违背被害人意志而强行实施的性行为。

（二）强奸犯罪的一些特殊类型

在强奸犯罪中，除了较少争议的陌生人强奸之外，还有以下几种相对特殊的类型：

1. 约会强奸

通常指犯罪人与被害人有一定的情感关系，双方在交往过程中，男方认为自己已经投入了足够多的金钱、时间等，而女方并没有对其进行回报，所以对女方实施了强奸。在少数情况下，约会强奸也可以发生于首次约会的时候。约会强奸从20世纪80年代开始在西方犯罪学界受到关注，有学者认为这种强奸类型在校园中发生率较高，而且被害人倾向于不报案。目前，各种网络交友软件盛行，在一定程度上推动了约会强奸这种形式的案件频发，被害人通常认为自己交友不慎，怕被人嘲笑，往往选择忍气吞声，不愿报案。

2. 婚内强奸

传统观点认为，在婚姻存续期内，丈夫并不能被起诉强奸，但是，随着时代发展以及对女性权益的关注，犯罪学界也开始关注这种特殊的强奸形式。一些西方国家在立法层面对婚内强奸进行了规范。例如，在美国，1980年只有3个州的法律对婚内强奸有明文规定；现在，几乎所有州都将婚内强奸写进了法律条文。对照之下，我国《刑法》并没有婚内强奸的明文规定；刑法学界对于婚内强奸是否应该入刑也存在争议。然而，在实际的司法审判中，法院普遍采取的是"折中法"，即认为在一般婚姻持续过程中并不存

---

① 例如，美国联邦调查局主持的统一犯罪报告项目将强奸犯罪作为"第一部分犯罪"中的暴力犯罪之一，并且一方面不再限定强奸犯罪的主体或对象的性别，另一方面明确了性行为的含义。

在丈夫强奸妻子的行为，但在以下两种情况下可以认定为婚内强奸：① 第一，男女双方虽然登记结婚，但并无感情也并未同居；第二，已登记结婚的男女双方感情破裂，并已经长期分居。1999 年 12 月，上海市青浦区人民法院根据我国《刑法》第 236 条第 1 款、第 72 条第 1 款判处王某强奸罪成立，判处有期徒刑 3 年，缓刑 3 年。这是自我国 1997 年《刑法》颁布以来的第一例婚内强奸案，首次在刑法没有明确规定的前提下，确定了婚内强奸构成强奸罪。之后，其他地区的法院在审理类似案件时也遵循了上述的基本原则。

3. 法定强奸

这种类型的强奸犯罪通常是指对于不满一定年龄线的幼女（或幼童）的奸淫行为。② 此时无论奸淫行为是否使用了暴力或其他强迫手段，法律均将其规定为强奸罪。这主要是为了充分保护年幼的未成年人，认为幼女（或幼童）没有能力有效地表达性意愿或者对奸淫行为做出反抗。对于此类强奸犯罪的认定是否要求行为人"明知"犯罪对象未满相应的年龄线，存在着一些不同的学理理解。最高人民法院、最高人民检察院、公安部、司法部在 2013 年 10 月 23 日发布的《关于依法惩治性侵害未成年人犯罪的意见》对此进行了规范。其中，第 19 条规定：知道或者应当知道对方是不满十四周岁的幼女，而实施奸淫等性侵害行为的，应当认定行为人"明知"对方是幼女。对于不满十二周岁的被害人实施奸淫等性侵害行为的，应当认定行为人"明知"对方是幼女。对于已满十二周岁不满十四周岁的被害人，从其身体发育状况、言谈举止、衣着特征、生活作息规律等观察可能是幼女，而实施奸淫等性侵害

---

① 李立众：《婚内强奸定性研究——婚内强奸在我国应构成强奸罪》，载《中国刑事法杂志》2001 年第 1 期。

② 我国《刑法》第 236 条第 2 款只规定了对于幼女的法定强奸罪：奸淫不满十四周岁的幼女的，以强奸论，从重处罚。

行为的，应当认定行为人"明知"对方是幼女。第 20 条规定：以金钱财物等方式引诱幼女与自己发生性关系的；知道或者应当知道幼女被他人强迫卖淫而仍与其发生性关系的，均以强奸罪论处。第 21 条规定：对幼女负有特殊职责的人员与幼女发生性关系的，以强奸罪论处。对已满十四周岁的未成年女性负有特殊职责的人员，利用其优势地位或者被害人孤立无援的境地，迫使未成年被害人就范，而与其发生性关系的，以强奸罪定罪处罚。

二、基于官方统计的强奸犯罪趋势与特点

犯罪学研究表明，强奸案件属于最不容易报案的犯罪类型之一。强奸案件的被害人选择不报案的原因有很多，如害怕被报复、害怕名声受损、自认倒霉、认为警方不会管、害怕取证过程，等等。正因如此，官方统计的强奸犯罪有着较大规模的黑数，因此，有必要借助官方犯罪统计之外的数据收集方法来了解强奸犯罪的实际状况和趋势。但是，鉴于本土犯罪学的整体发展水平以及包括被害调查在内的非官方统计调查制度的状况，我们只能借助官方犯罪统计这个单一的数据源对强奸犯罪的趋势与特点进行初步的分析。

（一）基于官方统计的强奸犯罪趋势

图 9-2 显示了 1996—2021 年期间全国公安机关立案的强奸案件数量的变化趋势。从中可以看出，强奸案件的立案数量在此期间保持着窄幅波动的态势。实际上，相比于 1996—2005 年的数据，2006—2015 年的强奸犯罪数量总体上有较小幅度的下降趋势。但是，在最近的 2017—2021 年期间，强奸犯罪的立案数量增长了 43%，从 2017 年的 27664 起增加到了 2021 年的 39577 起。这里需要再次强调，对于强奸犯罪这种黑数规模较大的犯罪类型，并不能只通过官方统计数据来理解，官方统计数据只能表现此类案件的"冰山一角"，还有数量未知的强奸犯罪没有进入官方统计数据库，我们不能武断地基于单一数据源来确认强奸犯罪的总体趋势和特点，而是应当将其作为犯罪学研究的起点和参照，进而努力开发效

度更高的数据源和进行质量更优的实证研究来不断深化我们对于对此类犯罪的认识。

图 9-2 全国公安机关立案的强奸案件数（1996—2021 年）

数据来源：国家统计局网站相应年度的《中国统计年鉴》。

（二）强奸犯罪的主体与对象的基本特点

1. 年龄特点

强奸犯罪人的年龄偏低。例如，一项本土研究表明，约有 20% 的强奸案件由 18 岁以下的未成年人实施，而 31% 的强奸犯罪人是 18~25 岁，25~35 岁的犯罪人占 36%。[①] 美国统一犯罪报告项目显示，有 43% 的被捕强奸犯罪人年龄在 25 周岁以下。其他一些犯罪调查数据也印证了类似的结论，30% 左右的强奸罪由 12~17 岁的青少年实施。

强奸犯罪的被害人年龄也普遍偏低。前述的一项本土研究发

---

① 刘守芬、申柳华：《强奸案件的加害与被害——71 个强奸案例的法律实证分析》，载《犯罪研究》2004 年第 4 期。

现，有大约 37% 的被害人是 18 岁以下的女性。[①] 类似地，美国国家女性研究（National Women's Study）发现，有 29% 的强奸被害人不满 11 周岁，32% 的强奸案被害人年龄在 11～17 岁，22% 的被害人为 18～24 岁，7% 的被害人在 25～29 岁，而 29 岁以上的被害人只有不到 6%。

2. 犯罪人与被害人的关系

很多女性不敢走夜路、不愿晚上出门的一个重要理由是害怕成为强奸案件的被害人，然而，犯罪学家发现，绝大多数的强奸案件发生在认识的异性之间，甚至是熟悉的异性之间。前述的美国国家女性研究发现，只有不到 25% 的强奸案件是由陌生人实施的，而 22% 的强奸是丈夫或前夫实施的，20% 是由男朋友或前男友实施的，10% 的犯罪人是被害人的亲戚，还有 15% 左右的犯罪人是被害人的朋友或邻居。我国的一些实证研究印证了上述结果。例如，一项本土研究显示，只有 24% 的强奸犯罪中被害人与犯罪人是完全陌生的。[②] 另一项本土研究表明，根据 2010 年的相关数据，有 52% 的强奸案件是由被害人的熟人实施的。[③]

（三）强奸案件的时空分布特点

由于多数强奸案件由熟人实施，因此不难想象，绝大多数的强奸案件并不是发生在室外的。相反，强奸案件高发的场所是被害人家中，其次是犯罪人的家中或其他犯罪人熟悉的场所，接下来是被害人熟悉的场所，而人们想象的"月黑风高"的偏僻小巷等户外场所仅占 10% 左右。从强奸案件的时间分布上看，每年 2 月是强奸

①　刘守芬、申柳华：《强奸案件的加害与被害——71 个强奸案例的法律实证分析》，载《犯罪研究》2004 年第 4 期。

②　刘守芬、申柳华：《强奸案件的加害与被害——71 个强奸案例的法律实证分析》，载《犯罪研究》2004 年第 4 期。

③　倪晓峰：《熟人强奸：犯罪类型与人际关系的实证研究》，载《犯罪研究》2012 年第 2 期。

案件的高发月份（15%），10 月（13%）和 8 月（10%）也是强奸案件的高发月份。从发生时刻来看，强奸案件多数集中在 17~24 时（54%），35%的强奸案件发生在 8~17 时。①

当然，由于相关的实证研究非常有限，而一些研究的数据样本较少，即使这些数据与其他国家的数据基本相符，但对这些数据的理解仍应采取谨慎态度。我们需要更多的实证研究来加深对于强奸犯罪的认识。

三、强奸犯罪的原因因素

到底有哪些因素引起了强奸犯罪？犯罪学家对这一问题的回答几乎和强奸犯罪本身一样复杂多变。本书仅将其概括为以下四个方面：

第一，生物进化因素。这种解释将男性的性欲望作为强奸的主要因素，认为强奸是一直在发展进化的种族延续的生物本能所致。在某些特殊时期，强制性行为可以使基因得以延续。秉持这种观点的学者认为，男性的性本能刺激着他们和更多的女性发生性行为，因此强奸行为的发生取决于男性的性欲望。

第二，强奸犯罪人的社会化经历。与前述的生物进化观点不同，社会化理论认为，某些强奸犯罪人在生活早期经历了不恰当的社会化过程，因此错误地以为应当对女性使用暴力、强迫女性进行性行为。这些强奸犯罪人认为，女性喜欢被控制，喜欢强势的男人，并且女性总是口是心非，即使嘴上说"不"，但内心却是接受的。由于他们的这些错误认识，即使女性明确表示出拒绝，他们并没有收到这些信号，一意孤行，最终导致强奸行为的发生。

第三，强奸犯罪人的心理异常或曰心理变态。强奸犯罪人往往存在着一定程度的心理问题、精神疾病。研究表明，很高比例的强

---

① 刘守芬、申柳华：《强奸案件的加害与被害——71 个强奸案例的法律实证分析》，载《犯罪研究》2004 年第 4 期。

奸犯有精神病趋势，对女性或儿童怀有敌意，或有悲观主义倾向。连环强奸犯往往有严重的精神疾病、极度自恋、自我意识膨胀等。这些心理、精神上的异常或变态容易产生强奸犯罪。

第四，社会学习因素。在社会学习理论视角下，强奸行为与其他犯罪行为一样，都是通过某种学习机制而在后天习得的。例如，通过与其他有性暴力倾向的同伴交往和互动，强奸犯罪人习得并认同了暴力的性行为，并加以实践。他们还可以通过自己的亲身经历来学习性暴力。研究表明，很多强奸犯罪人在青少年时期曾是强奸犯罪的被害者。此外，观看含有暴力色情的书籍、影视作品等，也对强奸犯罪有一定影响。

第十章　财产犯罪

与暴力犯罪类似，财产犯罪通常也被当作一种最原始的"街头犯罪"，属于意大利犯罪学派代表人物加罗法洛所称的伤害了人类普遍应当具有的怜悯感和正直感等两种基本的利他情感的"自然犯罪"，[①] 一直受到犯罪学家的广泛关注。然而，相比于暴力犯罪，财产犯罪的分配率通常更高。就此而言，犯罪总量的态势在很大程度是由犯罪分配率较高的财产犯罪决定的。这一判断在当代中国社会得到了确凿的经验支持。[②]

第一节　犯罪学中的财产犯罪范畴

财产犯罪是一种十分古老的犯罪类型，它的犯罪形式也是多种多样的。将何种类型的犯罪划在财产犯罪这一类别之下在犯罪学界尚存争议，学者们普遍接受的划分标准是此类犯罪在违法的前提下给犯罪人带来财产收益。然而这一定义过于宽泛，也容易产生争议。例如，贩毒这一犯罪类型，一些毒贩在贩毒的过程中也能够得到巨额非法收入，但犯罪学家通常并不把贩毒视为财产犯罪，因为

---

① 在加罗法洛看来，暴力犯罪侵害的主要是怜悯感，财产犯罪侵害的主要是正直感。参阅［意］加罗法洛著：《犯罪学》，耿伟、王新译，中国大百科全书出版社1996年版，第49-50页。

② 杨学锋：《新千年以来的中国犯罪动态分析——以定基增长率为切入》，载《中国刑警学院学报》2018年第5期。

贩毒罪的客体是毒品而非财产。我国《刑法》分则第五章为"侵犯财产罪",这为理解、定义财产犯罪提供了一定借鉴,但是从犯罪学角度来说,其中的具体归类并非毫无争议。例如,我国《刑法》将第263条规定的抢劫罪归类为侵犯财产罪,但是,本书在第九章将抢劫罪归类为一种工具性的暴力犯罪,其中的理由本章不再赘述。此外,我国《刑法》将挪用资金罪、职务侵占罪等也归类侵犯财产罪。这里需要指出的是,虽然这些行为确实涉及了非法地获取钱财,但其犯罪过程的顺利实施高度依赖于行为人的职业、身份、地位等。换言之,如果没有特定的社会经济地位、职业背景,行为人不可能实施这些犯罪,基于此种理由,犯罪学通常将这些犯罪当作白领犯罪加以研究,进而与作为街头犯罪的财产犯罪进行区分。

还有些法条所规定的侵犯财产罪需要进行细化讨论,如我国《刑法》第275条规定了故意毁坏财物罪:故意毁坏公私财物,数额较大或者有其他严重情节的,处三年以下有期徒刑、拘役或者罚金;数额巨大或者有其他特别严重情节的,处三年以上七年以下有期徒刑。这里如果毁坏的是公共财物,在犯罪学中通常认为是公共秩序犯罪。例如,在公共建筑上涂鸦是一种典型的违反公共秩序的犯罪。对照之下,毁坏私人财产,多数情况下被归类为财产犯罪。例如,在美国的"统一犯罪报告"项目中,将纵火归类为财产犯罪;我国《刑法》没有将类似的放火罪和失火罪列入"侵犯财产罪"一章,而是列入了"危害公共安全罪"一章。

如本书第一章所述,犯罪学意义上的犯罪概念通常并不必然地受限于现行的法律条文。就此而言,犯罪学意义上的财产犯罪的内涵与外延也是如此。目前,犯罪学意义上的财产犯罪通常包括一般盗窃、入室盗窃、机动车辆盗窃、诈骗、纵火,等等。本章的第三、四节分别讨论最典型的两种财产犯罪——盗窃、诈骗。

第二节 解释财产犯罪

很多犯罪学家致力于探寻人们实施财产犯罪的原因，本书在犯罪原因论部分提到的许多犯罪学理论都可以用来解释财产犯罪。本节仅简要讨论以下几种原因：

一、过于重视经济成功

发生财产犯罪的一个重要原因是整个社会文化过于重视经济上的成功，而相对忽略了用以追求财富的手段的合法性或合规性。随着经济的飞速发展，人们越来越认识到经济成功的重要性。这种"社会文化"不断推动着一些人铤而走险，以身试法。这种解释不仅可以解释社会底层人员实施的财产犯罪，同样可以解释有钱人实施的财产犯罪。犯罪学家认为，每个人的犯罪资本不同，或者说每个人能够实施犯罪的手段不同。穷人想实现经济成功，违法犯罪的手段更多的是偷、骗、抢；而对有钱人来说，他们获得不义之财的手段通常不是入室盗窃或扒窃钱包，而更多的是非法集资、行贿政府官员等。但是，无论是穷人还是富人，对于更多钱财的渴望是他们实施财产犯罪的主要原因之一。

二、中和技术

对普通人来说，财产犯罪是最容易实施的一种犯罪类型，甚至有些时候人们并不认为自己在做什么违法犯罪的事。对于财产犯罪的某些犯罪人来说，他们有一套能够将自己的犯罪行为加以正当化的理由，其中很多理由可以用中和技术理论来概括。中和技术理论包括否认责任、否认伤害、否认被害人、谴责谴责者、为了更高层次的忠诚等方面。例如，为了开脱自己的某些盗窃行为，犯罪人会认为商店高价售卖，如同抢顾客的钱，因此他们去偷商店里的东西是合理的；或者认为被偷的人反正很有钱，不差被自己偷的这一点儿；或者入室盗窃的被害人本来就是得了不义之财，活该被人偷；或者认为社会制度存在不公平，自己是被逼无奈才去盗窃，等等。这些都是在为他们的违法行为找借口，安慰自己那些行为并没有什么错。通过中和手段，犯罪人可以将犯罪行为合理化，甚至声称为了更"崇高"的目标：有些财产犯罪人认为自己在劫富济贫、帮助社会实现财富的公平分配。

三、经济衰退与失业

前面两种对财产犯罪的解释主要集中在文化方面，但犯罪学家发现，社会结构也会对犯罪行为造成一定影响。对于财产犯罪来说，经济形势、失业率、城市生活状况等都与之相关。在研究财产犯罪率与失业率的关系时，通常的假设为二者正向相关，即高失业率导致较高的财产犯罪率。虽然有大量的实证研究对这两个变量进行了测量，但研究结果并不一致。有些研究发现了二者的正向相关，但还有些研究发现，失业率高的时候财产犯罪率反而降低。研究方法的不同容易导致这些并不一致的研究结果。很多犯罪学家相信，并不能简单地认为高失业率导致高财产犯罪率。

类似地，经济形势与财产犯罪率的关系也不是确定无疑的。例如，人们往往认为，在经济形势不好的时候财产犯罪率会随之升高，但实际上未必如此。有研究表明，在经济衰退时期，财产犯罪率也可能随之降低。例如，在 2009 年，虽然美国经济经历了严重的衰退，但当年的财产犯罪率反而下降。对于这种现象，其中一种解释是，即使失业或者经济状况不好会让更多的人考虑实施财产犯罪，但是，经济状况不好也会降低实施财产犯罪的机会。例如，在高失业率地区，人们减少了出去工作、外出吃饭、休闲娱乐等户外活动的机会，因此也降低了他们成为入室盗窃、盗窃等犯罪行为的被害人的机会。有研究者提出，与财产犯罪率直接相关的是人们对于经济形势的认识，而不是经济衰退和失业率等。人们对经济形势的认识可能与实际的经济发展状况并不一致。美国犯罪学家的一项研究基于 1970—2003 年的数据，分析了民众对经济形势的主观认识与财产犯罪率的关系。① 该研究发现，当人们对经济形势持悲观态度时，财产犯罪会增加；反之，当人们对经济形势持乐观向上的态度时，财产犯罪率会随之下降。

四、日常活动理论

日常活动理论是对于财产犯罪的主流解释之一。很多犯罪学家认为，一些人特定的生活习惯和生活模式是一种危险模式，使他们更容易成为财产犯罪的犯罪目标和犯罪被害人。日常活动理论认为，某种犯罪行为得以实施需要满足三个条件：（1）有动机的犯罪人；（2）适宜的犯罪目标；（3）缺乏有效的保卫。例如，由于房主出差或者旅游而长时间空置的房子更容易成为入室盗窃的犯罪目标；经常出入人流密集地方的人更容易被偷钱包、手机等贵重物品。另外，没有合适有效的保卫的时候，财产犯罪也比较容易发生，如被随意放置且无人看管的背包特别容易被窃。

五、寻求刺激

在文学作品里，一些暴力犯罪或者财产犯罪的犯罪人都是出于寻求刺激而实施的犯罪。例如，《名侦探柯南》中的亦正亦邪的怪盗基德只钟情于偷窃珠宝首饰，很多时候他的犯罪理由只是追求刺激。这种类型的犯罪人在现实中也是实际存在的，但没有文学、影视作品中描写得那么单纯、美好。对于财产犯罪来说，一些犯罪人只是对偷取他人财物这种行为感到兴奋激动，从而实施犯罪。即使有能力购买，偷窃而来的物品会给犯罪人带来更大的精神满足。这一观点认为，社会经济地位与财产犯罪并没有实际相关，换句话

---

① Rosenfeld R., Fornango R., The Impact of Economic Conditions on Robbery and Property Crime: The Role of Consumer Sentiment [J], Criminology, 2007, 45（4）：355-384.

说，无论生活在贫或富的条件下，人们都可以实施财产犯罪。任何人都有对一些物品的渴望，这种渴望与他的经济条件无关，偷窃等行为只在犯罪人对特定物品产生了极大兴趣时候才会发生。例如，对缺衣少食的人来说，一个面包、几元零钱都会对他有莫大的吸引力；而对生活富裕的人来说，晾在户外的女性内衣可能会对他有吸引力。偷窃过程中对目标物品的勘察，在实施偷窃行为时的小心谨慎，这些都会让一些犯罪人感到兴奋，他们一再地实施犯罪是为了追求这种刺激。

在本节的最后，作为一个例解，我们综合地使用上述因素来解释一下商店行窃（shoplifting），这是发案率非常高的一类财产犯罪。很多国家的法律将此类犯罪单独成文，以便与其他财产犯罪区别开来。其中一个原因是这种犯罪在青少年中发案率极高，有研究表明，有四分之一左右的美国高中生自述在过去一年内曾在商店偷过东西。[①] 对商店偷窃者来说，持枪抢劫收银员是非常愚蠢的行为。商店行窃的犯罪人能够"合理地"解释自己的行为，如商品的标价过高，商场的服务不好，结账时等候时间太长，反正商场很大根本不在乎他们是否偷窃等。由于能够轻易找到使自己偷窃行为合理化的借口，犯罪人对于在商场行窃没有心理负担，一些人甚至认为自己的行为是正义的。同时，青少年的亚文化也使得他们普遍接受使用偷来的东西，有的女生更喜欢偷化妆品或者衣服等，甚至会交流哪里的东西更好、更容易偷。日常活动理论也适用于解释商店行窃。例如，现在大型商场越来越多，相比小商铺来说，大商场里的看护相对较松，使得偷窃行为更容易实施。开架售卖的方式虽然能够吸引更多顾客，但由于很多商品并没有被锁在柜子里，在店员少、顾客多的情况下，商品缺乏有效的看护，也容易促进偷窃行

① Bachman J., Johnston L., O'Malley P., Monitoring the Future: Questionnaire Responses from the Nation's High School Seniors 2008 [R], MI: Institute for Social Research, University of Michigan, 2009.

为的产生。最后，对一些犯罪人来说，偷东西的过程和使用偷来的商品能给他带来更大刺激，即使在有购买能力的条件下，行为人依然选择了商店行窃。

以上的分析是将本节介绍的各种因素综合起来以简要地解释某一特定类型的财产犯罪。然而，必须明确的一点是，并不是所有的财产犯罪都能类似地获得有效的解释，而是需要在更大范围内对犯罪原因理论加以整合。

第三节　盗窃

一、盗窃的定义

盗窃罪是一种非常古老的犯罪类型，是最早列入西方现代法律中的犯罪行为之一。在我国历史上很早就被写入刑律中。例如，唐朝的《永徽律疏》是目前保留下来的最早、最为完整、最有社会影响力的一部法典，这部法典中就有对于盗窃的规定。在唐律中"窃盗"属于六赃①中的一种："公取私取皆为盗"，并区分不同事物的属性（器物之属、放飞走之属等），同时对这些财物的犯罪既遂标准进行了界定，对于不同情形的窃盗的量刑标准做了明确划分。在西方犯罪学界，盗窃也是受到法律关注的犯罪类型之一。大多数的法律按照财物是否带离所有人、所有地来定义盗窃罪。

与其他犯罪类型类似，犯罪学中盗窃的定义也不能简单地一言以蔽之。我国《刑法》第264条规定："盗窃公私财物，数额较大的，或者多次盗窃、入户盗窃、携带凶器盗窃、扒窃的，处三年以下有期徒刑、拘役或者管制，并处或者单处罚金；数额巨大或者有

---

① 唐律中的六赃是指：受财枉法、受财不枉法、受所监临、坐赃、强盗、窃盗。

其他严重情节的，处三年以上十年以下有期徒刑，并处罚金；数额特别巨大或者有其他特别严重情节的，处十年以上有期徒刑或者无期徒刑，并处罚金或者没收财产。"这种定义相对来说比较宽泛，只是规定了处罚标准，而对犯罪行为本身并没有更详细的解释说明。

简单来说，盗窃是指违反被害人的意志，将他人财物非法转移或占有为自己（或第三者）所有的行为。有一种特殊的盗窃行为被犯罪学家称为非法侵占，即被害者以为自己依然拥有某财物，但事实上该财物已经被犯罪人据为己有或非法处置。例如，甲将自己的珠宝首饰送去某珠宝店进行清洗，但珠宝店的店员乙将此珠宝转卖给了其他人。被害人甲以为自己依然拥有该珠宝，但实际上并非如此。在这个例子中，乙非法转卖了甲的财物，这实际上是一种盗窃行为。

作为盗窃对象的财物种类不断扩张，这在某种程度上反映着时代的发展，如盗窃机动车、盗窃手机、盗窃信用卡、盗窃增值税专用发票、盗窃电信码号资源等。

二、盗窃犯罪的趋势与特点

世界各国的财产犯罪率都很高，并且居高不下，我国的盗窃类案件也反映了相似的趋势。据图 10-1 显示，1996—2021 年全国公安机关立案的盗窃案件数，可以看出盗窃案件的立案数一直很高，且呈一定的上升趋势。然而，自 2016 年开始，盗窃案件的立案数量明显下降，其中的原因可能与电子支付手段的普及率有关。具体来说，随着人们越来越多地使用手机、电脑等电子支付方式，无论是个人随身携带的还是家中存放的现金越来越少，因而，盗窃的机会可能比以前大幅降低，从而使得盗窃案件立案数量有所下降。但是，需要注意的是，盗窃案件的报案率通常不高，一些被害人出于怕麻烦、觉得报案也没用等心理，在丢失财物以后并没有选择报案，因此，盗窃案件的实际数量可能会比官方统计数据所反映的要严重得多。

图 10-1　全国公安机关立案的盗窃案件数（1996—2021 年）

数据来源：国家统计局网站相应年度的《中国统计年鉴》。

盗窃犯罪人在总体上依然以男性为主，但是，相比于暴力犯罪而言，女性犯罪人在盗窃犯罪中的比例要高得多。根据监狱部门的统计数据，在处于司法矫正状态的盗窃犯中，男性与女性的比例差异要比其他许多犯罪类型更小一些，这意味着，女性参与盗窃并被判处刑罚的不在少数。

此外，与男性盗窃犯相比，女性盗窃犯更倾向于有同伙；女性初次参与盗窃的年龄相对更晚一些。

三、窃贼类型

犯罪学家将窃贼大致分为两种类型：第一种类型是业余型窃贼，也被称作机会型窃贼。绝大多数盗窃犯罪人都属于这一类型。他们大多很年轻，以十几岁到二十出头为主，没有什么犯罪技巧。他们的犯罪行为也多发生在有合适的犯罪目标时，一般很少事先计划部署。也正因此，他们盗窃所得的非法收入非常有限。第二种类型是专业型窃贼。美国犯罪学家萨瑟兰较早地深入研究了这一类型窃贼的犯罪生涯。[①] 这类窃贼通常比业余型窃贼年纪大些，有更多的犯罪技巧，反侦查能力也更强。他们通常周密计划部署自己的犯罪行为，寻找合适的犯罪目标，并可能采用跟踪、踩点等手段，在有详细的犯罪计划后才会实施犯罪。他们的犯罪所得通常较高。这类窃贼的犯罪行为和犯罪技巧通常是通过向其他专业型窃贼学习而来。这种窃贼的身影也经常出现在文学、影视作品中，很多人虽然谴责他们的犯罪行为，但有时候也会暗暗欣赏这些窃贼，或许因为他们胆大心细并且能够通过犯罪行为来得到巨额的经济利益。

对于商店行窃者，也可以进行类似的分类。小偷小摸者（snitch）以青少年为主，他们通常只是为了自身需要而去偷价值较小的一些商品。大盗（boosters）则通常是成年人，他们占所有商店行窃者的10%左右，但是，他们偷盗的物品并不是个人自用，而是卖给别人或者找人销赃。

盗取机动车的犯罪人也可以类似地分为两个类别。业余偷车人（joyriding）主要以青少年为主，他们经常以团伙形式作案，随机偷车，得手后开车兜风取乐，经常在车主发现汽车被盗之前便将赃车抛弃。他们的目标是比较容易盗窃的没有高级防盗系统的车，也可能是车主忘记上锁，被业余偷车者发现顺便开走。由于他们很快就把偷来的汽车抛弃，所以警察很难抓住他们。专业偷车人（professional car thief）则相对成熟，偷车的技术也更好，得手之后会将车迅速开走，送到某汽车修理厂，将汽车拆成零件出售，或者卖到二手车场，再次销售。这些专业偷车者由于偷车技术很好，也有成规模的销赃渠道，通常也能逃避警方抓捕。上述分类主要基于西方国家的情况，在我国或许并不适用。虽然近年来我国机动车持有量激增，与机动车相关的犯罪也逐年上升，但由于我国对于偷窃机动

---

① Sutherland E., Conwell C., The Professional Thief [M], CHI: University of Chicago Press, 1937.

车辆的实证研究是非常稀少的，因此，目前只能参考西方犯罪学对于偷车人的划分方法，我们需要更多的研究来深入分析这些犯罪人。

入室盗窃的犯罪人（burglar）类型与之前这几种略有差别，但主要的分类标准也是考察犯罪人是否有预谋、是否有丰富的犯罪技巧、是否有稳定的销赃途径等。绝大多数的入室盗窃犯还会实施其他类型犯罪，或者他们只会在一段时间内入室盗窃，而后转向其他类型的犯罪。西方犯罪学家将入室盗窃犯罪人分为三类。第一类是低级窃贼（low-level burglars），这些人以青少年为主，通常没有特定的犯罪技巧，选择盗窃的目标也比较随意，进入被窃目标后通常在房间里停留的时间很短，只会简单地把表面上的财物装入囊中。这类犯罪人通常并没有认为自己是在犯罪，很多时候只是为了取乐。第二类是中级窃贼（middle-range burglars），这类犯罪人年龄稍大，并且愿意花一些时间去寻找合适的目标，他们很多时候独自一人作案，相比低级犯罪人来说，他们有更多的犯罪技巧，对如何破解房屋的防盗门窗等也有更多了解，在他们进入被窃房屋后，会在里面花更多的时间以便寻找值钱的东西。第三类是高级窃贼（high-level burglars），这些人通常以2~3人的团伙形式作案，他们有足够的犯罪技巧，会在行窃之前花大量的时间研究犯罪目标，也会各地流窜以寻找更好的目标。他们会仔细谋划销赃方式，有时有不止一处销赃窝点。这些人有严格的作案流程，通常不会轻易改变。

第四节　诈骗

一、诈骗的定义

诈骗是指行为人以非法占有为目的，采用虚构事实或隐瞒真相的方法，使财物的所有人或占有人陷入某种错误认识，并基于这种错误而处分财产，骗取数额较大公私财物的行为。诈骗与盗窃虽然都是以获取他人财物为最终目的，但二者的重要区别在于，诈骗罪的被害人是"自愿地"将财物转交出去的。诈骗犯罪人设计了形形色色的骗局，其中，理想的骗局是让被害人根本意识不到受骗，或者即使意识到受骗，也不好意思去报案。例如，现在很多针对老人的保健品、营养品、老人手机等骗局都是如此。很多老人并不认为他们被骗了，如花高价买了没有任何保健作用的"营养药"；或者参与传销的人通常认为他们是在帮别人赚钱或给别人提供赚钱的机会，并没有成为诈骗被害人或者犯罪人。

我国《刑法》在分则第五章"侵犯财产罪"之下的第 266 条规定了诈骗罪及其刑罚：诈骗公私财物，数额较大的，处三年以下有期徒刑、拘役或者管制，并处或者单处罚金；数额巨大或者有其他严重情节的，处三年以上十年以下有期徒刑，并处罚金；数额特别巨大或者有其他特别严重情节的，处十年以上有期徒刑或者无期徒刑，并处罚金或者没收财产。本法另有规定的，依照规定。

可以看到，我国《刑法》第 266 条最后规定："……本法另有规定的，依照规定。"这是对诈骗罪的法条竞合的规定。具体而言，我国《刑法》分则在其他章节另行规定了一些特殊类型的诈骗罪。例如，我国《刑法》分则第三章"破坏社会主义市场经济秩序罪"在其中的第五节"金融诈骗罪"之下规定了 8 个具体罪名：集资诈骗罪、贷款诈骗罪、票据诈骗罪、金融凭证诈骗罪、信用证诈骗罪、信用卡诈骗罪、有价证券诈骗罪、保险诈骗罪；在第三章第八节"扰乱市场秩序罪"之下的第 224 条规定了合同诈骗罪。此外，我国《刑法》分则尽管在其他章节没有直接使用"诈骗"的字样，但是依然规定了一些与诈骗罪具有竞合关系的罪名，如第 204 条的骗取出口退税罪，第 205 条的虚开增值税专用发票、用于骗取出口退税、抵扣税款发票罪，第 279 条的招摇撞骗罪。

二、诈骗犯罪的趋势与特点

如前所述，我国犯罪形势的一个普遍规律是暴力犯罪趋于下降，财产犯罪相对增加。图 10-2 显示了 1996—2021 年全国公安机关立案的诈骗案件数量的整体趋势。从这一官方统计数据可以看出，20 多年来，我国公安机关立案的诈骗案件数量有较大幅度的增长。具体而言，1996 年全国共立案诈骗案件 6 万余起，到了 2015 年，立案数已经超过 104 万起；到 2021 年，诈骗犯罪的立案数量已经接近 200 万起。需要注意的是，这些案件只是在公安机关立案的，而非实际发生的诈骗犯罪数量。如同本书在第三章所述，官方犯罪统计存在着规模不一的犯罪黑数，而一般来说，诈骗犯罪的黑数规模是相对较大的，甚至一些被害人并没有意识到自己受到了诈骗犯罪的侵害。因此，上述官方统计的数据以及据此进行的趋势分析只能作为参考。但是，较为确信的是，尽管被警方获知并立案的诈骗犯罪只是冰山一角，还有大量的诈骗案件和被害人没有进入警方的视野，但官方统计数据所体现的整体趋势是毋庸置疑的。简而言之，随着社会经济生活的变迁以及电信网络技术的普及，诈骗犯罪案件的数量在持续上升，受到诈骗犯罪直接侵害和间接侵害的对象在日渐增多，诈骗犯罪造成的经济损失和社会安全隐患越来越大。

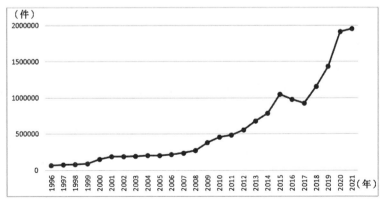

图 10-2　全国公安机关立案的诈骗犯罪案件数（1996—2021 年）
数据来源：国家统计局网站相应年度的《中国统计年鉴》。

目前，对于我国诈骗犯罪的实证研究比较有限，很多研究主要以某个城市或省份为研究对象，研究的样本普遍较少。即便存在这些问题，从相关的实证研究中依然可以总结归纳出诈骗犯罪人的一些基本特点：

第一，诈骗犯罪人以男性为绝大多数。一项研究发现，在诈骗犯罪人中，男性占比达到了 73%～87%，[①] 这个比例与西方犯罪学相关研究的结果基本一致。

第二，诈骗犯罪人普遍学历较低。初中或小学学历者居多，高中及以上学历的所占比例非常低。[②]

第三，在诈骗犯罪人中，无业人员占大多数。

第四，女性诈骗犯罪人比男性更容易与人结伙，而男性诈骗犯罪人多数愿意自己单干。这一性别差异的特点与国外学者的研究结果基本吻合。

相比之下，对于诈骗犯罪中的被害人的实证研究更少。从有限的研究中可以看到，在诈骗犯罪被害人中，尽管男性依然相对较多，但是，相比于诈骗犯罪人来说，被害人的性别差异更小一些。

三、典型骗局与诈骗手段的科技化

(一) 典型骗局

1. 庞氏骗局

庞氏骗局也称作金字塔骗局，是一种古老的诈骗手段，是金融领域常见的一种投资诈骗。该骗局的开创人查尔斯·庞兹（Charles Ponzi）是一位意大利投机商，1903 年移民到美国后，1919 年开始谋划一个骗局。他首先设计了一个不存在的公司，然

---

① 冯骁聪：《诈骗犯罪的结构特征及预防对策实证研究——以 C 市主城 50 起诈骗案件为样本》，载《福建警察学院学报》2011 年第 4 期。

② 姚兵：《诈骗犯罪对策研究——以 100 个案例的实证分析为视角》，载《山东警察学院学报》2008 年第 3 期。

后开始向人们募集资金，称在该公司的投资将在 3 个月内得到 40% 的收益。在收到一些人的投资之后，庞兹将后来者的投资作为利润返还给早期的投资人，一来证明该项目的"真实性"，二来吸引更多的投资。由于前期高额的回报，庞兹短期内吸引了 3 万余名投资者，骗局持续了 1 年之久。当骗局暴露后，人们将此类骗局称为庞氏骗局。此类骗局简单而言就是通过许诺短时间内的高额回报为诱饵，吸引投资人加入，并利用新投资人的钱来向老投资人支付利润，制造项目赚钱的假象并以此骗取更多的投资。

庞氏骗局用句俗语来说就是"拆东墙补西墙"，用后期投资者的钱作为利润返还给前期投资者，我国类似的骗局有很多。例如，很多网络贷款平台（P2P 平台）都是使用这种方式，用虚构的投资项目将投资人吸引入局，然后利用后来人的钱去支付前面人的利息，当加入的人越来越多，平台无法或不想继续支付利息或收益时，平台就会"爆雷"，平台创始人卷钱跑路。例如，2016 年 10 月，浙江省温岭市人民检察院以涉嫌非法集资罪起诉了利用 P2P 平台敛财的 3 名犯罪嫌疑人。该平台在短短 15 天内，吸收 470 余名投资人，非法集资金额超过 500 万元。

2. 募捐类骗局

在这种骗局中，骗子主要利用人们的同情心，精心设计一些病患资料或者直接利用自然灾害等，假装自己是福利机构，需要爱心人士帮助这些有困难的群体。例如，在 2008 年四川汶川发生地震时，当全国各地都在积极为灾区捐款时，就有骗子发布虚假的福利机构账号，骗取捐款。这种骗局有很多变种，现在更多是通过网络等途径来完成。再如，现在有些众筹募捐网站上的病人信息其实并不存在，或者有些患者家属夸大了病人家庭的困难程度，以此来博得更多的同情，进而骗取他人的捐款。

（二）诈骗手段的科技化：电信网络诈骗

随着电信网络技术的普遍应用，诈骗分子借助这种新兴的科技手段进行花样百出的诈骗活动，对人民群众的资金与信息安全构成了严重威胁。有学者针对某一地区的电信网络诈骗进行了实证研究。例如，重庆市的一项研究[①]表明，2010 年 12 月至 2011 年 3 月期间，重庆市电信诈骗明显增加。全市立案电信诈骗案同比上升42%，涉案金额达 2300 余万元，其中网络诈骗案立案 916 起，同比上升 102%；电话诈骗案立案 792 起，同比上升 20%。仅 2011 年2 月 21 日至 3 月 20 日一个月期间，全市立电信诈骗案件 959 起，占全部诈骗案件的 60%，同比上升 91%，环比上升 204%。网络诈骗案件涉案金额与平均个案涉案金额迅速增加。类似地，安徽省的一项研究[②]表明，在 2007 年，安徽省网络诈骗涉案金额为 167 万元，增长 172%，平均个案涉案金额约为 10 万元，增长 237%。

在电信网络诈骗日益猖獗的背景下，第十三届全国人民代表大会常务委员会在 2022 年 9 月 2 日通过了《中华人民共和国反电信网络诈骗法》，并在 2022 年 12 月 1 日开始施行。《中华人民共和国反电信网络诈骗法》共七章 50 条，包括总则、电信治理、金融治理、互联网治理、综合措施、法律责任、附则。这部法律为各环节、全链条防范治理电信网络诈骗提供了有力的法律支撑和基本遵循。

《中华人民共和国反电信网络诈骗法》的第 2 条规范了电信网络诈骗的定义：本法所称电信网络诈骗，是指以非法占有为目的，利用电信网络技术手段，通过远程、非接触等方式，诈骗公私财物的行为。

电话骗局是一种颇有历史的骗局。以前常见的一种电话骗局是，骗子伪称自己是电力、自来水公司或者其他服务部门的工作人

[①]　高蕴嶙、李京：《电信诈骗犯罪侦查难点及实证对策研究——以重庆市各区县发案为例》，载《重庆邮电大学学报（社会科学版）》2013 年第 1 期。

[②]　王松丽：《网络诈骗犯罪的实证分析与对策研究——以安徽省为例》，载《学术界》2009 年第 6 期。

员，并告知他们已经欠费，需要马上交齐欠款并缴纳一定金额的罚金，否则会切断服务。如今，电话骗局的骗子往往谎称自己是公安机关、检察院或者其他政府部门的工作人员，告知对方犯了事，需要交一定数额的罚金或保证金，否则将面临严重的法律后果。还有一种电话骗局是以电话形式告诉接听人获得了价值不菲的奖金或奖品，只需要缴纳一定金额的注册费、快递费等名目的小额费用即可收到奖品。诸如此类的骗术是较为拙劣的，但每年总会有人上当受骗，造成巨大的经济损失。

如今，以电信网络技术为主要手段的诈骗形式更加多样，如刷单、网聊、贷款、投资、赌博或开设地下钱庄等，令人防不胜防。为了预防电信网络诈骗，全国公安机关自 2021 年开始推广国家反诈中心 App。这款应用软件具有反诈预警、身份验证、App 自查、风险预警等核心功能，能够提升百姓的防范意识，降低被害风险。

第十一章　青少年犯罪

青少年犯罪是备受犯罪学家关注的犯罪类型之一。实际上，许多犯罪学理论在创制时都是针对青少年犯罪的，如社会解组理论、社会纽带理论、标签理论等；而且，许多犯罪学实证研究也是以中学生、大学生等青少年群体为样本的。就本土犯罪学而言，如本书第一章所述，新中国犯罪学的复兴起始于 20 世纪 80 年代初期对于青少年犯罪的研究。概言之，对青少年犯罪的研究贯穿着中外犯罪学的发展历史。

第一节　犯罪学中的青少年犯罪概念

一、犯罪学意义上的青少年犯罪

首先应该明确地指出，青少年犯罪并不是一个规范的法律术语，[①] 而是犯罪学上的一种常见分类。更加具体地说，青少年犯罪是按照犯罪主体的年龄而进行分类的一个犯罪类别，其关键词包括了青少年、犯罪。只要理解了这两个关键词，就可以更加准确地厘清青少年犯罪的概念。

第一，需要区分是在犯罪学意义上还是刑法意义上使用"犯罪"这一概念。按照本书第一章所述的"包含说"，犯罪学意义上的犯罪包含了但不局限于刑法意义上的犯罪。概括来说，犯罪学意

[①]　对照之下，未成年人犯罪是一个规范的法律术语。

义上的犯罪既包括了刑法意义上的犯罪行为，也包括了没有触犯刑法规范的治安违法和越轨行为。

第二，需要界定青少年的具体年龄区间。概括而言，青少年包括两部分人：一是未成年人或曰少年人。对于未成年人的年龄上限或曰法定成年年龄，绝大多数国家和社会有着明文的法律规定，尽管其具体规定未必完全相同。具体而言，我国的《未成年人保护法》第 2 条规定未成年人是指未满 18 周岁的公民。对照之下，加拿大除阿尔伯特省外其他地区规定年满 19 周岁方为成年；日本自2022 年 4 月 1 日起将成年标准从原来的 20 周岁下调至 18 周岁，即18 周岁即可享有投票权等基本政治权利，但是，合法购买烟酒的年龄仍然要求年满 20 周岁。总体而言，世界主要国家和地区都将法定成年年龄确定为 18 周岁。就此而言，不满 18 周岁的人即为未成年人。如前所述，我国就是如此规定的。二是青年人或曰年轻的成年人。何谓年轻的成年人？通常并没有法律的明文规定，而是基于一些非正式的社会共识。例如，联合国大会设置的"国际青年年"将青年的年龄范围界定为 15~24 周岁；中共中央、国务院于2017 年 4 月 13 日印发并实施的《中长期青年发展规划（2016 - 2025 年）》将青年的年龄范围设定为 14~35 周岁。如今，被普遍接受的青少年年龄上限为 25 周岁。本书采用这一标准。

综合以上，犯罪学中所谓的青少年犯罪，是指未成年人和未满25 周岁的青年人所实施的在犯罪学意义上的各种犯罪行为。

二、与刑法意义上的相关概念的关系

在分别明确了犯罪和青少年的概念之后，我们可以提炼出以下关系式：犯罪学意义上的青少年犯罪>刑法意义上的青少年犯罪>刑法意义上的未成年人犯罪。分述如下：

在法律层面，我国历代的律例中多有"矜老恤幼"的刑罚原则。《唐律疏议》作为封建法律的集大成者，对老、幼犯罪人便有减免刑罚的规定。具体而言，《唐律疏议》名例律第 30 条"老小及疾有犯"将其分为三类：第一，诸年七十以上、十五以下及废疾，犯流罪以下，收赎（犯加役流、反逆缘坐流、会赦犹流者，不用此律；至配所，免居作）。即 70 岁以上、15 岁以下以及有残疾者，被判处流刑①以下的刑罚时，可以收赎。第二，八十以上、十岁以下及笃疾，犯反、逆、杀人应死者，上请；盗及伤人者，亦收赎（有官爵者，各从官当、除、免法）；余皆勿论。即 80 岁以上、10 岁以下及有笃疾者，犯反、逆、杀人等被处以死刑者，需要上请皇帝裁决；偷盗及伤人，允许收赎；犯其他罪可免予刑罚。第三，九十以上，七岁以下，虽有死罪，不加刑。即 90 岁以上、7 岁以下者，即使犯死罪，也不承担刑事责任。如果用现在的刑事责任年龄来表述《唐律疏议》的相关规定，那就是：7 岁以下为无刑事责任能力，7 岁至 15 岁承担部分刑事责任，年满 15 岁至 70 岁的人需承担完全刑事责任。唐律将我国自秦汉时开始的"矜老恤幼"法制思想健全完善，规定清楚明确，对后世封建刑律建设有着深远的影响，随后朝代的刑律也基本沿袭了唐律中的相关规定，改动甚微。

　　我国现行刑法对刑事责任年龄的规定出现了一些新的变化。在之前的很长时间里，更加准确地说，自 1979 年以来，在随后 40 年的时间里，我国刑法一直将刑事责任年龄规定为 14 周岁。换句话说，按照当时的刑法规定，14 周岁以下的未成年人无论实施何种恶劣的行为，均不会受到刑事法律的制裁。但是，近年来，随着一些低龄未成年人的恶性犯罪案件见诸报端，再加上低龄未成年人的行为能力与心智水平随着经济与社会的发展而不断提高等诸多原因，降低刑事责任年龄的呼声日渐高涨。经多方调查研究，综合考虑各种因素后，第十三届全国人民代表大会常务委员会第二十四次会议于 2020 年 12 月 26 日通过了《中华人民共和国刑法修正案

---

　　① 唐律中根据犯罪人所犯罪行的严重程度，所实施的五种刑罚（以下简称"五刑"）从轻到重分别为：笞、杖、徒、流、死。

（十一）》（自 2021 年 3 月 1 日起实施），其中的一项重大修正是将刑事责任年龄下调至 12 周岁。该修正案第 1 条将我国《刑法》第 17 条关于刑事责任年龄的规定修改为：已满十六周岁的人犯罪，应当负刑事责任。已满十四周岁不满十六周岁的人，犯故意杀人、故意伤害致人重伤或者死亡、强奸、抢劫、贩卖毒品、放火、爆炸、投放危险物质罪的，应当负刑事责任。已满十二周岁不满十四周岁的人，犯故意杀人、故意伤害罪，致人死亡或者以特别残忍手段致人重伤造成严重残疾，情节恶劣，经最高人民检察院核准追诉的，应当负刑事责任。对依照前三款规定追究刑事责任的不满十八周岁的人，应当从轻或者减轻处罚。因不满十六周岁不予刑事处罚的，责令其父母或者其他监护人加以管教；在必要的时候，依法进行专门矫治教育。

从修改后的刑事责任年龄规定可以看到，12 周岁以下的未成年人无论实施何种恶劣的行为，均不会受到刑事法律的制裁（即完全不负刑事责任年龄阶段），因而完全不会纳入官方犯罪统计之中；已满 12 周岁但不满 14 周岁以及已满 14 周岁但不满 16 周岁的未成年人只有在实施了法律明示的那些严重犯罪的时候，才会受到刑罚处罚（即相对负刑事责任年龄阶段），进而会被纳入官方犯罪统计之中；已满 16 周岁但不满 18 周岁的未成年人将与成年人一样须对自己的犯罪行为承担完全的刑事责任（完全负刑事责任年龄阶段），因而会被纳入官方犯罪统计之中。

综言之，刑法意义上的未成年人犯罪是指已满 12 周岁不满 18 周岁的行为人实施的刑法意义上的犯罪，将被纳入官方犯罪统计之中；刑法意义上的青少年犯罪是指已满 12 周岁不满 25 周岁的行为人实施的刑法意义上的犯罪，将被纳入官方犯罪统计之中；犯罪学意义上的青少年犯罪是指不满 25 周岁的行为人实施的犯罪学意义上的犯罪，未必被纳入官方犯罪统计之中。三者之间的关系如前所述：犯罪学意义上的青少年犯罪>刑法意义上的青少年犯罪>刑法意义上的未成年人犯罪。

就此而言，尽管本书所谓的青少年犯罪一般是在犯罪学意义上的概念，但是，在具体分析过程中依据的统计数据通常只能是官方犯罪统计，因而实际上是刑法意义上的未成年人犯罪或刑法意义上的青少年犯罪的相关数据。这一点在下节分析青少年犯罪的趋势与特点时应该特别注意。

第二节　青少年犯罪的趋势与特点

一、青少年犯罪的趋势

与其他很多犯罪类型相似，青少年犯罪的犯罪统计不是一项容易的工作。官方犯罪统计只有法律层面的青少年犯罪统计，即只统计了违反刑法规范的青少年犯罪。如前所述，即使不考虑犯罪黑数等官方犯罪统计的效度不足问题，实际上，青少年违反社会道德规范的那些犯罪学意义上的"犯罪"根本不会被纳入官方犯罪统计。此外，尽管非官方的青少年犯罪调查通常使用了犯罪学意义上的青少年犯罪概念，但是，由于这些非官方调查项目通常是由高校或研究院所中的科研团队在有限的经费和技术支持下完成的，其样本容量往往不大，多数项目又集中在大城市或东部沿海等经济发达地区，因此，很难从中得出全国青少年犯罪情况的有效结论。正因如此，我们只能通过一些有限的数据源来探究青少年犯罪的发展变化趋势。

在官方犯罪统计中，有两个与青少年犯罪相关的数据源。第一个数据源是《中国统计年鉴》在每年发布的人民法院审理的刑事案件罪犯情况中有关于青少年罪犯的统计，其中既包括了不满 18 周岁的未成年罪犯数量，也包括了 18 周岁至 25 周岁的成年罪犯数量。例如，图 11-1 显示了各级人民法院在 1997—2021 年期间审理的未成年罪犯数量。数据显示，人民法院审理的未成年罪犯数量从 1997 年开始持续增加，至 2008 年达到顶峰，当年经人民法院审理的未成年罪犯数量超过了 8.8 万人；随后，这一数字开始逐步下降，到 2017 年已经下降到约 3.3 万人，与 2008 年相比，降幅超过 60%；在最近几年里呈现窄幅波动态势，其中，2019 年的数据约为 4.3 万人，2021 年的数据约为 3.5 万人。

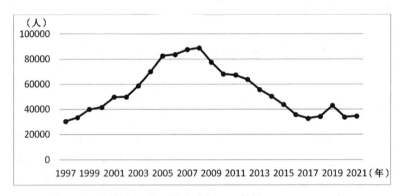

图 11-1　人民法院审理的未成年罪犯数量（1997—2021 年）

数据来源：国家统计局网站相应年度的《中国统计年鉴》。

基于同一数据源，图 11-2 显示了各级人民法院在 1997—2021 年期间审理的 18 周岁至 25 周岁的成年罪犯数量。数据显示，18 周岁至 25 周岁的成年罪犯数量整体上大幅多于不满 18 周岁的未成年罪犯数量，处于每年 20 万人左右的水平。其中，在 2008 年达到了一个相对较高的水平，当年的数据约为 23.3 万人；在随后的几年里呈现一定的下降态势，尽管在总体上不如未成年罪犯数量下降得那么明显，但是，在 2016 年和 2017 年达到了相对的低点，这两年的数据均约为 15 万人，与 2008 年的数据相比下降了约 35%；在最近的几年间，各级人民法院审理的 18 周岁至 25 周岁的成年罪犯数量有所增加。具体而言，2019 年的数据约为 23.9 万人，2021 年的数据继续增长至约 24.9 万人，相比于 2017 年的水平，增长幅度分别超过 50% 和 60%。

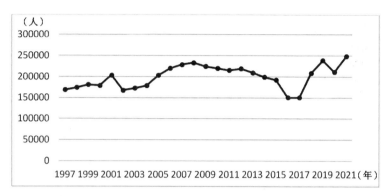

图 11-2 人民法院审理的 18 周岁至 25 周岁的成年罪犯数量（1997—2021 年）

数据来源：国家统计局网站相应年度的《中国统计年鉴》。

　　另一个关于青少年犯罪状况的官方统计数据源是最高人民检察院发布的《未成年人检察工作白皮书》（以下简称《白皮书》）。全国检察机关将涉及未成年人的刑事、民事、行政、公益诉讼检察职能由未检部门或未检办案组统一行使，形成"四大检察"的综合司法保护格局，以强化对未成年人的综合司法保护。最高人民检察院每年将未成年人检察办案数据发布在《白皮书》中。图 11-3 显示了 2014—2021 年的相关数据。可以看到，在此期间，检察机关起诉、逮捕的未成年犯罪嫌疑人在整体上呈现下降趋势，但在 2021 年有所反弹。在受理审查起诉的未成年人犯罪中有五种主要罪名，包括盗窃罪、聚众斗殴罪、强奸罪、抢劫罪、寻衅滋事罪，2021 年五类犯罪人数占总数的 67.3%。

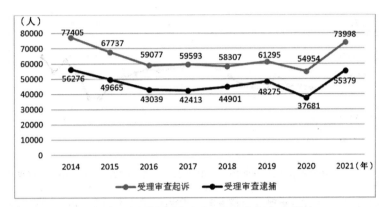

图 11-3　全国检察机关受理审查起诉和逮捕的
未成年人犯罪数量（2014—2021 年）

数据来源：最高人民检察院发布的相应年度《未成年人检察工作白皮书》。

　　自 2016 年以来，中央和有关部门先后下发《关于进一步深化预防青少年违法犯罪工作的意见》《关于开展校园欺凌专项治理的通知》等多个重要文件，严厉打击校园欺凌行为。从《白皮书》的数据上来看，自 2017 年起检察机关每年提起公诉、批准逮捕的校园欺凌和暴力犯罪人数持续下降，到 2021 年被提起公诉的仅 1062 名未成年人，被批准逮捕的仅 581 名未成年人。参见图 11-4。

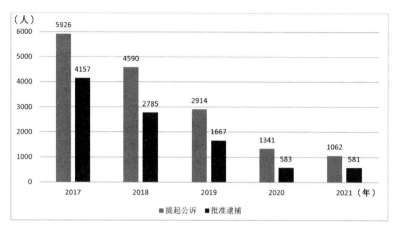

图 11-4　全国检察机关提起公诉和批准逮捕的未成年人校园欺凌和暴力犯罪数量（2017—2021 年）

数据来源：最高人民检察院发布的相应年度《未成年人检察工作白皮书》。

　　虽然以上官方统计数据显示了青少年犯罪数量的总体下降趋势，但实际发生的青少年犯罪问题是否有所缓和尚有待更多数据源的印证。首先，以上数据均为绝对人数，若要证明青少年犯罪数量减少，可通过青少年犯罪人数在青少年总人数中所占的比例下降来加以佐证。例如，数据中虽然未满 18 周岁的青少年犯罪人总人数有所下降，但自 20 世纪 90 年代末以来我国的人口出生率也一直在下降，直至 2011 年计划生育政策调整之后才有所改变。如果在数据统计的时间段内，我国未满 18 周岁的青少年总人数也在不断下降（甚至下降幅度更大），那么，将很难基于未成年人犯罪的绝对数量得出未成年人犯罪问题有所缓和的结论。其次，那些不够起诉、逮捕标准的犯罪行为在犯罪学中一般也被视为犯罪，而违反社会道德规范的青少年越轨行为也没有体现在官方数据统计中，这些数据的缺失增加了青少年犯罪趋势研究的难度。基于本土非官方调查数据进行的实证研究对青少年犯罪的变化趋势得出了不尽相同的结论。最后，近几年的青少年犯罪数量有可能受到新冠疫情防控等不可抗因素的影响，从而呈现出不同于以往的变化。例如，在新冠疫情期间，全国绝大部分学校实行了线上教学，学生在校园生活的实际时间大幅降低，校园欺凌事件自然难以发生。另外，线上教学对学生的约束性相对较小，又可能使得学生有更多时间或机会参与其他越轨行为，但这些越轨行为往往更加难以纳入官方犯罪统计的范围。综上所述，要厘清青少年犯罪的趋势，尚需更多数据源和更加深入的实证研究，方能得出更加确凿的研究结论。

二、青少年犯罪的特点

我国青少年犯罪具有与其他年龄段犯罪人实施的犯罪行为类似的一些特点，如犯罪主体多为男性，女性犯罪人的占比仅为 10% 左右。然而，青少年犯罪具有相对更大的偶发性和突发性，这些与青少年生理、心理尚未成熟，心智水平仍处于发展阶段等因素有关。就此而言，青少年犯罪具有一些不容忽视的独有特点：

第一，低龄青少年犯罪问题不容忽视。从检察机关公布的《白皮书》中可以发现，从 2014 年开始至 2018 年，14 周岁至 16 周岁的低龄未成年人犯罪在整体的未成年人犯罪之中的占比有所下降，但近年来又有所上升，参见图 11-5。然而，实际发生的低龄未成年人犯罪或许更为严重，因为法律法规之外的未成年人越轨行为难有确切统计，人们只能从媒体报道中管窥一些骇人听闻的未满 14 周岁的未成年人实施的恶性暴力事件。2013 年，重庆 10 岁女童在电梯里捶打 1 岁婴儿，并将其从 25 楼扔下。2015 年，湖南邵东县小学教师被杀，3 名凶手的年龄分别为 13 岁、12 岁、11 岁。[1] 2018 年，湖南衡南县 13 岁的罗某因与父母争执，用锤子将父母杀害。[2] 2019 年 3 月 18 日，江苏建湖县 13 岁的邵某，因不满母亲教

---

① 澎湃网 https://www.thepaper.cn/newsDetail_forward_1387239。

② 新浪网 https://news.sina.com.cn/c/2019 - 01 - 02/doc - ihqf-skcn3435876.shtml。

养严格，用菜刀将其砍死。① 一些低龄未成年人因年龄原因，首次犯罪时并不符合刑事立案条件，被监护人带回家后又没有受到应有的教养，导致多次犯罪，犯罪行为逐步升级，手段残忍，情节恶劣，危害严重。例如，2016 年，广州番禺一名 11 岁女孩遭到奸杀，凶手为 19 岁的韦某。实际上，韦某曾于 2010 年掐死一名男孩，但因未满 14 周岁，依法不予追究刑事责任；在 2011 年，韦某又持刀伤害了一名女孩，因未满 16 周岁被减轻判决为 6 年有期徒刑，后于 2015 年获减刑出狱。② 据另一篇报道，在 2016 年，四川省金川县 13 岁方某因看中被害人所用的手机，用一瓶汽油泼向回家途中的 24 岁女教师，导致其重度烧伤，因方某属于完全不负刑事责任年龄阶段，因而不予刑事追究，方某随后又接连实施了多起盗窃或抢劫行为，亦因同样理由而未受到法律制裁。③

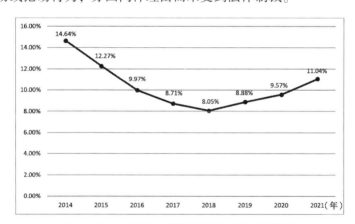

图 11-5　14 岁至 16 岁的低龄未成年人犯罪占
未成年人犯罪的比例（2014—2021 年）

数据来源：最高人民检察院发布的相应年度《未成年人检察工作白皮书》。

---

① 搜狐网 https://www.sohu.com/a/302368370_113767。
② 新华网 http://www.xinhuanet.com/politics/2016-01/20/c_128646066.htm。
③ 中国新闻网 https://www.chinanews.com.cn/sh/2016/08-10/7967252.shtml。

第二，青少年犯罪形式多样，犯罪手段成人化。无论是否符合刑事犯罪立案条件，现在的青少年犯罪几乎包括了所有的犯罪形式。从杀人、抢劫，到盗窃、贩毒，可谓五花八门。《白皮书》显示，在2021年，全国检察机关受理审查起诉未成年人涉嫌故意杀人、故意伤害致人重伤或死亡、强奸、抢劫、贩卖毒品、放火、爆炸、投毒八种严重暴力犯罪21087人，占当年未成年犯罪人数的28.5%；受理审查起诉未成年人毒品犯罪978人，占总数1.32%。在2021年3月，安徽省宿州市17岁女生耿某，因琐事与刘某发生纠纷，将其控制在住处，在房间内辱骂、殴打刘某并拍摄裸体视频，并在直播软件中继续辱骂、殴打刘某，构成非法拘禁罪。在校园欺凌中，青少年犯罪形式更加多样，极易对被害人造成精神伤害的关系欺凌、言语威胁等更是常见。在很多青少年犯罪中，他们的犯罪手段成熟老练，成人化趋势明显，一部分受到成年人的传授，一部分从网络、媒体中学习模仿而来。

第三，青少年犯罪日趋团伙化，青少年帮派日渐猖獗。团伙作案主要体现在抢劫、寻衅滋事等犯罪中，尤其常见于中小学生。作案时往往一哄而上，互相支持，胆大妄为，不计后果，达到目的后迅速逃离现场。我国早期的青少年帮派多带有江湖义气的成分，受到武侠小说或影视作品的影响，关系好的一些学生形成小团体，称兄道弟，有事互相照应。现在的青少年帮派组织结构更加明显，有些类似于西方国家的青少年帮派，主要给成年犯罪人做辅助工作，比如贩毒、收保护费等，有些自成体系，聚集在一起，打架滋事，称霸一方。2019年，内蒙古赤峰市扫黑除恶行动中抓获一个由19名成员组成的恶势力团伙，其中年龄最大的主犯23岁，最小的成员17岁。[①] 主犯王某投靠了当地一名"社会大哥"，帮助其收取保护费，并不断扩大势力范围，带领主要由未成年学生组成的"小

---

① 观察者网 https://www.guancha.cn/politics/2021_10_25_612131_3.sht-ml。

弟"寻衅滋事、聚众斗殴，强奸 29 名女性，其中包括 10 名未满 14 岁的幼女。

第三节 影响青少年犯罪的群体因素

青少年犯罪可以从社会环境中的群体行为的角度进行理解。群体行为指受到个体所在的社会群体所激发或影响的行为。一个人所在的社会群体可以有很多，但可以简单地概括为初级群体、次级群体、参照群体三种。初级群体指规模较小的、成员有紧密的面对面互动的亲密群体。次级群体是指通常按照特定目的与功能而组织起来较为大型的有更多正式互动行为的群体。参照群体并不是指行为人身份所属的群体，而是指经常被行为人当作所属群体的参照对象的社会群体，从而对行为人的认知和价值观具有重要影响。[①] 家庭、学校、青少年帮派分别代表了以上三种社会群体，因此可从这三个方面来解释青少年犯罪问题。

一、家庭

作为初级群体的家庭几乎是每个人所接触的第一个社会群体，有着传授个体基本的价值观、社会态度、行为规范等作用，对于青少年犯罪有着至关重要的影响。家庭与青少年犯罪的主要研究发现可以分为三个方面：

第一，单亲家庭的影响。早期研究认为，单亲家庭中的孩子比父母双方共同养育的孩子更容易犯罪；其中的理由是，单亲家庭破坏了家庭的完整性，从而影响家庭对个体进行社会化的功能，生长在这样家庭中的孩子社会化过程多不完善，因此容易犯罪。但是，随着离婚率的不断上升，单亲家庭导致青少年犯罪的观点受到了很

---

① 郑杭生：《社会学概论新修》（精编版），中国人民大学出版社 2009 年版，第 156-157 页。

大挑战。有研究发现，单亲家庭的孩子在刑事司法系统容易受到不公正对待，如单亲家庭的孩子更容易被转送青少年法庭，而完整家庭的孩子则被免予起诉。社会对离婚变得宽容后，单亲家庭与青少年犯罪的关系变得日渐模糊。最新的一些研究发现，单亲家庭对青少年犯罪的影响是非常有限的。家长与孩子的关系比是否单亲对青少年犯罪的影响更大。即便在单亲家庭中，如果家长能够保证与子女正常的交流、互动，子女并不容易实施犯罪。相反，即便在完整家庭中，如果父母常年争吵、冷战，或者有家庭暴力等行为，子女犯罪的可能性反而更高。①

第二，教养方式的影响。父母对子女的教养方式可以分为专制型、权威型、溺爱型和漠视型四种。专制型教养指在家庭中父母有绝对的权威，是一种较为传统的养育子女方式，子女需要无条件地听从父母的安排，父母做决定时也很少考虑到子女的感受。对比之下，在权威型教养方式中，家长会给子女制定规则，并耐心解释做决定的原因，也会顾及子女的想法与感受。权威型父母会给子女设立明确的奖惩机制，也非常关心子女的言行。溺爱型教养是一种以孩子为中心的养育方式，家长全身心地关心孩子，对孩子言听计从，虽然可能也会设定一些规则，但几乎不能贯彻实施，子女稍有反抗家长就会轻易放弃。漠视型教养与溺爱型正好相反，家长对孩子不闻不问，或忙于工作，或忙于赚钱，由于主观或客观的原因而很少在子女身上花费时间和精力。在以上四种教养方式中，除了权威型教养方式以外，其余三种教养方式都容易导致青少年犯罪。专制型家长经常用暴力手段惩罚子女的不当行为，子女易发泄不满或将愤怒转移至他人，从而实施犯罪行为。溺爱型家长没有设立明确的行为规范，小恶不惩，终成大错。漠视型教养完全破坏了家庭在社会化过程中的作用，没有传递正确的社会道德与规范，容易将子

① Thompson W. E. & Bynum J. E., Juvenile Delinquency: A Sociological Approach(Tenth Edition)[M], Lanham: Rowman & Littlefield Publishers, 2016.

女推向犯罪亚文化以寻求安慰与归属感，从而促进了青少年犯罪行为的发展。

第三，家庭互动的影响。简单而言，家庭互动包括了家庭成员之间的交流方式、频率等诸多方面，根据互动的对象与方式分为多种形式。家庭暴力是对青少年犯罪影响最大的一种家庭互动，其中不仅包括父母对子女的暴力，还包括父母间的暴力以及子女间的暴力。一项研究发现，美国每年有 300 万名至 1000 万名的儿童经历着各种形式的家庭暴力。① 有众多研究发现了家庭暴力与青少年犯罪之间的关联——生活在暴力的家庭环境中，青少年会从暴力中习得用暴力解决问题的态度和行为，从而更容易实施暴力犯罪。经历过家庭暴力的青少年在长大后自己组建的家庭中也容易实施家庭暴力。除了有实际身体接触的暴力外，父母之间的敌对、争吵、冷暴力等都会削弱家庭对青少年的控制，最终导致青少年犯罪。相反，爱与尊重则能够增强家长与孩子的纽带，降低青少年的犯罪风险。

二、学校

学校是除家庭以外促进个体完成社会化过程的重要社会组织，是影响青少年群体行为的次级群体，不仅传授知识，还负责传授被主流社会认可的规范、价值观以及态度等。青少年在学校的表现与在学校中的经历均会影响青少年犯罪。有学者认为，青少年在长期与教育系统的互动中可能加深了犯罪或者越轨行为。在学前阶段，幼儿学习的内容并不是学科知识本身，而是接受并理解学生角色的要求。在学校里成功地完成了学生角色——按照老师的要求行事的学生会被老师标记为"好学生"，就会有成功的学校经历。那些拒绝服从、挑战权威、不放弃自己观点的学生则有可能被贴上"坏

---

① Family Violence Fund., Domestic Violence is a Serious, Widespread Social Problem in American: The facts［R］, 2006, www.endabuse.org.

学生"的标签，随后，这些学生可能会以各种形式的越轨行为来回应"坏学生"的角色要求。就此而言，正如本书第六章所述的标签理论的基本论断，学校教育中的负面标签可能引起了所谓的"坏学生"的越轨放大化。

尽管社会一直在呼吁教育公平，但是，不同个体在学校教育中的成绩却不可避免地存在着高下之分。中考、高考作为筛选工具，把学生按照成绩高低进行分类。成绩好的可以继续学习，成绩差的只能拿初级文凭。在学校的筛选过程中，青少年犯罪行为受到学习成绩、逃学与辍学的影响。犯罪学研究发现，犯罪人普遍学历偏低，多集中在小学、初中水平。而学习成绩是否影响青少年犯罪是犯罪学家关注的重点之一。以赫希为代表的社会控制论者认为智商和学习成绩与青少年犯罪有关，成绩不好的学生更容易犯罪。但也有学者认为学习成绩与青少年犯罪没有直接关系，成绩好的学生与成绩差的学生实施犯罪行为的风险一致，没有显著差别。但如果因为成绩不好而逃学并最终辍学的学生，则更容易成为青少年犯罪人。西方犯罪学家提出了在校表现与青少年犯罪关系的一个整合模型：[①] 小学三年级以前表现不好会导致小学中后期成绩差，从而学生不愿意上学，与学校的纽带变弱；升学无望则进一步降低了努力学习的欲望，他们会结交和自己类似的问题学生，最终放弃学业，实施犯罪或越轨行为。

校园欺凌是一种发生在学校中的越轨行为，与其他形式的青少年越轨行为没有本质的区别，但由于被害人也是青少年，因此受到广泛关注。影响校园欺凌的因素很多，除欺凌者自身的心智、认知等原因外，学习过程中受到的挫折、与老师互动中所受到的不公正对待、同学间的不愉快经历等均会导致校园欺凌的发生。校园欺凌

① Hawkins D. , Lishner D. , Schooling and Delinquency [A] // Johnson E. Handbook on Crime and Delinquency Prevention [M], Connecticut：Greenwood Press，1987.

的实施者与被害人身份极易互换，他们往往有很强的同质性，即都有结交行为不良的同伴，与老师关系紧张，自我控制能力较差等。① 校园欺凌行为存在着显著的性别差异。男生多以暴力攻击为主，打架斗殴、抢劫等较为常见；女生多以言语攻击、造谣诽谤、孤立等为主。两种形式的欺凌行为都给被欺凌者造成了巨大伤害。为减少校园欺凌的发生，很多中小学校采取了多种预防措施，包括请公安民警、检察官等进校园进行法制宣传，开展家校沟通，促成和解，化解矛盾，落实校园欺凌"零容忍"，强制报告等制度，净化网络环境保障学生上网安全等。这些措施结合了心理干预、法律援助、社区矫治、法治宣传等多渠道多部门的合作，力求做好校园欺凌的预防保护工作。

三、青少年亚文化与帮派

最后讨论一下参照群体对青少年群体行为的影响。无论是因为家庭还是学校而被边缘化的青少年极易形成独特的亚文化，可能是对某个偶像的疯狂喜爱，可能是对某个网络或手机游戏的沉迷，也可能是对犯罪和越轨行为的认同。青少年可以在这些行为中获得归属感，寻求认可与安慰，形成了难以被主流社会认可的亚文化群体。一些青少年参与的卖淫、吸毒等非暴力越轨行为可以通过青少年亚文化得到解释。青少年卖淫行为多与家庭教育缺失有关，脱离父母经济支持的青少年可能依靠卖淫来获得收入。兴起于日本社会的"二次元"文化最早指出现在二维空间平面媒体上的漫画、书籍等，后逐渐脱离了原本的空间属性，在使用时多带有幻想、憧憬、架空之意。一些打着"二次元"文化旗号的群组表面上在讨

---

① 靳斯琦、王薇：《青年人群体暴力犯罪被害问题的实证研究》，载《北京警察学院学报》2019 年第 2 期。

论游戏、动漫，实际上可能在鼓励"援助交际"①，成为青少年卖淫的媒介。身处其中的青少年会因为发自己的照片、用品等受到群友赞美并得到红包，还可以通过扩"同好"等功能添加好友，相约线下完成性交易。研究发现，不仅是家庭收入欠佳的女孩可能受到援交文化的影响，有些男孩和富裕家庭的女孩也可能出于对抗父母管教、增加收入等各种原因参与"援助交际"。吸毒同样极易受到亚文化的影响，一些青少年聚集在一起，与大家一同分享毒品，不吸就会受到排斥。由于我国对毒品的管控非常严格，一些青少年转而选择滥用感冒药、咳嗽水等药物，还有些未成年男性选择"吃糖"成为"药娘"，他们所吃的"糖"多为补佳乐、黄体酮等激素类药物，有避免男性性征发育、促进女性第二性征发育的作用。

青少年帮派是重要的参照群体，对青少年犯罪具有很大的影响。克洛沃德（Cloward）与奥林（Ohlin）（1960）提出的"差别机会理论"根据青少年所能获得的犯罪机会将青少年帮派分为犯罪型、冲突型、消极型三类。②犯罪型帮派通常形成于高度整合的社区，这里有成型的有组织犯罪集团，青少年帮派只是成人犯罪帮派的附属品。加入帮派的青少年很少实施暴力行为，而更多的是在松散的成人帮派成员的监管下，为帮派赚钱，产生犯罪收益。青少年通常会学习用犯罪行为赚钱的手段，比如偷窃、买卖赃物、收保护费等。运毒贩毒也是犯罪型青少年帮派常见的犯罪手段，因为这些青少年即使因携带、贩卖毒品而被警方抓获，也会因其年龄因素而很少受到严厉的法律惩罚。冲突型帮派通常诞生于整合度很低的

---

① 简称"援交"，是源自日本的一个委婉语，从字面上看似乎没有性交易的含义，但实际上是指未成年人为获得金钱而答应与成年人约会并进行性交易。

② Cloward R., Ohlin L., Delinquency and Opportunity [M], NY: Free Press, 1960.

社区中。在低整合社区中，不仅合法赚钱的途径少，违法的赚钱途径也很少，因此，在这里的青少年帮派的主要目的是赢得别人的"尊重"。他们的犯罪以暴力、损毁他人财物以及其他恣意破坏行为为主。这些青少年没有"成功的成年人犯罪"作为学习榜样，因此只能停留在"低级的"暴力行为阶段。冲突型帮派会同时给社区中的守法公民和犯罪分子带来麻烦，对于守法公民来说，冲突型帮派充满暴力、毁坏财物行为，而对于社区中的成年犯罪人来说，冲突型帮派的破坏行为会导致居民更频繁地报警，而警察的到来会妨碍成年犯罪人实施犯罪行为。消极型帮派在高整合与低整合社区都有不同程度的存在，它与默顿所说的退却主义十分类似。这些帮派中的青少年既无法通过合法的手段来实现经济成功或提升社会地位，也无法通过违法的手段来实现上述成功。这些帮派的成员被称为"双重失败者"。这种帮派拒绝暴力，也缺乏其他犯罪手段，于是通常只进行一种违法行为——吸毒。帮派成员会互相交换去哪里买毒品以及如何更好地使用毒品等信息。

以上三种类型的帮派在我国的青少年帮派中均有不同程度的体现，有些帮派还兼具多种类型的犯罪形式。青少年为寻求保护或追求刺激而加入帮派，帮派为成员提供保护防止他们被别人欺负，同时也提供机会让成员可以欺负别人。在帮派中还能建立更多的社会联系，可以帮助解决某些难题和麻烦。一些青少年帮派受到成年黑恶势力组织的诱导，成为后者的"小弟"并为其提供经济来源与人力支持。2017—2019年全国检察机关受理审查起诉的组织、领导、参加黑社会性质组织犯罪的未成年人数分别为84人、428人、552人，总数虽然不大，但上升趋势明显。涉黑涉恶的未成年人罪犯大多具有学历低、年龄低、认同感低等特点。为了更好地保护未成年人不被黑恶势力所利用，第十三届全国人民代表大会常务委员会在2020年对《中华人民共和国未成年人保护法》和《中华人民共和国预防未成年人犯罪法》先后进行了必要的修订。同年，最高人民法院、最高人民检察院、公安部、司法部联合发布了《关于依法严惩利用未成年人实施黑恶势力犯罪的意见》，其中明确规定了利用未成年人实施黑恶势力犯罪应当从重处罚的9种情形：（1）组织、指挥未成年人实施故意杀人、故意伤害致人重伤或者死亡、强奸、绑架、抢劫等严重暴力犯罪的；（2）向未成年人传授实施黑恶势力犯罪的方法、技能、经验的；（3）利用未达到刑事责任年龄的未成年人实施黑恶势力犯罪的；（4）为逃避法律追究，让未成年人自首、做虚假供述顶罪的；（5）利用留守儿童、在校学生实施犯罪的；（6）利用多人或者多次利用未成年人实施犯罪的；（7）针对未成年人实施违法犯罪的；（8）对未成年人负有监护、教育、照料等特殊职责的人员利用未成年人实施黑恶势力违法犯罪活动的；（9）其他利用未成年人违法犯罪应当从重处罚的情形。